KB217695

성경적 개혁신학적

종말론

성경적 개혁신학적
종말론

초판 1쇄 인쇄 | 2021년 4월 6일
초판 1쇄 발행 | 2021년 4월 13일

지은이 김도훈
펴낸이 김운용
펴낸곳 장로회신학대학교 출판부

등록 제1979-2호
주소 04965 서울시 광진구 광장로5길 25-1(광장동 353)
전화 02-450-0795
팩스 02-450-0797
이메일 ptpress@puts.ac.kr
홈페이지 http://www.puts.ac.kr

값 16,000원
ISBN 978-89-7369-472-3 9230

김도훈 지음

성경적 개혁신학적

종말론

Biblical Reformed Eschatology

The Doctrine of the Last Things

장로회신학대학교출판부

서문

무지한 말로 이치를 가리는 자가 누구니이까
나는 깨닫지도 못한 일을 말하였고
스스로 알 수도 없고 헤아리기도 어려운 일을 말하였나이다
내가 말하겠사오니 주는 들으시고 내가 주께 묻겠사오니
주여 내게 알게 하옵소서 욥 42:3-4

하나님께 한바탕 질문공세를 받은 후였다. 결국 욥은 이렇게 대답하고 만다. "스스로 알 수도 없고 헤아리기도 어려운 일을 말하였나이다." 강의실에 들어설 때마다 늘 되새기는 구절이다. 무지한 말로 주님의 이치를 가릴까 두렵기 때문이다. 지금 마음도 이렇다. 그래도 이렇게 내놓는 것은 이것이 답이라고 생각하기 때문이 아니다. 묻고 싶기 때문이다. "내게 알게 하옵소서"라는 욥의 심정으로 말이다.

고백컨대 종말론은 다루기가 쉽지 않다. 미래의 문제이고 미래에 대한 문제이기 때문이다. 게다가 인간의 경험을 넘어서기 때문이다. 성경의 내용이 워낙 다양하고 풍부한데다 상징과 비유에 대한 해석이 녹록지 않기 때문이기도 하다. 그러니 일목요연하게 종합하고 체계화시켜 자신의 관점을 제시하기란 더더욱 지난한 일이다. 유난히 이단이 많고 학설이 분분한 이유도 여기에 있다. 그럼에도 종말론을 출판하게 된 데는 작금의 종말론 논쟁이 무엇인지 소개하고, 그것을 좀 더 성경적이고 개혁신학적인 관점에서 바라보고 싶었기 때문이다.

이 책은 종말론 입문서나 교과서를 의도하지 않았다. 묵혔던 글들을 모아 보완하여 책으로 엮은 것이다. 그래서 몇몇 주제들에 한정되어 있다. 그래도 핵심 쟁점은 충분히 전개되어 있다고 할 수 있다. 그 쟁점과 내용을 소개하면 다음과 같다.

제 1장에서는 주로 성경에 나타난 죽음의 의미를 설명하려고 하였다. 특히 죽음은 죄의 결과인가 자연적 죽음인가에 대한 논쟁에 주목하였다. 제 2장에서는 전적 죽음인가, 영혼불멸인가의 논쟁을 살펴보았다. 현대에 들어서면서 신학은 갑자기 영혼불멸을 비판하고 전적 죽음설에 경도되는 경향을 보였다. 왜 갑작스럽게 상황이 변했는지 궁금했고, 기독교적 불멸설이 정말 비판받아야 하는지를 성경본문을 통해 세심히 살펴보았다. 제 3장에서는 "죽음 안에서의 부활설"을 비판적으로 평가해보았다. 최근 가톨릭 신학자들 사이에서 부활의 시기에 대한 새로운 주장이 제기되었다. 미래가 아니라 죽는 순간에 부활한다는 것이다. 이 장에서는 이 주장이 과연 성경적이고 신학적 정당성이 있느냐 하는 문제를 다뤘다. 제 4장에서는 미국교회 목사인 롭 벨Rob Bell이 제기한 논쟁적인 문제를 다뤘다. 그는 『사랑이 이긴다』고 주장하면서 지옥을 약화시키거나 부정하여 교회와 신학계에 충격을 주었다. 필자는 전통적인 지옥 교리를 옹호하는 관점에서 이 논쟁을 소개하고 평가하였다. 제 5, 6장에서는 인간의 최종적 운명에 관한 이론인 심판의 이중결과설과 만인구원론을 다뤘다. 필자는 어느 다른 주제보다 이 문제에 더 깊은 관심을 갖고 비판적으로 평가하려 하였다. 마지막 장에서는 피조물의 운명, 즉 세계의 종말은 어떻게 될 것인가, 세계의 변형인가, 아니면 세계의 폐기인가 하는 문제에 집중하였다.

이 모든 논쟁들이 현대 종말론에 있어서 논란이 많은 논점들이다. 현대 신학계의 논쟁에 필자는 서면으로 참여한 셈이다. 그리고 모두 개혁신학과 전통적 교리의 손을 들어주었다. 교회가 전통적으로 주장해오던 종말론 교리가 더 성경적이라고 필자는 인정한 셈이다. 교리는 단순히 어느 누구의 주장으로 되는 것이 아니라, 수많은 논쟁과 토론을 통하여 공교회가 공식적으로 승인한 입장이기 때문이다. 새로운 신학도 필요하지만 전통을 소중히 여기는 것도 중요할 것이다. 나아가 이러한 논쟁점을 다루면서 필자는 항상 성경이 무엇을 말하고 있는가를 염두에 두었다. 성경구절 인용이 많고, 성경주석과 사전과 성서신학 문헌을 적극적으로 참고한 이유가 여기에 있다. 아쉬움이 있다면 종말론의 내용과 논점을 더 많이 다루지 못했다는 것이다. 이는 차후의 연구로 미룬다. 마무리 하자니 필자의 생각에 영향을 끼친 스승들과 또 출판을 위해 도움을 주신 분들이 생각난다. 일일이 거명하지 못하나 지면으로 깊은 감사를 드린다.

서문을 닫으려니 다시 질문이 세미하게 들려오는 듯하다. "무지한 말로 생각을 어둡게 하는 자가 누구냐"욥 38:2. 크게 부족하지만, 오직 하나님께 영광Soli Deo Gloria이 되길 바랄 뿐이다.

"크고 깊은 못"德沼가의 심재당心齋堂에서

2021년 신축년 설에 김도훈

차례

제 3장 "죽음 안에서의 부활설" 논쟁

제 4장 지옥은 있다!

제 5장 만유구원론에 대한 비판적 고찰 (1)

제 6장 만유구원론에 대한 비판적 고찰 (2)

Chapter

1

Biblical Reformed Eschatology
The Doctrine of the Last Things

제 1장

성경에 나타난 죽음 이해

— 자연적 죽음인가, 죄의 결과인가

이 장은 김도훈(공저), 『목회메뉴얼: 죽음 목회』(서울: 한국장로교출판사, 2018)에 실린 내용의 일부를 보완한 것이다.

Ⅰ. 서론

이 글은 성경에 나타난 죽음 개념을 살펴보는 것이다. 성경에서 죽음은 상당히 중요한 주제이다. 이미 성경의 첫 부분에서 죽음을 중요하게 언급하고 있고 마지막인 계시록에서는 죽음의 극복에 대해 즉, 죽음이 없는 영원한 세계에 대해 묘사하고 있다. 엄격히 말해 성경은 죽음을 핵심 사상으로 하는 책은 아니다. 구원과 살림과 생명을 더 중요하게 다루고 있다. 그러나 그것이 죽음의 의미를 소홀히 한다는 말은 아니다. 삶과 생명도 죽음을 전제하지 않고는 정확히 드러나기 어렵기 때문이다.

인간은 삶보다 죽음에 더 주목한다. 충격적인 사건이고 인간이 그렇게 영원하길 바라는 삶의 단절이기 때문이다. 성경은 인간에 대한 책이기도 하다. 인간의 실존적인 문제의 핵은 죽음이다. 인간이 존재하는 한 죽음의 문제를 성찰하지 않고 지나갈 수 없다. 그러므로 성경이 죽음의 문제를 다루는 것이 결코 이상한 일이 아니다. 바실리아디스Nikolaos P. Vasileiades는 이것을 잘 표현하고 있다. "죽음의 문제는 인간에게 언제나 커다란 주제여서 처음 종교가 생긴 이래, 하나님 계시의 종교인 그리스도교에 이르기까지 죽음의 주제를 다루지 않은 종교는 지금껏 존재하지 않았다. 만약 누군가 인류의 종교에 대한 주제 목록을 작성하고 그것에 중요 순위를 매긴다면 그 중 으뜸은 죽음의 문제가 될 것이다."[1] 따라서 성경에 나타난 죽음의 문제를 다루는 것은 하등 이상한 일이 아니다. 다만

1 Nikolaos P. Vasileiades, *To Mysterion tou Thanatou*, 박용범 옮김, 『죽음의 신비: 죽음과 부활에 대한 정교회의 신학』(서울: 정교회출판사, 2010), 25.

문제는 성경의 죽음이 매우 다층적으로 나타난다는 점이다. 그래서 일관성 있게 기술하는 것이 쉽지 않다. 그러나 다른 한편으로는 이 다양하고도 다층적인 죽음관이 오히려 죽음에 대한 이해를 풍성하게 만들어 주는 장점도 있다. 여기서는 죽음의 문제를 구약에 제한하여 다루고자 한다. 기술함에 있어서 구약의 죽음관을 체계화시키기보다 다층적인 면들을 그대로 드러내고, 구약의 죽음 이해가 결론적으로 어떤 신학적·목회적 의미를 내포하고 있는가를 성찰해보고자 한다.

II. 생명과 삶의 존중으로서 죽음

구약이 죽음을 말하는 것은 죽음을 예찬하거나 미화하려는 것이 아님은 분명하다. 죽음은 인간에게 있어서 정상적인, 그리고 자연적인 것이 아니며 더구나 예찬해야 할 만한 것은 더욱 아니기 때문이다. 하나님의 창조는 생명과 삶의 창조이다. 모든 피조물들의 생명의 역동성이 파동치는 사건이다. 생명의 다양성이 넘치는, 조화롭고 아름답게 만들어져 하나님이 기뻐하신 사건이다. 하나님의 창조의 의도는 죽음이 아니라 삶이다. 인간 창조도 마찬가지다. 창조 사건은 인간에게 생명을 불어넣어 인간을 살아있는 존재로 만든 사건이다. 자연적 죽음을 말하는 자들은 태초의 창조에서도 죽음이 인간의 운명이었다고, 인간은 유한한 피조물이기 때문에 본래적으로 유한성을 가지며, 그러므로 죽음을 본래적으로 가지고 창조되었다고 말한다. 그러나 성경은 인간이 운명적 죽음을 죽도록 창조되었다고 말하지 않는다. 영원히 살 것이라고도 말하지 않는다. 다만 그는 살아있는 존재로 창조되었을 뿐이다. 그는 죽을 운명이 아닌 영생의 가능성을 가진 존재로 창조되었다. 이에 대해서는 후에 다시 언급하기로 한다.

구약에서 죽음을 말하는 것은 삶에 대한 강조이며, 생명존중의 역설이다. 아벨의 생명을 빼앗은 가인의 행위에 하나님은 질책하셨다. 그리고 가인은 자신의 죽음을 염려하며 불안해한다. 이것은 타자의 생명과 삶의 강탈에 대한 징계다. 결국 가인 이야기는, 삶은 하나님이 주신 것이며, 생명과 삶의 주관자는 하나님이므로 인간이 인간의 생명을 빼앗을 수 없다는 결론을 보여준다. "살인하지 말라"는 계명도 타인의 생명과 삶을 존중하라는 명령이다. 현대 무신론자들은 "돌로 치라"는 구절을 잔인한 하나님의 전형적 모습이라고 비난한다. 하지만 이것은 처벌 규정만 염두에 둔 잘못된 해석이다. "돌로 치라"의 전제 구문은 모두 생명과 삶의 경외를 강조하기 위함이다. 이것은 동해보복법이 동해보복에 역점을 둔 것이 아니라 타인의 신체와 생명을 존중하고 과잉보복을 금지하는 정신을 담은 것과 마찬가지다.[2] 결국 이스라엘의 사형법은 사형에 대한 명령이 아니라 오히려 인간의 생명과 삶을 유지시키고자 하는 하나님의 수고이자 노력이다. 하나님은 산 자의 하나님이다. 아래에서 말할 죽음의 부정성에 대한 성경의 언급도 결국에는 삶에 대한 애착, 삶의 긍정이다. 이것을 전도서는 극명하게 보여준다. "다 흙으로 말미암았으므로 다 흙으로 돌아가나니 다 한 곳으로 가거니와 인생들의 혼은 위로 올라가고 짐승의 혼은 아래 곧 땅으로 내려가는 줄을 누가 알랴 그러므로 나는 사람이 자기 일에 즐거워하는 것보다 더 나은 것이 없음을 보았나니 이는

2 G. Lohfink, *Welche Argumente hat der neue Atheismus?*, 이영덕 옮김, 『오늘날의 무신론은 무엇을 주장하는가?』(서울: 가톨릭대학교출판부, 2012), 133f.

그것이 그의 몫이기 때문이라 아, 그의 뒤에 일어날 일이 무엇인지를 보게 하려고 그를 도로 데리고 올 자가 누구이랴" 전 3:20-22. 간단히 정리하자면 구약에서 말하는 죽음에 대한 이야기는 역설적으로 삶에 대한 이야기라는 것이다.

Ⅲ. 인간의 유한성과 한계로서 죽음

인간은 죽음 앞에서 인간의 허무함과 아쉬움을 인식하고 불안해한다. 이것이 인간의 실존적, 실제적 모습이다. 성경은 영웅주의적 인간 묘사에 별 관심이 없다. 성경의 인물들은 하나같이 나약한 인간이다. 죽음을 염려하며 죽음이 인간에게 던지는 충격을 두려워한다. 시편은 다음과 같이 묘사한다. "여호와여 나의 종말과 연한이 언제까지인지 알게 하사 내가 나의 연약함을 알게 하소서 주께서 나의 날을 한 뼘 길이만큼 되게 하시매 나의 일생이 주 앞에는 없는 것 같사오니 사람은 그가 든든히 서 있는 때에도 진실로 모두가 허사뿐이니이다 (셀라)" 시 39:4-5. 이 구절이 담고 있는 것은 인간의 한계에 대한 고백, 죽음 앞에선 인간의 허무함, 하나님에 의해 주어진 인간의 한계 등이다. 시편 103편 15-16절 역시 인생을 바람에 존재의 흔적조차도 알 수 없는 풀과 들의 꽃에 비유하고 있다. 욥기는 이것을 좀 더 생생하게 묘사한다. 그의 말을 인용해 보려한다.

> 여인에게서 태어난 사람은 생애가 짧고 걱정이 가득하며 그는 꽃과 같이 자라나서 시들며 그림자 같이 지나가며 머물지 아니하거

늘 … 나무는 희망이 있나니 찍힐지라도 다시 움이 나서 연한 가지가 끊이지 아니하며 그 뿌리가 땅에서 늙고 줄기가 흙에서 죽을지라도 물 기운에 움이 돋고 가지가 뻗어서 새로 심은 것과 같거니와 장정이라도 죽으면 소멸되나니 인생이 숨을 거두면 그가 어디 있느냐 물이 바다에서 줄어들고 강물이 잦아서 마름 같이 사람이 누우면 다시 일어나지 못하고 하늘이 없어지기까지 눈을 뜨지 못하며 잠을 깨지 못하느니라욥 14:1ff.

시편 90편 2-12절 역시 인생의 순간성, 찰나성을 상상력과 비유를 동원하여 묘사한다. 그런데 이 구절에는 하나님의 영원성과 인간의 유한성에 대한 대비가 유난히 도드라진다. "산이 생기기 전, 땅과 세계도 주께서 조성하시기 전 곧 영원부터 영원까지 주는 하나님이시니이다."시 90:2 인간에 시간의 한계를 설정하신 분은 하나님이시다. 죽음, 즉 인간의 시간성은 하나님의 영원성을 인식하게 하는 도구이다. 인간의 한계를 느끼면 느낄수록 하나님의 능력과 하나님의 영원성을 절실하게 깨닫게 될 것이다.

주께서 사람을 티끌로 돌아가게 하시고 말씀하시기를 너희 인생들은 돌아가라 하셨사오니 주의 목전에는 천 년이 지나간 어제 같으며 밤의 한 순간 같을 뿐임이니이다 주께서 그들을 홍수처럼 쓸어가시나이다 그들은 잠깐 자는 것 같으며 아침에 돋는 풀 같으니이다 풀은 아침에 꽃이 피어 자라다가 저녁에는 시들어 마르나이다시 90:3-6.

말하는 자의 소리여 이르되 외치라 대답하되 내가 무엇이라 외치

리이까 하니 이르되 모든 육체는 풀이요 그의 모든 아름다움은
들의 꽃과 같으니사 40:6.

그러므로 장수와 건강의 자랑은 헛된 것뿐이며, 그 인생마저도 수고와 슬픔뿐이다. 하물며 부의 자랑은 어떠하겠는가. 그러므로 인간은 인간의 한계를 깨닫고 죽음의 순간에 지나온 인생을 후회하지 않도록 진정한 삶의 지혜를 깨달을 수 있게 해달라고 간구한다.

자기의 재물을 의지하고 부유함을 자랑하는 자는 아무도 자기의 형제를 구원하지 못하며 그를 위한 속전을 하나님께 바치지도 못할 것은 그들의 생명을 속량하는 값이 너무 엄청나서 영원히 마련하지 못할 것임이니라 그가 영원히 살아서 죽음을 보지 않을 것인가 그러나 그는 지혜 있는 자도 죽고 어리석고 무지한 자도 함께 망하며 그들의 재물은 남에게 남겨 두고 떠나는 것을 보게 되리로다 그러나 그들의 속 생각에 그들의 집은 영원히 있고 그들의 거처는 대대에 이르리라 하여 그들의 토지를 자기 이름으로 부르도다 사람은 존귀하나 장구하지 못함이여 멸망하는 짐승 같도다. 이것이 바로 어리석은 자들의 길이며 그들의 말을 기뻐하는 자들의 종말이로다 (셀라)시 49:6-13.

Ⅳ. 죽음의 부정성
— 슬픔과 고통, 그리고 하나님으로부터의 분리와 단절

위에서 본대로 구약은 죽음을 매우 부정적으로 바라보고 있다. 슬픈 것이며, 죽음으로 모든 것이 헛된 것이 되며, 고통스러운 것이다욥 7:1ff, 시 18:4-5, 욥 18:13-14.

> 내 마음이 내 속에서 심히 아파하며 사망의 위험이 내게 이르렀도다. 두려움과 떨림이 내게 이르고 공포가 나를 덮었도다시 55:4-5.

> 우리는 주의 노에 소멸되며 주의 분내심에 놀라나이다 주께서 우리의 죄악을 주의 앞에 놓으시며 우리의 은밀한 죄를 주의 얼굴 빛 가운데에 두셨사오니 우리의 모든 날이 주의 분노 중에 지나가며 우리의 평생이 순식간에 다하였나이다 우리의 연수가 칠십이요 강건하면 팔십이라도 그 연수의 자랑은 수고와 슬픔뿐이요 신속히 가니 우리가 날아가나이다시 90:7-10.

> 나는 제비 같이, 학 같이 지저귀며 비둘기 같이 슬피 울며 내 눈이 쇠하도록 앙망하나이다 여호와여 내가 압제를 받사오니 나의 중보가 되옵소서 주께서 내게 말씀하시고 또 친히 이루셨사오니 내가 무슨 말씀을 하오리이까 내 영혼의 고통으로 말미암아 내가 종신토록 방황하리이다사 38:14-15.

죽음은 또한 삶으로부터의 단절이며 전 9:10 살아있는 자들과의 분리이며 단절이다. 오늘날 우리의 죽음도 결코 자연스러운 것이 아니다. 그것은 아픈 것이며 슬픈 것이고 결국 모든 사랑하는 사람들과의 이별이다. 장자의 글에서처럼 아내를 죽음을 놓고 노래하며 그래서 모든 죽음은 자연의 섭리이며 운명일 뿐이라며 애써 태연해 할 수 있는 그런 사건이 아니다. 그것은 슬픔이며, 아픔이며, 허무며, 단절이며 고통이다. 죽음을 앞둔 자의 운명도 그러하거니와 죽음을 목도하고 있는 자들의 상황도 마찬가지다.

구약성경이 죽음을 부정적으로 생각하는 것은 단순히 슬프거나 허무하기 때문만이 아니다. 하나님과 분리되어 하나님께 감사도 찬송도 할 수 없는 보다 더 절망적인 상황이 되기 때문이다. 즉은 자들의 세계인 스올의 세계는 아무런 희망도 보이지 않는 곳이다.

> 사망 중에서는 주를 기억하는 일이 없사오니 스올에서 주께 감사할 자 누구리이까 시 6:5.

> 나의 영혼에는 재난이 가득하며 나의 생명은 스올에 가까웠사오니 나는 무덤으로 내려가는 자 같으니이다 나는 도움이 없는 자 같고 죽은 자들 중에서 버려진 자와 같고 무덤에 누운 자 같고 주께서 그들을 다시 기억하지 아니하시니 그들은 주의 손에서 끊어진 자니이다 …… 주께서 죽은 자에게 기이한 일을 보이시겠나이까 유령들이 일어나 주를 찬송하리이까 시 88:3-5, 10.

> 스올이 주께 감사하지 못하며 사망이 주를 찬양하지 못하며 구덩이에 들어간 자가 주의 신실을 바라지 못하되, 오직 산 자 곧 산

자는 오늘 내가 하는 것과 같이 주께 감사하며 주의 신실을 아버지가 그의 자녀에게 알게 하리이다 사 38:18-19.[3]

이처럼 구약의 기자들은 죽음을 고통과 슬픔으로 묘사하고 있기도 하지만, 역으로 슬픔과 고통 고난을 마치 죽음을 경험한 것처럼, 영혼이 죽음의 세계에 있었던 것처럼 묘사하고 있기도 하다. 마치 하나님이 없는 고통, 하나님을 경험할 수 없는 죽음의 흑암을 경험하고 있다. "질병, 고통, 핍박, 외로움, 곤경, 불안, 하나님 떠남, 같은 모든 것, 즉 개인이나 공동체의 삶을 위협하고 손상시키는 모든 것은 죽음의 작용"[4]이다. 죽음의 부정성을 언급하는 본문이 탄식과 기도와 연결되어 있다는 것을 우리는 알 수 있다. 포그리믈러 H. Vorgrimler 가 언급하듯이, 후기 이스라엘의 사유에서는 "전반적으로 죽음이 불행한 것으로 인식되고 있다. 즉 사람들은 죽음을 여전히 하나님의 개입으로 돌리고 있지만, 죽음의 처지를 비통하고 힘겹게 체험하고 있다. 왜냐하면 무엇보다도 삶이 너무나도 짧게 느껴졌으며, 죽음은 곧 하나님에 의해 주어진 하나님과의 관계가 파멸되는 것으로 인정되었기 때문이다. 따라서 기도 속에서 삶이 우울한 색채로 묘사되거나, 인생이 잠깐 사이에 지나가버리는 그림, 흘러가는 물, 그리고 뜨거운 열기 속에서 메마르는 화초로 비유될 때, 기도 안에는 하나님을 향한 애절한 호소가 자리 잡게 마련이다. 즉 거기에는 하나님께서 죽어가는 인간의 상황을 변화시켜주시기를 바라는 호소가 들어 있다."[5]

3 시 6:5, 115:16f도 마찬가지의 내용을 담고 있다.

4 Walter Dietrich and Samuel Vollenweider, "Tod II," in *Theologische Realenzyklpädie*, XXXIII, ed. G. Müller (Berlin/New York: Walter de Gruyter, 2002), 582-600, 583.

5 H. Vorgrimler, *Der Tod im Denken und Leben im Christen*, 심상태 옮김, 『죽음: 오늘의 그리스도교적 죽음이해』(서울: 바오로딸, 1998), 67-8.

V. 죽음, 자연적 죽음인가, 죄의 결과인가

결론을 먼저 말하자면, 한마디로 죽음은 죄의 결과다. 전통적으로 교회와 신학은 죽음을 죄의 결과로 보았다. 육체의 죽음이든, 영의 죽음이든, 영적인 죽음이든 상관없이 모든 죽음은 죄로 인한 심판의 결과였다. 418년 카르타고 공의회는 인간은 죄의 결과가 아니라 원래 죽을 운명으로 창조되었기 때문에 죽음에 이른다는 자연적 죽음설을 정죄하였다. 어거스틴역시 육체적 죽음이든 영원한 죽음이든 모든 죽음은 죄의 결과임을 인정하였다.[6] 개혁신학자인 아메시우스Amesius는 우선 영적인 죽음은 당연히 죄의 결과라고 본다. "계속 발생하는 죄가 오히려 처음에 범한 죄에서 볼 때 형벌의 성격을 가진다"[7]는 것이다. 여기서 "계속 발생하는 죄"는 곧 영적인 죽음, 영적인 형벌을 의미한다. 죄로 인한 형벌은 인간의 사망과 비참함을 초래하고, 내적 고통으로 인하여 본성의 억압을 가져오게 되고, 죄는 인간으로부터 의와 은혜와 하나님의 도움을 빼앗음으로 인해 인간은 더욱 죄의 길로 가게 되며, 후속적인 죄와 악을 초래하는 결과를 가져오게 된다.[8] 뿐만 아니라 죄의 결과는 육체의 죽음을 초래한다.

헤페H. Heppe는 "영적인 사망과 마찬가지로, 육적인 사망도 인간의 죄에 대한 신의 형벌"[9]이라고 주장한다. 죄의 결과로서의 죽음에 대한 또

6 J. Moltmann, *Das Kommen Gottes*, 김균진 옮김, 『오시는 하나님: 기독교적 종말론』(서울: 대한기독교서회, 1997), 162.

7 H. Heppe, *Reformierte Dogmatik*, 이정석 옮김, 『개혁파정통교의학』(고양: 크리스찬다이제스트, 2007), 532, 522.

8 위의 책, 532f.

9 위의 책, 533.

하나의 중요한 측면은 영원한 죽음이다. 헤페에 의하면, "죄에 대한 형벌로서 인간에게 임하는 비참의 극치는 영원한 사망, 즉 신의 사회와 축복으로부터의 영원한 분리, 즉 저주의 형벌과 사후에 죄인의 양심과 육체가 당하는 영원한 고통, 즉 감각의 형벌이다."[10] 마스트리히트Petrus van Mastricht도 이와 유사하게 정의한다. "영원한 사망은 a. 최고선인 하나님과의 모든 교제와 모든 구원적 은택의 전체적이고 최종적이며 영원한 박탈, b. 지옥의 부정한 영들과의 영원하고 무서운 교제와 집단생활, c. 죄들의 회상으로부터 오는 엄청난 공포심과 양심의 혹독한 가책"[11]을 포함한다. 개혁교회 신앙고백서인 웨스트민스터 신앙고백서도 인간은 죄로 말미암아 죽게 되었고, 그 죄의 결과가 모든 후손들에게 전가되어 그 후손들도 동일한 죽음과 부패에 처해지게 되었다고 고백한다.[12] 제 2 스위스 신앙고백서 8장에도 역시 동일한 고백이 나온다. 이 신앙고백서에 의하면 "죽음이라고 할 때 우리는 육체적인 죽음을 의미할 뿐만 아니라 죄와 부패가 응당 받아야 할 영원한 심판을 의미한다. 우리는 죄의 연고로 한 번은 반드시 육적 죽음을 당해야 한다."[13] 간단히 요약하자면, 영적 죽음, 육체

10 위의 책, 534.

11 위의 책, 535.

12 대한예수교장로회 총회 교리편의 웨스트민스터 신앙고백서 6장을 성경구절을 생략하고 인용한다. "2. 이 죄로 말미암아 그들은 본래 가졌던 의와 하나님과 가졌던 교제에서 떨어지고 말았다. 그 결과 죄로 말미암아 죽게 되었을 뿐만 아니라 육체의 모든 기능과 부분이 전적으로 더럽게 되고 말았다. 3. 우리의 처음 부모는 모든 인류의 시조이었으므로, 이 죄에 대한 값이 우리에게 전가되었으며, 죄 안에 있는 동일한 죽음과 부패한 본성이 정상적 생식 방법으로 그들에게서 나온 후손에게까지 유전되었다. 4. 이 원 부패성으로 말미암아 우리는 모든 선에 대하여 완전히 싫증이 나고 무능해지고 반대하게 되며, 또한 모든 악을 좋아하는 경향을 가지게 되었다. 이 원 부패성에서 모든 실제적 범죄가 나오게 된다. 5. 본성의 이 부패성은 이 세상에 사는 동안 중생한 사람들 안에도 남아 있다. 그것은 그리스도를 통해서 용서되었고 죽었으나 그 자체와 그것에서 나오는 모든 움직임은 틀림없이 죄다. 6. 원죄와 자범죄를 포함하여 모든 죄는 하나님의 의로우신 율법을 위반한 것이요, 그것에 반대되는 것이므로, 죄는 본질적으로 죄인에게 죄 값을 가져온다. 그 죄 값으로 말미암아 죄인은 하나님의 진노와 그 율법의 저주에 매여 있다. 그 결과 그 죄인은 죽음이나 모든 영적이며, 시간적이며, 영원한 비참함을 피할 수가 없다."

13 이형기 편저, 『세계개혁교회의 신앙고백서』(서울: 대한예수교장로회총회출판국, 1991), 133.

적 죽음, 영원한 죽음, 이 모두 죄의 결과다.

이처럼 죄의 결과설이 교회의 전통적 정통적 교리로 전승되어 왔다. 그러나 신학의 역사에 있어서 인간은 죄와 상관없이 원래 죽을 수밖에 없는 존재로 창조되었다는 자연적 죽음설이 주변적이기는 하지만 이미 오래전부터 있었다. 418년 카르타고 공의회의 결의문이 이미 이를 암시한다. "첫째 사람 아담은 사멸의 존재로 창조되었으며, 그러므로 그는 죄를 지었든 짓지 않았든 그의 몸에 있어서 죽었다고, 다시 말하여 죄 때문이 아니라 자연적 필연성 때문에 육체를 버렸다고 말하는 자는 저주를 받을 지어다."[14] 이것은 무엇을 의미하는가? 이것은 단순히 예방적 차원의 선언이 아니다. 당시의 교회에는 자연적 죽음설을 주장하는 자들이 실제 있었다는 것을 의미한다. 카르타고 공의회는 죽음의 죄의 결과설을 부정하는 이들이 있었다는 것을 의미한다. 교회의 주 흐름이 아니었던 자연적 죽음설이 근대에 이르러 신학의 전면에 나타나기 시작하였다. 몰트만J. Moltmann의 말처럼, "19세기 개신교 자유주의 신학은 죄와 신체적 죽음의 인과론적 관계를 거부했으며, 신체적 죽음을 '자연적 죽음'으로 보고 죄와 심판과 벌의 종교적 틀에서 그것을 해방시켰다."[15] 이런 주장의 대표적인 이 시대 인물은 슐라이어마허F. Schleiermacher였다. 그는 "죽음 그 자체는 악한 것도 아니고 하나님의 벌도 아니다. 오히려 그것은 인간의 유한한 본질의 자연적인 끝이요, 시간적 한계"[16]라고 주장함으로써 교회의 전통적인 견해와는 다른 관점을 제시하려 하였다. 그렇다고 해서 그가 인간의 모든 죽음이 자연적이라고만 본 것은 아니다. 그는 죽음 자체와 죽음에 대한 경험을 구분하였다. 이것을 몰트만은 다음과 같이 지

14 J. Moltmann, 『오시는 하나님』, 161에서 재인용.

15 위의 책, 163.

16 위의 책, 164.

적하였다. "죄로 말미암아 교란된 하나님 의식이 비로소 자연적인 죽음을 주관적으로 하나의 악한 일로 경험하게 되며 하나의 벌로 두려워하게 된다. 죽음은 죄로 말미암아 야기된 것이 아니라 죄로 말미암아 인간에 대한 영적인 세력을 얻게 된 것이다. '우리는 죽음 때문이 아니라 죽음의 공포로 말미암아 종들이기' 때문이다."[17]

몰트만의 판단에 따르면, 슐라이어마허 이후의 자유주의 신학은 그의 노선의 연장의 다름 아니다. 그가 분석한 자유주의 신학은 영혼의 죽음과 영원한 죽음은 죄의 결과이나 몸의 죽음, 즉 신체적 죽음은 죄와 상관없는 자연적 죽음이라는 것이다.[18] "영혼의 죽음은 하나님과의 교통의 파괴를 뜻하며 영원한 죽음은 그것의 상실을 뜻한다. 하나님 의식 속에서 일어나는 이 경험들은 신체의 죽음과 분리되어야 한다. 죄의 결과는 영적 괴리, 내적 불평화, 윤리적 부패, 영원한 저주에 대한 공포다. 신체의 죽음을 종교적-도덕적 원인으로 설명될 수는 없다."[19] 이러한 흐름은 현대 신학에도 이어진다. 파울 알트하우스Paul Althaus, 칼 바르트Karl Barth, 에밀 브룬너Emil Brunner, 에버하르트 융엘Eberhard Jüngel 등이 슐라이어마허의 노선에 가담하여 자연적 죽음과 심판의 죽음으로 죽음을 구분하였다.[20] 이들의 주장을 다 열거하기는 쉽지 않다. 여기서는 바르트의 생각만을 소

17 위의 책, 164. 이 말에 의하면 죄가 야기하는 것은 죽음 그 자체가 아니라 죽음에 대한 공포라는 것이다. 즉 죄의 결과는 죽음이 아니라 죽음에 대한 공포인 것이다. 이렇게 주장한다면 신학적으로 큰 문제가 제기될 것이다. 구원은 죽음으로부터의 구원이 아니라 죽음의 공포로부터의 해방이 될 것이기 때문이다. 몰트만의 지적대로 그리스도의 구원은 "불멸성으로의 신체적 구원이 아니라 열락(행복)으로의 종교적 윤리적 구원이다. 죄의 용서를 받고 구원자를 믿는 사람은 그의 죽음을 악이나 벌로 경험하지 않고, 그 자체로서 있는 것 곧 자연적인 끝으로 경험한다. 신자들에게 죽음은 죄인들에게 나타나는 것과는 다르게 나타난다. 신자들이 자연적인 죽음을 죽을 때 그들은 공포와 경악 없이 죽는다. 그리스도는 죽음을 극복하는 것이 아니라 죽음의 공포를 극복한다." 위의 책, 165.

18 위의 책, 166.

19 위의 책, 165.

20 위의 책, 164-168; W. Pannenberg, *Systematische Theologie* II, 신준호, 안희철 옮김, 『판넨베르크 조직신학 II』(서울: 새물결플러스, 2018), 473f.

개하려 한다. 그는 인간론에서 죽음과 죄의 문제를 상론한다. 그는 『교회교의학』 47섹션 5항 "끝나가는 시간"에서 이 문제를 본격적으로 다룬다.[21] 그는 죽음의 본질과 현실에 대한 성서의 진술을 논하는 것으로 시작한다. 그의 주장은 한마디로 "죽음 자체는 인간 삶의 종말, 한계이다 …… 그러나 현실적으로 인간과 대립한다"[22]는 것이다. 그는, 몰트만의 지적대로, 죽음 자체, 즉 흔히 말하는 자연적 죽음과 죽음의 현실 즉 현실적 죽음을 구분한다.[23] "인간 존재가 시간 속에서 유한하고 인간은 사멸적이라는 사실은 또한 인간 본성에 속하고, …… 하나님의 창조"이므로 "죽음 그 자체로 심판이 아니고 또한 하나님의 심판의 표지가 아니다."[24] 원래 "죽음은 인간의 삶에 속한다."[25] 인간의 "시작이 비존재에서 존재로 걸어감이듯이, 죽음은 인간이 존재에서 비존재로 걸어감이다. 그러므로 이 목표점을 향해 질주하는 것, 이전에 삶이 시작되었던 것처럼, 전방을 향해 기한이 정해져 있는 것은 인간의 삶 자체에 부자연스러운 것이 아니라 자연스러운 것이다."[26] 그러나 바르트는 여기서 멈추지 않는다. 죽음을 단순히 인간의 자연스러운 본질이라고만 바라보고 있지는 않다. 그는 진지하게 죽음의 실재, 죽음의 현실에 대해 이야기한다. 인간이 만나는 실재적 죽음은 "하나님에 의해 창조된, 그러므로 선한 인간 본성에 속한다고 확실히 말할 수 없다. 오히려 죽음은 의심할 바 없이 소극적인 것, 악이다."[27] 그리고 그것은 하나님의 심판이다. 이것은 바르트가 현

21 K. Barth, *Kirchliche Dogmatik* III/2, 오영석, 황정욱 옮김, 『교회교의학 III/2』(서울: 대한기독교서회, 2017), 683ff; 이하 'KD'로 약칭.

22 위의 책, 685.

23 J. Moltmann, 『오시는 하나님』, 167.

24 *KD* III/2, 737.

25 위의 책, 737.

26 위의 책, 737.

27 위의 책, 695.

실적 죽음은 죄의 결과라고 보고 있다는 의미다. "우리가 만나는 죽음을 하나님의 심판의 표시 말고 달리 애할 수 없고 이해해서도 안 된다."[28] 죽음의 불안, 그것은 바로 하나님의 심판의 표시다.[29] 몰트만의 말을 빌려 바르트의 생각을 정리한다면 다음과 같다. "인간의 현실적인 죽음은 사실상 죄인의 죽음이요, 죄인은 이 죽음을 저주로서 두려워하고 죄된 삶에 대한 벌로 경험한다. 그리스도와 믿음이 없을 경우, 죽음 자체와 현실적인 죽음은 일치한다. 그러나 우리가 그리스도와 함께 있으며 믿음 가운데 있을 때, 우리는 저주의 죽음에서 자연적인 죽음으로 해방된다."[30]

자연적 죽음이냐, 죄로 인한 죽음이냐의 문제는 상세한 논의가 필요하다. 여기서는 성경의 본문들을 분석하면서, 성경이 말하는 죽음은 죄의 결과임을 주장하고자 한다. 우선 자연적 죽음설의 근거로 주장되는 구절들을 인용해보자. 그것들은 다음과 같다. "생육하고 번성하여 땅에 충만하라"창 1:28. "아브라함의 향년이 백칠십오 세라 그의 나이가 높고 늙어서 기운이 다하여 죽어 자기 열조에게로 돌아가매"창 25:7-8. "욥이 나이가 차서 죽었더라"욥 42:17. "네 부모를 공경하라 그리하면 네 하나님 여호와가 네게 준 땅에서 네 생명이 길리라"출 20:12. "너는 흙에서 왔으니 흙으로 돌아갈 것이니라"창 3:19. 그러나 이러한 구절들이 자연적 죽음을 말하는 것은 아니다. "생육과 번성"이 반드시 자연적 사멸을 전제로 한다고 볼 수도 없다. 열조에게로 돌아가는 것이나 장수의 복을 말한다고 해서 그것이 반드시 자연적 죽음을 증명하는 것도 아니며 반대로 죄로 인한 죽음을 부정하는 것도 아니다. 아브라함이나 이삭이나 야곱의 죽음이 자연스러운 것이고 복된 것이라면, 즉 자연적 죽음을 죽는 것이라면 굳이

28 위의 책, 695.
29 위의 책, 696.
30 J. Moltmann, 『오시는 하나님』, 167.

이렇게 죽었다고 기록할 이유가 무엇인가. 그것을 기록한 것은 일반적으로 인간의 죽음이 그리 긍정적이지 못하다는 것을 함축하고 있는 것이 아닌가. 족장들의 죽음의 기록이 의미가 있는 것은 그들의 죽음이 일반적 인간의 보편적 죽음의 현상이기 때문이 아니라, 아브라함 개인, 즉 하나님과 동행했던, “하나님의 계명을 지켜 행한 자”의 죽음의 기록이기 때문이다. 여호수아나 다윗 역시 자신의 죽음을 자연스럽게 받아들인다. 그렇다고 해서 그들이 자연적 죽음을 죽도록 창조되었기 때문에 죽음을 자연스럽게 수용한 것은 아니다. 그들은 하나님 안에서 죽음을 받아들일 수 있는 “죽음에의 용기”, “비존재의 용기”를 가진 자들이었기 때문이다. 욥의 죽음에도 죽었다는 사실만 언급할 뿐 다른 가치판단이나 의미부여는 없다. 자연적 죽음설이 개별 인간들의 자연스러운 죽음을 의도하는 것이라면 아브라함의 죽음이나 다윗의 죽음을 자연적 죽음이라 할 수 있을 것이다. 그러나 우리가 논의하고 있는 자연적 죽음설은 타락 이후의 죽음을 말하는 것이 아니라 타락 이전의 인간의 운명, 즉 인간의 본래적 운명을 말하는 것이다. 이것은 아브라함의 죽음으로 인간에 들어온 보편적 죽음을 유추할 수 있는 것도 아니다.

그리고 일찍 죽는다면 저주이고, 늙어 죽는다면 복이라는 단순한 이중적 도식도 구약에서 자명하게 지지되는 것은 아니다. 지혜서 4:7은 의인은 제 명에 죽지 못하더라도 안식을 얻는다고 본다. 의인이라 할지라도 일찍 죽을 수 있으며 악인이라 할지라도 잘 살고 오래 사는 경우가 있기 때문이다. 또한 장수하여 죽는다는 것이 죄의 결과로서의 죽음과 반드시 상충되는 것은 아니다. 죄로 인하여 인간의 수명이 80으로 정해졌다고 말할 수 있기 때문이다. “우리의 모든 날이 주의 분노 중에 지나가며 우리의 평생이 순식간에 다하였나이다. 우리의 연수가 칠십이요 강건하면 팔십이라도 그 연수의 자랑은 수고와 슬픔뿐이요 신속히 가니 우리가 날아가나이다" 시 90:9-10. 이 구절을 무엇을 의미하는가? 강건하게 팔십을 산다 할지라도 죽음은 죽음일 뿐이다. 복이라고 묘사하지 않는다. 그것마저 짧은 인생이고, 그것도 주의 분노 때문이다. 비참한 죽음을 당해야만 죄의 결과이고 그렇지 않다면 운명적으로 자연스러운 죽음이다라고 말할 수 있는 것이 아니다. 아담에게 하나님은 죄의 벌로 죽음을 선언하였다. 그러나 그가 당장 죽은 것은 아니다. 오랫동안 삶을 유지한 후에 죽었다. 그렇다고 아담의 죽음을 자연스러운 죽음이라고 말할 수 없다는 것은 자명한 일이다. 죽음 자체가 형벌이기 때문이다. 따라서 위 구절들을 근거로 성경은 자연적 죽음설을 지지한다고 하는 주장은 별로 설득력이 없다.

최초의 인간은 자연적 죽음을 죽을 운명으로 창조되었는가, 아니면 영원히 사는 불멸의 존재로 창조되었는가. 그에 대해 성경은 자명하게 말하고 있지 않다. 필자는 태초의 인간은 본질적으로 죽을 운명으로도, 그 자체로 영원히 살 운명으로도 창조되었다고 생각지 않는다. 하나님이 인간을 창조하셨을 때 그 인간은 하나님의 피조물로서 시간적 존재임에는 틀림없지만 죽지 않을 가능성이 그들에게는 열려 있었다.[31] 다시 말하면 숙명적으로 죽거나 죽지 않는 것이 아니라, 죽거나 죽지 않을 가능성이 그들에게 열려 있었다는 말이다. 타락 이전의 에덴동산에는 죽음을 가져올 수 있는 나무와 영생을 가져올 수 있는 나무가 동시에 서 있었다. 그러므로 최초의 인간은 영생할 수도 있었으며 죽을 수도 있었다. 그 선택의 기로에서 인간은 죽음을 선택한 것이다. 죽을 수밖에 없는 상태가 선택의 결과가 아니라, 말 그대로 운명이라면, "여호와 하나님이 그 사람에게 명하여 이르시되 동산 각종 나무의 열매는 네가 임의로 먹되 선악

31 Augustinus의 posse non mori의 도식에 포함된 가능성을 의미한다.

을 알게 하는 나무의 열매는 먹지 말라 네가 먹는 날에는 '반드시 죽으리라'" 창 2:16-17 라는 구절은 아무런 의미가 없는 명령이 될 것이다. 달리 말해서, 반드시 죽을 운명으로 창조된 인간에게 반드시 죽을 것이라는 선언은 인간행동을 제어하는데 아무런 효력이 없을 뿐만 아니라 그러한 명령 자체가 모순된다는 말이다. 죽지 않을 수도 있는 운명이기 때문에 "죽으리라"는 선언이 의미가 있다. 부가적으로, 우리는 에덴동산의 성격에 대해 생각해보자. 우리는 성서기자가 에덴 동산을 원래 죽음이 있는 곳으로 묘사했다고 상상할 수 없다. 폰라트 Gerhard von Rad 의 말대로 에덴 동산은 하나님의 소유다.[32] "하나님이 현존하시는 그리고 그 때문에 그룹에 의해 파수되는 거룩한 지역"[33]이다. "이 동산은 인간을 위해 세워졌으며, 하나님에 의해 피조된 인간에 대한 하나님의 은혜로운 배려의 선물"[34]이다. 그러므로 이 구절의 의도나 에덴동산의 성격으로 보아 그들의 영원한 삶의 가능성을 무효화시키고 죽을 운명의 존재로 만들어버린 것은 원래의 창조에 속한 것이 아니라 인간의 선택의 결과로, 즉 죄의 결과로 간주하는 것이 더 적절할 것이다.

"너는 흙에서 왔으니 흙으로 돌아갈 것이니라" 창 3:19 는 결코 자연적 죽음을 의미하는 구절이 아니다. 이것이 자연적 죽음을 의도하려면 타락 이전, 즉 인간이 만들어지는 순간에 선언되어야 한다. 그래야 인간의 죽음은 인간의 본질에 속하는 것이라고 할 수 있을 것이다. 그런데 이 구절은 첫 인간의 타락 후에 등장한다는 것을 유념할 필요가 있다. 즉 타락 이후의 첫 인간에 대한 하나님의 심판으로서 선언된 구절이다. 그리고

32 G. von Rad, *Das erste Buch Mose: Genesis*, 『국제성서주석: 창세기』(서울: 한국신학연구소, 1981), 82.

33 위의 책, 82.

34 위의 책, 83.

이 구절에서 "흙"이라는 단어는 인간의 몸을 지칭한다. 그러므로 아담의 타락으로 인한 죽음을 육체의 죽음이 아니라 영적 죽음이라고만 해석하는 것은 본문에 부합하는 해석은 아니다. 죄의 벌로서 죽는 죽음은 반드시 인간의 육체에도 해당되어야 한다. 따라서 육체의 죽음은 자연스러운 것이 아니다. 인간의 몸의 구성물질인 흙에 대한 언급은 창세기 2장 7절에도 등장한다. "여호와 하나님이 땅의 흙으로 사람을 지으시고 생기를 그 코에 불어넣으시니 사람이 생령이 되니라." 여기에도 죽음에 대한 어떤 암시도 없다. 왜냐하면 이 구절에서의 의도는 흙에 있는 것이 아니라 하나님의 숨결과 생명에 있기 때문이다. 폰 라트는 이에 대해 이렇게 해석한다. "흙으로 빚어진 인간은 하나님이 생명의 숨을 불어 넣으심으로써 비로소 산 존재가 되었다. …… 질료적인 것과 결합된 신적 생명의 숨[호흡]은 인간을 신체적인 면에서 뿐만 아니라 영혼적인 면에서도 산 존재로 만든다. 이 생명은 직접 하나님께로부터 유래한다."[35] 그의 말에서도 알 수 있듯이 흙이 곧 죽음을 포함하고 있다는 것은 본문의 의도가 아니다.

성경의 많은 구절들이 언급하듯 죽음은 부정적인 것이며 자연에 거스르는 것이다. 이것은 가인의 살인에서도 잘 나타난다. "네가 선을 행하면 어찌 낯을 들지 못하겠느냐 선을 행하지 아니하면 죄가 문에 엎드려 있느니라 죄가 너를 원하나 너는 죄를 다스릴지니라 가인이 그의 아우 아벨에게 말하고 그들이 들에 있을 때에 가인이 그의 아우 아벨을 쳐 죽이니라" 창 4:7-8. 이외에도 구약에는 죄로 인한 죽음을 언급하는 많은 구절들이 있다.

35 위의 책, 81.

> 우리는 주의 노에 소멸되며 주의 분내심에 놀라나이다 주께서 우리의 죄악을 주의 앞에 놓으시며 우리의 은밀한 죄를 주의 얼굴 빛 가운데에 두셨사오니 우리의 모든 날이 주의 분노 중에 지나가며 우리의 평생이 순식간에 다하였나이다. 우리의 연수가 칠십이요 강건하면 팔십이라도 그 연수의 자랑은 수고와 슬픔뿐이요 신속히 가니 우리가 날아가나이다 누가 주의 노여움의 능력을 알며 누가 주의 진노의 두려움을 알리이까 우리에게 우리 날 계수함을 가르치사 지혜로운 마음을 얻게 하소서 시 90:7-12.

창세기 1-11장으로 돌아가 보자. 창세기 1-2장은 생명의 창조이고 아름다움의 창조이다. 결코 죽음이 자연적인 것으로 의도되어 있지 않다. 여기서의 관심은 생명이고 삶이고 풍성함이다. 3장부터의 이야기에는 창조의 아름다움과 생명에 대립되는 이야기들이 끊임없이 등장한다. 타락한 인간을 향한 하나님의 죽음의 선언, 가인의 살인과 아벨의 죽음, 인간의 족보와 수명에 관한 이야기, 홍수로 인한 전 인류의 죽음에 관한 내용이 잇달아 등장한다. 한 가지 의문이 생긴다. 도대체 원역사라 불리는 인류의 역사가 왜 삶의 대립인 죽음에 관한 이야기로 뒤덮여 있는가? 창세기 기자는 왜 타락과 죽음에 관한 이야기를 성경의 첫 머리에 배열하였는가? 그 대답은 간단하다. 인류에 침투해 들어온 보편적 죽음에 대한 설명이 필요했기 때문일 것이다. 창세기의 창조가 하나님의 전 인류를 향한 계약 혹은 구원 역사의 시작이라면,[36] 그리고 그 구원의 최종적 목표(종말)가 죽음의 극복이며 영원한 삶이라면, 반드시 타락한 인류와 죽음의 침투에 대한 이야기로 시작하는 것이 필요했을 것이다. 그래서

36 K. Barth, *KD* III/1, 63.

창세기 기자는 왜 죽음이 왔으며 왜 인간은 비참하게 살아야 하는가에 대해 깊이 질문하였고, 죄가 그 원인이라고 대답했던 것이다.

죽음은 죄의 결과라는 주장의 중요한 근거라고 인정되는 바울의 본문을 주목해볼 필요가 있다. 바울은 아담의 타락을 주목하면서 이 한 사람의 죄로 인하여 온 인류에 죽음과 죄가 들어왔다고 설명한다. "그러므로 한 사람으로 말미암아 죄가 세상에 들어오고 죄로 말미암아 사망이 들어왔나니 이와 같이 모든 사람이 죄를 지었으므로 사망이 모든 사람에게 이르렀느니라"롬 5:12. "죄의 삯은 사망이요 하나님의 은사는 그리스도 예수 우리 주 안에 있는 영생이니라."롬 6:23 바울은 "죽음이 죄의 결과로 세상에 들어왔다는 것",[37] "죄는 죽음을 수단으로 모든 인간을 통치한다는 것"[38]을 믿었음이 분명하다. 바울에 따르면 "무Nichtigkeit와 죽음의 운명은 아담의 타락 이후에 모든 피조물 위에 임한 것이다."[39] 다시 말해 "바울도 아담에게서 시작해서 모든 사람이 그들 나름의 방식으로 그들에게 다가온 죄에 의한 멸망의 운명에 의도적으로 참여하고 있으며, 그래서 죽음을 겪어야만 한다고 생각한다."[40] 제임스 던James Dunn의 해석은 조심스럽지만 좀 더 구체적이다. 그에 의하면, 바울의 이 본문은 "사망이 어떻게 해서 인간의 피할 수 없는 운명의 일부가 되었느냐 하는 것"[41]에 대한 논의라는 것이다. 던은 다음과 같이 정리한다. "바울은 창세기 2-3장에 나타나는 생명나무의 기능에서 아주 분명한 의미를 추출해 낸다. 곧

37 P. Stuhlmacher, *Biblische Theologie des Neuen Testaments*, Bd 1 (Vandenhoeck & Ruprecht, 1997), 279.

38 위의 책, 280.

39 위의 책, 281.

40 P. Stuhlmacher, *Der Brief an die Römer*, 장흥길 옮김, 『로마서』(서울: 장로회신학대학교출판부, 2002), 154.

41 James D. G. Dunn, *The Theology of Paul the Apostle*, 박문재 옮김, 『바울신학』(고양: 크리스찬다이제스트, 2003), 165.

사망이란 본래 하나님께서 피조물에게 의도하신 바가 아니었다는 것이다. 본래 세상에서 자리를 차지하지 못했던 '사망이 세상에 들어온' 것이다."[42] 그는 죽음이 외부에서 세상으로 들어왔다는 것에 초점을 맞추고 있다. "즉 사망이란 창조된 상태의 자연적인 귀결이 아니라는 점을 분명히 한다. 그것은 곧 죄의 결과라는 것이다. …… 바울에게는 죄와 사망의 인과 관계가 매우 강하다."[43] 나아가 던에 의하면 바울은 "사망으로 끝나는 생명이라는 연속체가 아담에서부터 현재까지 쭉 뻗어 오고 있으며," 그것은 "아담과 함께 시작되었고," "그 연속체를 유지시켜 주는 것이 계속되는 인간의 죄라는" 생각을 견지하고 있다는 것이다.[44] 그렇다면 역으로, 죄가 없다면 죽음이 없을까? 던에 의하면 "바울은 이 문제에 대해서는 말하지 않고, …… 사망이 이 인생의 종말로서 피할 수 없다는 것이 실존적 현실이라는 것"[45]을 말하는 것에 만족하고 있다는 것이다. 판넨베르크Wolfhart Pannenberg는 죄와 죽음에 대한 바울의 생각을 지금까지 언급한 맥락과 같은 의도로 설명한다. 판넨베르크의 말을 인용해본다. "바울이 주장했던 것처럼 죄와 죽음의 관계에 대한 내적 논리는 모든 생명이 하나님으로부터 온다는 전제로부터 도출된다. 죄는 하나님을 외면하는 것이기에 죄인은 하나님의 명령하시는 의지로부터, 그와 동시에 자신의 고유한 생명의 원천으로부터 분리된다. 그러므로 죽음은 낯선 권세를 통해 죄인에게 외적으로 부과되는 형벌이 아니다. 오히려 죽음은 죄의 본성 자체 안에 죄의 본질적 결과로서 놓여 있다. 여기서 바울은 의심할 바 없이 인간의 육체적인 죽음을 생각하고 있다. 물론 죄의 결과로서 등장한

42 위의 책, 165.
43 위의 책, 165.
44 위의 책, 166.
45 위의 책, 207

죽음은 자연적 과정이 아니라, 하나님으로부터의 분리라는 날카로운 측면을 갖고 있다. …… 죽음 가운데서 하나님으로부터 분리되는 사건에서 중요한 것은 바로 신체적 죽음의 보다 더 깊은 본질인데, 이것은 하나님으로부터의 분리라는 죄의 본질 속에 이미 잠재되어 있다."[46]

마지막으로 유한성이 곧 사멸성인가 하는 문제를 생각해보고자 한다. 몰트만은 피조물임에도 죽음에서 벗어난 존재가 있다고 본다. 그것은 바로 천사이다.[47] 그러므로 피조물이라고 반드시 죽음을 맞이하는 것은 아니다. 즉 유한성이 곧 사멸성을 의미하는 것은 아니라는 말이다. 위에서 인용한대로 유한한 인간의 신체적 죽음조차 죄 때문이지 인간의 유한성 때문은 아니다. 다른 관점에서 설명해 보자. 우리가 최종적으로 부활에 참여한다는 것은 곧 영원한 삶을 의미한다. 그러나 우리가 부활에 참여했을 때도 유한한 인간이다. "피조적 생명에 속하는 유한성은 하나님의 영원한 생명에 참여할 때 제거되지 않는다."[48] 그런데도 왜 우리는 죽음을 경험하지 않는가? 그것은 우리에게 죽지 않는 본성이 있기 때문이 아니라, 죽음을 극복하시고 영생을 선사하시는 하나님의 은총, "하나님의 영원성에 대한 참여"[49] 때문이다. 이것은 최초의 인간에게도 마찬가지라고 생각한다. 그가 피조물임에도, 유한한 존재임에도 죽지 않을 수 있는 이유는 인간 본성 자체에 있는 것이 아니라, 전적으로 하나님의 숨결로 인간을 산 존재로 만드신 하나님의 은총에 기인한다. 그러므로 유한성이 사멸성이 되는 것은 인간의 운명이 아니라 바로 죄의 결과다.

46 W. Pannenberg, 『판넨베르크의 조직신학 II』, 468-469; W. Pannenberg, *Systematische Theologie* III, 신준호 옮김, 『판넨베르크의 조직신학 III』(서울: 새물결플러스, 2019), 862f.

47 J. Moltmann, 『오시는 하나님』, 169.

48 W. Pannenberg, 『판넨베르크의 조직신학 II』, 478.

49 위의 책, 479.

VI. 죽음과 사후세계, 그리고 부활

구약성경은 죽음이 흙으로 돌아가는 것, 이 땅에서의 삶이 모든 것이라고 주장하고 있을까? 가끔 유대 히브리 사상은 사후 세계나 부활에 대한 생각을 가지고 있지 않을 것이라고 착각하는 이들이 있다. 그러나 그렇지 않다. 유대 히브리 사상도 시간이 흐르면서 사후의 지하의 세계에 대한 사상, 스올의 힘에서 구원할 것이라는 생각 등을 분명히 가지게 되었다.

> 그러나 하나님이 내 영혼을 스올의 권세에서 건져내시리이다시 49:15. 당신이 그의 생명을 스올에서 구원하리라"잠 23:14. 나의 중년에 내가 죽게 되었나이다. 내가 스올의 문에 들어가고 나의 여생을 빼앗기게 되었나이다 …… 그러나 당신이 나의 생명을 파멸의 구덩이에서 건지셨나이다사 38:10.

> 내가 여호와를 항상 내 앞에 모심이여 그가 나의 오른쪽에 계시므로 내가 흔들리지 아니하리로다. 이러므로 나의 마음이 기쁘고 나의 영도 즐거워하며 내 육체도 안전히 살리니 이는 주께서 내 영혼을 스올에 버리지 아니하시며 주의 거룩한 자를 멸망시키지 않으실 것임이니이다시 16:8-10.

나아가서 이스라엘의 희망은 점차 하나님이 그의 의로운 자들을 죽음에서 부활시키신다는 사상으로 발전하기 시작하였다. "오라 우리가 여호와께로 돌아가자 여호와께서 우리를 찢으셨으나 도로 낫게 하실 것이요 우리를 치셨으나 싸매어 주실 것임이라 여호와께서 이틀 후에 우리를 살리시며 셋째 날에 우리를 일으키시리니 우리가 그의 앞에서 살리라"호 6:1-2. 이 본문이 실제로 몸의 부활을 의미하는 것인지는 논란이 많으나 죽음에서 다시 살아날 수 있다는 사상을 가지고 있는 것만은 분명하다. 이사야와 다니엘은 몸의 부활에 대해 좀 더 분명하게 말한다.

> 주의 죽은 자들은 살아나고 그들의 시체는 일어나리이다. 티끌에 누운 자들아 너희는 깨어 노래하라 주의 이슬은 빛난 이슬이니 땅이 죽은 자들을 내놓으리로다"사 26:19.

> 땅의 티끌 가운데 자는 자 중에서 많은 사람이 깨어나 영생을 받는 자도 있겠고 수치를 당하여서 영원히 부끄러움을 당할 자도 있을 것이며 지혜 있는 자는 궁창의 빛과 같이 빛날 것이요 많은 사람을 옳은 데로 돌아오게 한 자는 별과 같이 영원토록 빛나리라단 12:1-3.

죽음과 사후세계, 그리고 부활에 대한 신약의 메시지는 분명하다. 죽음 이후의 사후세계는 당연한 현실이며 신약에 풍부하게 언급되어 있다. 부활은 더할 나위 없다. 부활은 "창조주 하나님의 권능 행위로서의 메시아 예수의 몸의 부활", "메시아에게 속한 자들의 장래의 몸의 부활"의 두 측면을 가지고 있다.[50] 즉 예수 그리스도의 죽은 자로부터의 부활, 인간의 보편적 부활인 몸의 부활로서의 미래적 죽은 자의 부활의 두 측

50 N. T. Wright, *The Resurrection of the Son of God*, 박문재 옮김, 『하나님의 아들의 부활』(고양: 크리스찬다이제스트, 2005), 440.

면이다. 부활 사건은 하나님의 주되심을 드러내는 계시 사건인 동시에 미래의 종말적 부활의 선취 사건이자[51] 인간의 최종적 부활에 대한 약속의 사건이다.[52] 여기서 멈추려 한다. 죽음과 부활에 관련된 문제들, 즉 죽음의 의미, 죽음 이후의 중간상태, 부활의 시기, 영혼의 문제 등은 차츰 다뤄질 것이다.

Ⅶ. 죽음을 의식하는 삶과 목회

지금까지 성경의 죽음 이해를 개략적으로 살펴보았다. 죽음은 삶과 생명의 존중이며, 인간의 한계와 유한성을 의미한다. 이것을 쉽게 극복하고 축복받은 죽음도 있으나, 죽음은 슬픔과 고통과 두려운 것이다. 이것은 무엇 때문인가? 바로 죄 때문이다. 그러나 여기서 끝나지 않고 죽음의 상황에서 하나님께 구원을 바라며 하나님의 구원 약속과 부활의 소망을 성경은 잃지 않고 있다. 이 외에도 성경의 죽음 이해를 여러 각도에서 분석할 수 있겠으나 성경의 장례문화, 죽은 자들에 대한 살아있는 자들의 자세, 죽음 직전에 남기는 유언 등에 대해 다루지 못한 아쉬움이 있다.[53] 장례문화는 무덤과 땅, 조상들에 대한 태도가 관계되어 있어 이스

51 W. Pannenberg et al., *Offenbarung als Geschichte*, 전경연 옮김, 『역사로서 나타난 계시』, 복음주의신학총서 제 23권 (서울: 대한기독교서회, 1979), 115-144.

52 J. Moltmann, *Theologie der Hoffnung*, 전경연, 박봉랑 옮김, 『희망의 신학』(서울: 대한기독교서회, 1973), 98ff.

53 H. W. Wolff, *Anthropologie des Alten Testaments*, 문희석 옮김, 『구약성서의 인간학』(왜관: 분도출판사, 1976), 178ff 참조.

라엘에서 장례문화의 의미는 사소하지 않으리라는 추정을 더해본다. 이를 좀 더 세밀히 연구한다면 오늘날을 위한 귀한 통찰을 얻을 수 있을 것이다. 유언도 마찬가지다. 야곱과 여호수아와 모세와 다윗 등 구약의 주요 인물들은 죽음 직전 자신의 삶을 돌이켜 보면서 자손들에게 의미심장한 유언들을 남겼다. 목회적 차원에서 신실하신 하나님에 대한 믿음을 후손들에게 기원하는 유언하기 운동이 일어난다면 오늘날 신앙의 대잇기가 잘 이뤄지지 않는 한국교회의 현실에 상당히 적절한 운동이 될 것이라 생각한다.

인간의 유한성과 한계에 대한 의식은 매우 중요하다. 성경이 인간의 유한성을 말하는 것은 단순히 인생의 허무와 헛됨을 한탄하려는 것이 아니다. 그것은 "자기의 삶이 죽음으로 제한되어 있다는 사실을 늘 의식하면서 삶의 참 가치와 목적을 향하여 사는 삶의 자세를 가리키는 동시에, 죽음의 마지막 한계선에서 자신의 죽음을 받아들일 수 있는 죽음에의 태도 내지 준비성을 가리킨다."[54] 즉 "아름다운 삶이 있을 때 아름다운 죽음"[55]이 있을 것이다. 성경에 나타난 죽음에 대한 의식은 "맹목적인 삶을 지양하고 자기 삶의 참 목적과 의미와 가치를 성찰하고 결단하며 죽음을 준비하는 태도로 삶을 살아가야 한다는 삶의 지혜에 대한 인식을 그 내용적 특색으로 갖는다. 자기의 죽음을 의식할 때, 인간은 겸손해질 수 있고 인간다운 인간이 될 수 있다."[56]

몰트만에 의하면 "삶에 대한 태도는 언제나 죽음에 대한 우리의 관계를 반영하며 우리의 삶이 얼마나 의미 있었는가, 아니면 의미가 없었

54 김균진, 『죽음과 부활의 신학: 죽음 너머 영원한 생명을 희망하며』(서울: 새물결플러스, 2015), 45.

55 위의 책, 45.

56 위의 책, 45.

는가를 죽을 때에 드러낸다."[57] 또한 우리는 이렇게 말할 수도 있다. 인간의 삶의 의미가 죽을 때에 드러나는 것처럼 그 죽음의 의미는 바로 자신의 살았던 삶의 과정에 의하여 드러난다. 그러므로 "죽음이 존재하지 않는 것처럼 사는 것은 하나의 삶의 환상이다. 의식을 가지고 사는 모든 사람은, 죽음은 삶의 한 사건이 아니라 바로 그 사건이라는 것을 알고 있으며, 삶에 대한 그의 태도는 그의 삶의 죽음에 대한 태도를 포함하고 있다는 것을 알고 있다."[58]

또한 성경의 죽음을 성찰하면서 죽음의 부정성에 대한 인식이 깊어져야 하는 것이 아닌가 하는 생각을 설핏해본다. 목회의 현장에서 죽음을 단순히 낭만적으로, 혹은 너무 쉽게 아무것도 아닌 것으로, 천국 갔으니 기뻐해야 하는 사건이라고 단정하는 경우가 많다. 적절한 답변일 수도 있다. 죽음의 공포를 극복하고, 살아있는 자들을 향한 위로가 될 수 있기 때문이다. 그러나 우리는 또한 성경에서 묘사하고 있는 죽음의 부정성, 즉 공포와 슬픔과 고통의 성격을 결코 잊어서는 안 된다. 죽음은 단순한 것이 아니다. 죽음은 그 어떤 것보다 강한 것이고 공포스러운 것이다. 이 실존적 고통을 극복할 수 있는 것은 승리자이신 부활의 주를 소망할 할 때 가능해진다. 부활을 강조하기 위해서는 십자가를 소홀히 해서는 안 되듯이, 종말적 소망을 더 크게 기대하기 위해서는 종말을 차안에서 피안으로의 이행 정도로 간주해서는 안 된다. 거듭 말해서 목회현장은 이러한 구약의 부정적 죽음 이해를 무시해서는 안 된다. 죽음은 인간이 겪는 가장 고통스러운 실존적 경험이기 때문이다. 교회는 죽음의 고통과 슬픔을 깊이 인식하고 관련된 모든 이들의 위로가 되어야 한다.

57 J. Moltmann, 『오시는 하나님』, 108

58 위의 책, 102.

죽음의 부정성을 경험하는 교인들에게, 때로는 하나님과의 단절을 느낄 수밖에 없는 그리스도인들에게, 죽음의 통치자 되시는 하나님을 향해 기도할 것을 강조해야 한다. 기도를 통해 죽음의 공포와 인생의 허무를 극복할 수 있다는 것을 가르쳐주어야 할 것이다.

우리는 죽음을 또 하나의 새로운 시작으로 이해해야 한다. "죽음으로 모든 것이 끝나는가"라는 질문에 대한 기독교적 답은 당연히 "아니다" 이다. 성경과 기독교는 영원한 삶을 인정하고 희망하고 있다. 기독교에서의 진정한 희망은 오히려 죽음에 의하여 실현되어진다. 기독교는 이 세상 이후의 삶을 인정하고 또 바라고 있다. 우리는 영원한 삶에 대한 희망을 가지고 살아간다. 그러나 이 영원한 삶은 죽음을 통하지 않고는 불가능하다. "영원한 삶에 대한 희망은 죽음을 넘어서는 삶의 넓은 영역을 열어주며 평안함을 영혼에 가져다준다. 그 무엇도 상실되지 않으며, 당신은 아무것도 등한시하지 않을 것이다."[59] 다시 말해서 죽음은 영생의 문이다. 교회는 삶과 죽음에 대한 이러한 성경의 통찰을 인식하고 배우고 가르쳐 삶과 죽음에 대한 그리스도인들의 생각과 자세와 실천을 삶의 매 순간마다 가다듬는 기회로 만들어야 할 것이다.

59 위의 책, 114.

Chapter

2

Biblical Reformed Eschatology
The Doctrine of the Last Things

제 2장

죽음과 영혼불멸에 대한 성경적, 신학적 연구

— 전적 죽음인가 영혼불멸인가

이 글의 출처는 다음과 같다.
김도훈, “죽음과 영혼불멸에 대한 성경적, 신학적 연구,” 『교회와 신학』 79 (2015). 164-193.

I. 서론

죽음, 그 이후는 무엇인가? 인간의 그 무엇이 남아 죽음 이후에도 삶을 이어가는가? 아니면 지상적 삶으로 끝나는 것인가? 이 문제에 대해 기독교 전통은 영혼만의 중간상태를 거쳐 최종적 부활에 이른다고 답변하였다. 즉, 영육합일체로 지상적 삶을 영위하던 인간은 죽음과 동시에 영육이 분리되고, 영혼이라 부르는 인간의 한 요소가 죽음 이후까지 존속하다 우주적 부활 사건을 통해 이전의 육신과 재결합하여 변화된 인간으로서 영원한 삶에 참여한다는 이른바 영혼불멸설로 설명하였다. 그러나 현대에 이르러 영혼불멸설을 전형적인 헬라적 인간관으로 간주하고 유대적 히브리적 인간관에 배치되는 사상으로 생각하는 경향이 나타나기 시작하였다. 영혼불멸을 주장하는 것은 마치 비성경적인 것으로 치부되었다. 하지만 약화된 것처럼 보이던 전통적 주장이 그의 지지자들의 등장으로 다시 힘을 얻게 되었고, 영-육의 관계, 혹은 영혼의 존재여부에 대한 최근의 과학적, 철학적, 심리학적, 의학적 논쟁과 더불어,[1] 영혼불멸

1 J. W. Cooper, *Body, Soul, and Life Everlasting: Biblical Anthropology and the Monism-Dualism Debate* (Grand Rapids: Wm. B. Eerdmans, 2000), 204ff; T. Nichols, *Death and Afterlife: A Theological Introduction* (Grand Rapids: Brazos Press, 2010), 77-133; K. Bulkeley (ed.), *Soul, Psyche, Brain: New Directions in the Study of Religion and Brain-Mind Science* (New York: Palgrave, 2005); W. S. Brown, N. Murphy, and H. N. Malony (eds.), *Whatever Happened to the Soul? Scientific and Theological Portraits of Human Nature* (Minneapolis: Fortress, 1998); M. C. Baker and S. Goetz (eds.), *The Soul Hypothesis: Investigations into the Existence of the Soul* (New York: Continuum, 2011); M. Cortez, *Embodied Souls, Ensouled Bodies: An Exercise in Christological Anthropology and its Significance for the Mind/Body Debate* (London: T&T Clark, 2008); C. Thomson, *Anatomy of the Soul* (Illinois: Tyndale House Publishers, 2010); N. Murphy, *Bodies and Souls, or Spirited Bodies?* (Cambridge: Cambridge University Press, 2006); J. Green and L. Palmer, *In Search of the Soul: Four View of the Mind-Body Problem*, 윤석인 옮김, 『몸과 마음 어떤 관계인가?』(서울: 부흥과개혁사, 2011) 참조.

에 대한 논쟁이 심화되기에 이르렀다.

이 글은 죽음에 관한 모든 논점을 다루지 않는다. 죽음 이후의 영육 분리, 중간상태, 영혼 불멸의 문제에 집중한다. 그리고 그 문제를 다룸에 있어서 토론의 범위를 성경과 신학으로 제한하고자 한다. 사실상 영혼불멸이냐의 부활이냐에 대한 논의는 먼저, 영혼이 존재하는가, 존재한다면 그것의 본질이나 기능은 무엇인가의 문제가 논의되어야 한다. 그러나 이것은 매우 복잡한 문제이므로 나중으로 미루기로 하며, 터툴리안, 아퀴나스, 라찡어J. A. Ratzinger의 영혼관과 오늘날의 통전적holistic 이원론, 특히 니콜스T. Nichols와 괴츠S. Goetz와 쿠퍼J. Cooper의 영혼관에 상당 부분 동의함을 전제로 논의를 시작하고자 한다. 만일 영혼이 없다거나 단순히 인간의 뇌의 소산이나 의식 수준 정도로만 간주한다면, 죽음 이후의 영혼불멸의 논의는 무의미하기 때문이다. 이글을 진행하면서 다음과 같은 질문들을 염두에 두고자 한다. 영혼불멸과 부활은 대립개념인가? 성경과 기독교 전통은 이 둘의 관계를 어떻게 보고 있는가? 영혼불멸은 헬라적이며 몸의 부활은 성경적인가? 성경과 유대교에는 중간상태, 영혼불멸에 대한 신념은 나타나지 않는가? 그리고 마지막으로 이 주제를 요약정리하고, 영혼불멸의 장점을 언급하는 것으로 본 장을 마무리하고자 한다.

Ⅱ. 영혼불멸설의 역사와 현대신학의 반론

전통적으로 죽음 이후의 영혼의 지속적 존속을 영혼불멸설이라고 불렀다.[2] 영혼의 불멸설은 구약성서에서 그 전조를 발견할 수 있으며 유대교 중간기 문헌인 예수시락서나 마카비서, 에녹서 등에 본격 등장한다. 물론 이것이 헬라 철학의 영향일 수도 있으나 중요한 것은 유대교가 나름의 변형을 통하여 그것을 수용하였다는 점이다. 이런 흐름에서 본다면 헬라 문화권에 있었던 신약성서 기자들이 영혼불멸 사상에 어느 정도 친숙했다고 보는 것이 옳을 것이다. 이 문제는 나중에 상세히 언급하기로 한다.

성경 시대에 이은 고대교회는 대부분 영혼불멸설의 신념을 가지고 있었다. "인간의 실존이 죽음에 의해 단절되고 그럼에도 불구하고 의식을 가진 인격들이 살아남는다는 공통적 인간학적 전제를 가지고 있었으며 …… 그것은 종말에 관한 고대 기독교의 가르침의 본질적 요소"[3]였다. 중세 신학에서도 영혼불멸설은 중요한 역할을 했다. 그 대표적인 인물은 토마스 아퀴나스이다.[4] 그는 상세한 글을 통하여 영혼을, 육체가 없으면서도 육체를 지탱하는 원리로 주장하여 중세 이후의 영혼관을 정립하는데 결정적으로 기여하였다.

2 영혼불멸론과 몸의 부활에 관한 역사적 연구에 대해서는 U. Berner and M. Heesch, "Unsterblichkeit I, II," in *Theologische Realenzyklpädie*, ed. G. Müller (Berlin: Walter de Gruyter, 2002), 381-392 (이하 *TRE*로 약칭); 이형기, 『역사속의 종말론』(서울: 대한기독교서회, 2004); J. Cooper, *Body, Soul, and Life Everlasting*, 7ff; M. Schmaus, A. Grillmeier, L. Scheffczyk, and M. Seybold, *Handbuch der Dogmengeschichte*, Bd. IV, (Freiburg/Basel/Wien: Herder, 1986-), 7; T. Nichols, *Death and Afterlife*, 55ff; G. Greshake and G. Lohfink, *Naherwartung, Auferstehung, Unsterblichkeit: Untersuchungen zur christlichen Eschatologie* (Freiburg/Basel/Wien: Herder, 1978); G. Greshake and J. Kremer, *Resurrectio Mortuorum: Zum theologischen Verständnis der leiblichen Auferstehung* (Darmstadt: Wissenschaftliche Buchgesellschaft, 1992)를 참조.

3 J. W. Cooper, *Body, Soul, and Life Everlasting*, 9. 특히 Tertullian은 *de anima*에서 영혼에 대해 매우 상세한 언급을 하였다. *de anima*, IV은 자신의 영혼개념은 플라톤과 다르다는 것을 설명하고 있다. 그에 의하면, 영혼은 태어나거나 만들어진 것이지, 즉 하나님에 의해 주어진 것이지 원래부터 영원한 존재가 아니다. 그러므로 기독교의 영혼불멸을 단순히 헬라적인 것이라고 성급하게 비판해서는 안 된다. "Post definitionem census quaestionem status patitur. Consequens enim est, ut ex dei flatu animam professi initium ei deputaremus. Hoc Plato excludit innatam et infectam animam uolens. Et natam autem docemus et factam ex initii constitutione." 또한 그는 결코 몸의 부활을 부인하지 않았다. 그에게 있어서 죽음 이후의 영혼의 지속적 존재와 몸의 부활은 결코 모순되는 것이 아니었다. *de resurrectione carnis* 참조.

칼빈이 강조한 것은 영혼불멸보다 단연코 몸의 부활이었다. 『기독교 강요』에서도 몸의 부활보다는 영혼불멸에 대한 주장을 훨씬 간단히 다루었다. 그래서 그는 우리가 바라는 부활은 몸의 부활이라고 단언하면서 영만이 불멸한다거나 영이 새로운 몸을 입는다는 것을 거부하였다.[5] 나아가 그는 육신의 부활을 주장하는 사람이 적은 것을 한탄하며 몸의 부활의 원형은 예수 그리스도의 부활이며, 그 근거는 하나님의 능력이며 새로운 몸이 아니라 현세의 몸이 부활에 동참할 것이라고 보았다.[6] 그러나 동시에 그는 중간단계로서의 영혼불멸을 분명히 수용하였다. 그는 고린도후서 5장 1-12절, "낙원에 있으리라"눅 23:34는 구절을 영혼의 불멸을 지지하는 본문으로 해석하였다. 이러한 논조는 개혁교회 신조들에서도 마찬가지다. 스코틀랜드 신앙고백서는 제 17장 "영혼의 불멸"이라는 항에서 "선택된 사람들로서 이미 세상을 떠난 사람들은 화평을 누리고 있다. 이 들은 세상의 모든 일을 벗어 버리고 안식하고 있다. 어떤 열광주의자들의 주장처럼 이들은 결코 잠을 자고 있거나 망각 속에 있는 것이 아니다"[7]라고 선언하고 있으며, 제 2스위스 신앙고백서 제 26장은 죽은 자들에 지나치게 관심을 갖는 것을 경계하면서도 신자들의 영혼은 몸을

4 Thomas Aquinas, *Summa Theologiae*, I, q. 75, a. 2; q. 76, a. 1; Thomas Aquinas, *Contra Gentiles*, II, chaps. 56, 57, 59, 68, 69, and 70; Thomas Aquinas, *De potentia*, q. 3, a. 9 and 11; Thomas Aquinas, *De spir.* creat., a. 2; Thomas Aquinas, *Comm. in De anima*, Bk. II, lect. 4; Bk. III, lect. 7; Thomas Aquinas, *De unit. intell*에서 영혼에 대하여 다루고 있다. 아퀴나스에 관한 논의는 Thomas Aquinas, *Contra Gentiles*, II, chaps. 79-80, 박승찬 옮김, "육체가 소멸되었을 때, 인간 영혼도 소멸되는가?," 『인간연구』 21(2011), 193-210; 이재경, "부활, 분리된 영혼 그리고 동일성 문제-토마스 아퀴나스의 경우," 『철학연구』 98(2012), 73-100; 박승찬, "인격을 이루는 원리로서의 몸", 『가톨릭 신학과 사상』 73(2014), 197-248; 정재환, "토마스 아퀴나스의 심신통일설에 대한 연구: 존재론을 중심으로," 『한국체육학회지』 36 no.4 (1997), 79-89 참조.

5 J. Calvin, *Institutio*, III. 25, 3; H. Quistorp, *Calvin's Doctrine of Last Things*, 이희숙 옮김, 『칼빈의 종말론』(서울: 성광문화사, 1986); 최윤배, 『깔뱅신학입문』(서울: 장로회신학대학교출판부, 2012), 652ff.

6 J. Calvin, *Institutio*, III. 25, 3-4; 7.

7 이형기 편저, 『세계개혁교회의 신앙고백서』(서울: 대한예수교장로회총회출판국, 1991), 51.

떠나 직접 그리스도에게로, 불신자들의 영혼은 직접적으로 지옥에 던져진다고 고백한다.[8] 웨스트민스터 신앙고백서 32장도 영혼불멸설을 지지하고 있다.[9] 하지만 동시에 교회의 신조들이 몸의 부활을 인정하지 않은 적이 없다는 사실도 분명히 인지해야 한다. 현대에 이르러서는 라찡어[10], 플란팅가A. Plantinga[11], 스윈번R. Swinburne[12] 등의 유명 신학자나 기독교 철학자들이 이원론을 방어하였고, 이외에도 많은 사람들이 불멸설이나 이원론을 입증하기 위하여 노력하고 있다.[13]

일차 세계대전이 지나면서 상황은 급변하기 시작하였다. 푈만H. G. Pöhlmann의 말대로 "제 1차 세계대전 이래로 전개되어온 개신교 신학의 인간학적 청산의 과정 속에서 사람들은 플라톤적 형태만이 아니라 모든 형태의 영혼불멸을 배척하고, 전멸의 이론을 방어했고, 영혼불멸이냐 육체의 부활이냐 하는 양자택일로부터 출발"[14]하였다. 이런 입장의 대표적인 학자들이 칼 바르트K. Barth, 융엘E. Jüngel, 드 프리R. de Pury, 엘러트W. Elert, 쿨만O. Cullmann 등이었다. 이들은 불멸과 부활을 대립되는 것으로, 결코 기독교 신학에 있어서 양립할 수 없는 것으로 보았다. 인간의 죽음은 인간의 모든 것의 폐기이며 그러므로 지상 실존의 마지막이기 때문이며, 인간에

8 위의 책, 215.

9 위의 책, 325. 1986년에 선포된 대한 예수교장로회신앙고백서 역시 이에 동의하고 있다. "사람이 죽으면 육체는 흙으로 돌아가나 그리스도인의 영혼은 하나님께로 돌아간다. 거기서 그들은 빛과 영광가운데서 마지막 날에 그들의 육체까지 완전한 구원을 얻을 날을 기다린다." 위의 책, 492.

10 J. Ratzinger, *Eschatology: Death and Eternal life* (Washington, D.C.: Catholic Univ. of America Press, 1988).

11 A. Plantinga, "On Heresy, Mind and Truth," *Faith and Philosophy* 16 no.2 (April 1999).

12 R. Swinburne, "Body and Soul," in *The Mind-Body Problem: A Guide to the Current Debate*, eds. R. Warner and T. Szubka (Oxford: Blackwell, 1994), 211-316.

13 J. W. Cooper, *Body, Soul, Life Everlasting*, 서문과 10장 참조.

14 H. G. Pöhlmann, *Abriss der Dogmatik*, 이신건 옮김, 『교의학』(서울: 한국신학연구소, 2006), 440.

게는 죽음 이후까지 남아 있을 수 있는 것은 그 어떤 것도 없고, 다만 죽음 이후에는 하나님의 능력에 의한 부활만이 있을 뿐이었다.[15]

특히 오스카 쿨만은 『영혼불멸인가 육체의 부활인가』라는 책에서 영혼불멸설을 비성경적인 것으로 신랄하게 비판하였다. 그는, 사람들이 “주석학적인 논의에 근거”하지 않고, “철학적인, 심리학적인 그러나 무엇보다도 감정적인 막연한 이유로”[16] 영혼불멸설에 대한 자신의 비판에 대응함을 탄식하면서, 그들은 “영혼불멸에 대한 헬라적 신념을 처음 기독교가 가졌다고 쳐버리는 과오”[17]를 범하고 있으며, 그들은 “성서를 자의로 설명코자 하는 그 자기의 생각이나 견해에 물들지 않은 처음 기독교의 믿음과 소망에 대하여 성서가 우리에게 가르쳐 주고 있는 바를 완전한 객관성을 갖고 듣고자 하지 않는 점에서도 공통성”[18]을 가지고 있다고 보았다. 그에게 영혼불멸은 “기독교에 대한 가장 큰 오해 가운데 하나”[19]로 보였다. 그래서 쿨만은 끊임없이, 영혼불멸사상과 몸의 부활은 대립되는 것으로, 플라톤과 바울, 희랍적 신념과 기독교적 소망의 차이로 간주하였다. “죽은 자의 부활에 대한 기독교적 소망과 영혼불멸에 대한 희랍적 신념 사이에 근본적인 차이가 있음을 부인할 아무런 이유도”[20] 없다는 것이다. 그 차이를 그는 다음과 같이 열거하였다. a. 성서의 기자들은 소크라테스나 플라톤과 달리 죽음을 미화하지 않았고, 오히려 적대적인 것으로 여겼다는 것, b. 예수 자신도 죽음의 모든 공포를 체험

15 위의 책, 441.

16 O. Cullmann, *Immortality of the Soul or Resurrection of the Dead*, 전경연 편역, 『영혼불멸과 죽은 자의 부활』(서울: 대한기독교서회, 1985), 8.

17 위의 책, 7.

18 위의 책, 7-8.

19 위의 책, 12.

20 위의 책, 8

21 위의 책, 21.

하셨다는 것, c. 성서의 죽음은 "불멸의 영혼으로 사는 것이 아니라 육체와 영혼이 죽고 하나님께서 우리에게 주신 가장 귀하고 선한 것, 생명 자체까지 상실"[21]을 의미하고 있다는 것, d. 부활이라는 창조적 행위는 "인간의 한 부분만 다시 살게 하는 것이 아니라 하나님께서 창조하시고 사망이 멸절된 그 모든 것, 곧 통전적인 인간으로 다시 살게 하는 것"[22], e. 영혼불멸설은 몸이나 물질을 악한 것으로 여기나 유대성서적 전통은 몸과 육체를 하나님의 선한 피조물로 본다는 것[23]이다.

후크마A. A. Hoekema 역시 다음과 같은 이유로 영혼불멸설을 거부하였다. 첫째는 성경이 영혼불멸이란 표현을 사용하고 있지 않으며, 둘째는 성경이 영혼자체가 갖는 불멸의 속성을 지지하고 있지 않으며, 셋째는 성경은 죽음 이후의 영의 존속에 관심을 갖는 것이 아니라 죽음 이후에도 지속되는 하나님과의 인간의 교제에 더 관심을 갖고 있으며, 넷째는 성경의 핵심메시지는 영혼불멸이 아니라 육체의 부활이기 때문이다.[24]

22 위의 책, 21

23 위의 책, 24.

24 A. A. Hoekema, *Bible and the Future*, 류호준 옮김, 『개혁주의 종말론』(서울: 기독교문서선교회, 1986), 126-7. 다른 한편으로 그는 중간상태를 인정하고 있다. "인간은 하나의 통일체이며 몸과 영혼, 또는 몸과 영이 함께 속해 있다고 성경은 분명히 가르치고 있다. 오직 이러한 영육 통일체 속에서만 인간은 완전한 것이다. 그러나 죽음은 몸과 영혼 사이에 일시적인 분리를 가져온다. … 이런 존재상태는 잠정적이며 일시적이고 불완전하다는 것을 기억하는 한 우리는 중간상태에 관해 말할 수 있는 것이다"(133); "그러므로 중간상태와 부활은 하나의 단일한 기대의 두 가지 측면으로서 생각되어져야 할 것이다"(151). 또한 김명용은 영혼불멸을 반대하는 현대신학자의 견해를 다음과 같이 요약하고 있다. 첫째, 영혼불멸설은 인간 내부에 존재하는 영혼을 불멸한 것으로 보아 인간의 한 부분을 신성화시킬 우려가 있기 때문이다. 그에 따르면, 불멸의 삶, 즉 영생은 인간이 본질적으로 가지고 있는 것이거나 인간의 한 구성요소에 근거한 것이 아니라 하나님의 은총의 선물이라는 것이다. 둘째, 영혼불멸설은 성서의 인간관에 근거하지 않고, 인간을 영육분리라는 플라톤의 이분법적 인간관에 근거하고 있기 때문이다. 그에 따르면 그것은 결코 성서적 사고가 아니며 성서적 근거도 없다. 성서는 근본적으로 영육의 분리가 아닌 전인적 인간관을 가지고 있다고 그는 보기 때문이다. 그러므로 인간은 죽음에 있어서나 부활에 있어서 항상 전인적으로 존재한다. 셋째, 성서의 근본 메시지는 영혼불멸설이 아니고 죽은 자의 부활이기 때문이다. 김명용, "영혼불멸과 죽은 자의 부활," 『기독교사상』 33 no.7(1989), 98-112; 100f. 한편, 김영선, "영혼불멸과 부활을 통해서 본 죽음 이해", 『한국개혁신학』 11(2002), 219-254 역시 기독교적 죽음 이해에 대해 상세히 다루고 있지만 결국 쿨만의 논조와 아주 유사한 내용을 포함하고 있다.

조엘 그린J. Green은 신구약 중간기의 유대교는 죽음에 대한 매우 다양한 견해를 가지고 있었다는 것을 인정하면서도, 신약의 핵심적 인간관은 존재론적 일원론이지 영-육 분리의 이원론이 아님을 주장하고 있다.[25]

지금까지 영혼불멸설에 대한 주장과 그에 대한 현대신학의 반론을 살펴보았다. 이에 대해 우리는 다음과 같이 말할 수 있을 것이다. 첫째, 기독교 전통은 플라톤과 달리 영혼불멸과 부활을 결코 대립된 것으로 보지 않았다. 영혼불멸을 최종의 상태로 보지 않고 인간의 죽음과 최종적 부활 사이의 중간상태로 보았기 때문이다. 둘째, 기독교 전통은 결코 영혼이나 불멸을 플라톤적으로 해석하지 않았다. 결코 영혼만이 불멸하며 복락의 최종 상태로 간다고 말하지 않았다. 셋째, 기독교전통은 영혼이 신처럼 영원한 존재라고 주장한 적이 없다. 영혼이 죽음 이후에 불멸한다고 말했지만, 이것은 영혼이 영원하다는 의미가 아니라 죽지 않는다는 의미이다. 그리고 그 영혼도 하나님에 의해 창조된 것이거나 태어나는 것이라고 믿었다. 그러므로 기독교는 영혼을 신성화시킨 적이 없다. 넷째, 기독교 전통은 살아있는 동안의 전인적 인간관을 주장하였으며, 다만 죽는 순간에만 영육이 분리되며, 그것도 최종적 몸과의 연합을 통한 최종적 부활에 참여하기까지의 기간에만 해당한다고 보았다. 기독교는 영혼만의 영원한 존속을 주장한 적이 없다. 심지어 일부의 고대 교부들은 지하세계에 있는 영혼은 육적 속성과 형체를 가지고 있으며 중간 장소에서 보상이나 형벌을 받기 위해서는 살았을 때의 육체의 흔적을 소유한다고까지 주장하였다. 따라서 그들이 비판하는 영혼불멸설은 기독교적 불멸설이 아니며, 당연히 성서적 종말론도 아니다.

25 J. Green, *Body, Soul, and Human Life: The Nature of Humanity in the Bible* (Grand Rapids: Baker Academic, 2008).

III. 영혼불멸설의 비판에 대한 신학적 대응

여기서 우리는 영혼불멸설에 가해진 비판들을 살펴보고 그 비판들이 정당한 것인지를 살펴보고자 한다. 첫째로, 영혼불멸설은 현대의 전인적 인간관에 맞지 않는다는 비판이다.[26] 현대인간학은 영육의 분리를 인정하지 않는다. 인간은 살아있을 때나 죽음의 순간에도 언제나 전인적이다. 심지어 영적, 정신적 경험과 기능처럼 보이는 모든 것이 인간의 뇌의 작용일 뿐이다. 이를 반영한 신학의 죽음 이해가 바로 전적죽음설이다. 그들의 주장에 의하면 인간은 언제나 전인으로 존재한다. 살아있을 때도 전인으로 살고, 죽음에서도 전인으로 죽는다는 것이다.[27] 그들에게 육은 죽고 사후의 영혼은 생존한다는 불멸설을 결코 인정하지 않는다. 베르너 엘러트는 죽음을 "지상에 살았던 실존의 완전한 끝"[28]으로, 융엘은 죽음을 "삶의 관계를 완전히 부수어 버리는 관계 상실의 사건"[29]으로 보았다. 죽음으로 인간 전체가 폐기되며 인간의 정체성마저도 중지된다.[30]

이 이론은 전인적 죽음과 전인적 부활을 말한다는 점에서 영육의 분리를 거부하고 심신상관적 생각을 가진 현대 인간학에 잘 들어맞는다. 그러나 지적할 것은 현대 인간학과 일치한다고 하여 반드시 신학적인 것은 아니다. 또한 현대 인간론에 부합한다고 하여 그것을 성서적인 것이

26 김균진, 『기독교조직신학 V』(서울: 연세대학교출판부, 1999), 179f.

27 J. Moltmann, *Das Kommen Gottes: Christliche Eschatologie*, 김균진 옮김, 『오시는 하나님』(서울: 대한기독교서회, 1997), 129.

28 H. G. Pöhlmann, 『교의학』, 441.

29 위의 책, 441에서 재인용.

30 J. Moltmann, 『오시는 하나님』, 146 참조.

라고 할 수 있는 것도 아니다. 현대 인간론의 부류에는 무신론적 경향을 띠는 유물론적 환원주의적 물리주의의 흐름도 있기 때문이다. 그리고 또 하나, 현대 인간학에는 일원론적 흐름만 있는 것이 아니다. 죽음의 순간 영육의 분리가 일어난다는 실체 이원론도 여전히 세를 얻고 있다. 그것을 드러내어 학문화하고 있는 것이 바로 임사학이다. 그리고 일부의 뇌 과학자들은 뇌의 기능과 상관없이 작용하는 정신현상을 증명해 내기도 한다.[31] 그러므로 성경은 오로지 전인적 인간관을 가지고 있어서 전적인 죽음과 전적인 인간의 부활만을 지지하고 있으며, 영혼불멸을 주장하는 것은 헬라적이어서 비성서적이라는 견해는 성서주석으로부터 나온 것이 아니라 현대 인간학의 역반영, 즉 현대 인간학을 합리화하려는 이데올로기적 유산일 뿐이다. 제임스 바James Barr는 이렇게 말한다. "영혼불멸에 반대하는 많은 주장들이 성서적 증언의 근원에로 돌아가는 것이 아니라 다만 현대의 진보적 사상의 흐름에 편승하는 것일 뿐이다."[32]

몰트만은 전적 죽음설과 영혼의 불멸을 동시에 비판하며 삶의 불멸을 그 대안으로 제시한다. 인간의 삶은 결코 죽음에서 사라지지 않는다는 것이다. "죽음 속에서 인간 전체가 폐기된다거나 죽음 속에서 인간의 정체성이 중지된다고 말할 수 없다. 죽음은 인격 전체의 끈이 아니다. 그것은 폐기가 아니다. 성취된 삶이나 실패한 죽음은 죽음 속에서 폐기되지 않는다. 모든 삶은 하나님 앞에 존속한다."[33] 몰트만이 말하는 "하나

31 T. Nichols, *Death and Afterlife*, 5장; C. Thomson, *Anatomy of the Soul*;. J. Green and L. Palmer, 『몸과 마음 어떤 관계인가?』; J. Long and Paul Perry, *Evidence of the Afterlife: The Science of Near-Death Experiences* (NY: HarperOne, 2011); R. Moody, *Glimpses of Eternity: An investigation into shared death experiences* (Ebury digital, 2011); R. Moody, *Life After Life: The Investigation of a Phenomenon—Survival of Bodily Death* (NY: HarperOne, 2001); M. Beauregard and D. O'Leary, *A Spiritual Brain: A Neuroscientist's Case for the Existence of the Soul*, 김영희 옮김, 『신은 뇌 속에 갇히지 않는다』(파주: 21세기북스, 2010) 참조.

32 James Barr, *The Garden of Eden and the Hope of Immortality*, quoted in T. Nichols, *Death and Afterlife*, 27.

님 앞에 존속한다"는 것이 어떻게 가능한가? 그것은 바로 하나님의 기억 때문이다. 인간의 삶은 "죽음과 함께 폐기되는 것이 아니라" "하나님의 기억 속에 영원히 남아 있다."[34] 인간의 삶이 하나님의 기억 속에 있기 때문에 죽음 이전과 이후의 인간의 정체성이 유지된다.

몰트만에 의하면 인간의 영위된 삶은 폐기되는 것이 아니다. 다만 변화할 뿐이다. 이것은 부활 이후의 몸과 유사하다. 인간의 과거의 몸이 폐기되는 것이 아니라 변화되어 부활에 참여하는 것과 같은 이치다. "죽은 자의 부활은 죽음을 전제하지만, 죽은 사람들의 정체성의 폐기를 전제하지 않는다. 하나님은 죽은 사람들을 부활시키기 위하여, 그들의 정체성을 식별할 수 있어야 한다. 왜냐하면 어떤 다른 삶이 그들의 자리에 대신하는 것이 아니라 그들의 삶이 부활하기 때문이다. 부활은 이전과 완전히 단절된 다른 삶으로의 창조를 말하는 것이 아니라 우리의 삶이 신적인 삶 속으로 받아들여지는 것을 의미한다."[35] 달리 말하자면, "신자들은 그들의 죽음을 이 모든 사멸할 피조물들이 변용되고 영광의 나라로 거듭 태어나는 과정의 한 부분으로 생각할 수 있다. 육의 부활은 이 허무한 피조물들이 하나님의 영원한 나라로 변형되는 것과 이 사멸할 삶이 영원한 삶으로 변화되는 것을 뜻한다. 삶은 변화되지 폐기되지 않는다."[36]

몰트만에 의하면, 죽음으로 폐기되지 않는 것은 영위된 삶만이 아니다. 하나님이 인간과 맺은 관계 역시 실제 죽음에서 소멸하지 않고 존속한다.[37] "실제적 죽음에 있어서 하나님이 인간과 맺은 관계는 인간이

33 J. Moltmann, 『오시는 하나님』, 146.
34 위의 책, 141.
35 위의 책, 143.
36 위의 책, 148.

하나님으로 말미암아 얻게 된 관계와 마찬가지로 소멸하지 않고 존속한다."[38] 몰트만의 관계불멸을 좀 더 설명해보자. 인간은 하나님의 형상으로 창조되었다. 하나님의 형상은 "인간에 대한 하나님의 관계를 뜻하는 동시에, 하나님에 대한 인간의 관계"[39]를 의미한다. "하나님의 형상으로 정해진 인간에 대한 하나님의 관계는 인간의 죄와 죽음을 통하여 파괴될 수 없다."[40] "하나님 자신만이 인간에 대한 그의 관계를 폐기하실 수 있고 취소하실 수 있다. 그러나 하나님이 인간에 대한 그의 관계를 지속시키는 한, 하나님의 형상으로 정해진 인간의 규정은 폐기될 수 없고 대체될 수 없으며 사멸할 수 없다."[41] 그러므로 죽음으로 인해 인간이 갖는 다른 인간과 사물과의 관계는 단절될지 모르지만, 인간을 향한 하나님의 관계는 지속적으로 유지된다.

몰트만의 관계/삶 불멸론은 나름대로의 논리적 근거를 가지고 있으며 영혼불멸설이 주는 불멸의 장점과 전적 죽음설이 가지고 있는 전적 부활의 장점을 수용했다는 점에서 의미가 있는 이론이다. 전적 죽음설이 해결하지 못한 죽음 이전과 이후 인간의 정체성과 연속성의 문제를 해결했다는 점에서도 중요한 의미를 갖는다. 그러나 부분적 해결이라는 생각을 지울 수 없다. 죽음 이후의 인간에게 정체성이나 연속성을 담보할 만한 그 무엇이 아무것도 없기 때문이다. 그에 따르면, 정체성은 하나님에게만 있을 뿐이다. 지상에서 영위된 삶이 죽음 이후까지 존속한다하더라도 그것은 하나님의 기억 속에만 있다. 그렇다면 우리는 그에게 이렇게

37 위의 책, 146.
38 위의 책, 146.
39 위의 책, 138
40 위의 책, 138.
41 위의 책, 139.

질문할 수 있을 것이다. 하나님만의 관계가 진정한 관계이며 하나님만이 기억하는 삶이 진정한 인간의 삶인가? 이에 대한 필자의 대답은 부정적이다. 인간이 하나님 앞에서 책임을 지거나, 하나님이 인간에게 책임을 물으려면 역시 죽음 이전과 이후의 인간의 삶과 책임의 연속성을 담보할 수 있는 그 무엇이 인간에게 있어야하기 때문이다. 사후 인간의 연속성이나 정체성을 하나님만이 가진다면, 기억하지 못하는 인간의 행위에 대한 심판은 불공평한 것이 되고 말 것이다. 푈만의 말대로, "인간의 자아가 심판을 받아들여야하기 때문에 이 자아는 죽음을 통하여 파괴될 수 없고 존속해야 한다. 만약 인간의 자아가 존속하지 않는다면, 어떻게 그것이 책임을 떠맡겠는가. 그렇게 때문에 영혼의 불멸을 절대적으로 배격하고 그것에 맞서서 부활을 내세우는 다른 극단으로의 진자 운동도 역시 잘못된 것이다."[42]

둘째, 영혼불멸을 말한다면 지상적 삶이나 육체를 무시하는 경향을 갖게 되고, 구원을 영혼만의 구원으로 생각하게 되어 이 세계에 대한 관심을 상실할 수도 있다는 비판이다.[43] 이것은 근본적으로 영혼불멸의 개념에 오해에서 비롯된 것이다. 기독교의 궁극적 목표는 몸의 부활이다. 영혼만의 구원, 영혼만의 불멸이 인간의 궁극적 상태이거나 목표가 아니다. 이것은 플라톤의 영혼불멸설일 뿐이다. 기독교는 영혼만의 영원한 존속을 말한 적도 없으며, 육의 부활을 무시한 적도 결코 없다. 그런데 철학자들이 아닌 신학자들이 플라톤의 영혼불멸을 왜 그렇게도 비판하는가. 부활도 결국 불멸론의 일부 아닌가. 영혼은 하나님이 주신 것이고 육체는 없어질 것이기에 육체를 경시할 수밖에 없다는 비판 역시 기독교

42 H. G. Pöhlmann, 『교의학』, 440.
43 김균진, 『기독교조직신학 V』, 180f.

에 해당되는 비판은 되지 못한다. 영혼만의 존속은 몸의 부활 이전까지인 중간상태에만 해당되는 것이지 최종적이 아니기 때문이다. 인간은 죽음 이전에 전인으로 존재하다 죽음에서 일시적인 영육의 분리를 경험하며, 최종적 부활에서 다시 전인으로 불멸에 참여하게 된다. 영혼불멸론의 핵심인물이었던 터툴리안은 결코 물질이나 육체를 부정적으로 묘사하지 않았다. 그는 모든 물질과 육체도 하나님이 선하게 지은 것이며 육체에도 하나님의 은혜가 있음을 분명히 선언하였다.[44] 영혼불멸을 주장했던 칼빈이 오히려 피조물의 폐기annihilatio mundi가 아니라 변형transformatio mundi을 통한 피조물의 궁극적 구원을 말했다는 사실은 기독교적 영혼불멸이 반드시 육, 물질, 자연, 세계의 무시라는 신학으로 귀결되지 않는다는 것은 보여준다.

셋째로, 영혼불멸설은 인간의 영혼이 본질적으로 불멸하다는 것을 의미하기 때문에 인간본질의 한 부분을 신성화시킨다는 비판이다.[45] 플라톤의 영혼불멸설의 영혼은 시작도 끝도 없는, 영원불멸한 존재이기 때문에 이런 비판이 타당할 수 있다. 그러나 필자의 신학적 불멸론은 영혼의 선재성도, 영원성도 인정하지 않는다. 더구나 신성성에 대해서는 더 말할 것도 없다. 기독교의 영혼은 인간이 태어남과 동시에 하나님에 의해 창조되거나 주어지는 것이다. 다시 말하자면 인간의 몸과 함께 영혼

44 Tertullian, *de resurrectione carnis*, 3. 545-594. 라이트(N. T. Wright)는 이것을 잘 밝히고 있다. "테르툴리아누스는 다른 변증가들과 마찬가지로 하나님이 물질세계의 창조주이며 하나님은 자기가 만들 것을 최상의 것으로 만들었다는 사실을 논증의 토대로 삼는다. 사람의 육체도 하나님의 손으로 만든 것들 중의 일부이다. 육체는 영혼과 함께 유업을 받는 공동상속자이다. 육체는 기독교적 사고 속에서 매우 중요하다고 테르툴리아누스는 분명하게 말한다. 육체는 은혜, 그리스도 자신의 은혜를 받았고, 사도바울이 육체에 관하여 부정적인 것들을 말하였을 때에 그는 육체라는 본질 자체가 아니라 그 행위들을 언급하고 있었던 것이다." N. T. Wright, *The Resurrection of the Son of God*, 박문재 옮김, 『하나님의 아들의 부활』(서울: 크리스챤다이제스트, 2005), 796f.

45 김명용, "영혼불멸과 죽은자의 부활", 100.

도 하나님의 피조물인 것이다. 죽음 이후의 영혼이 계속 존속한다고 해서 불멸론이 되며, 불멸하므로 비성서적이거나 잘못된 것이라고 한다면, 부활은 어떤가? 부활에 참여한 인간 역시 영원한 불멸의 존재가 되지 않는가? 그렇다면 기독교의 부활설도 인간 자체를 신성화시키는 이론이라고 비판해도 되는가? 그렇지 않다는 것은 분명할 것이다. 그리고 기독교의 영혼불멸에서 불멸은 영혼의 본래적 속성이 아니라 하나님에 의해 주어진 선물일 뿐이다. 그러므로 기독교적 불멸론은 인간의 영혼을 신성화시키는 이론이 아니다. 설사 인간의 영혼이 상대적 영원성을 갖게 되므로 신성화가 된다 하더라도 그것은 하나님의 은혜에 의한 것이지 영혼 자체의 속성 때문이 아니다. 푈만은 이것을 잘 설명하고 있다. "영혼은 심판을 모면할 수 있고 하나님의 용서를 필요로 하지 않는, 인간 속에 있는 신적인 어떤 것이 아니다. 영혼은 완전히 온통 심판에 내 맡겨져 있는 인간 그 자체이다. 영혼은 몸으로부터 구원받는 것이 아니라 몸과 함께 구원받는다."[46]

다시 말하지만, 불멸과 부활은 대립과 모순의 관계가 아니라 포함의 관계이다. 불멸사상이 없다면 결코 부활도 있을 수 없다. 부활도 일종의 인간의 영원한 생명을 의미하는 불멸사상의 일종임을 인식해야 한다. 그러므로 영혼불멸을 주장한다면 인간이 원래 가지고 있는 인간의 한 부분을 신성시하는 것이므로 성서적이 아니며 대단히 잘못된 것이라는 주장은 대단히 잘못된 것이다. 그런데 신학자들이 그토록 비판하는 불멸은 도대체 누구의 불멸이며, 어떤 불멸인가? 라이트는 불멸의 개념을 다음과 정리하여 설명해주고 있다. "a. 어떤 형태의 죽음도 일어나지 않는 가운데 육신의 몸을 입고 지속적으로 살아가는 삶, b. 인간 존재 중에서 불

46 H. G. Pöhlmann, 『교의학』, 440.

멸의 부분, 예를 들면 육신이 죽음 이후에도 살아남게 될 영혼을 선천적으로 소유하고 있는 것, c. 인간이 선천적으로 타고 나는 것이 아니라 이부로부터 예를 들면 이스라엘의 신으로부터 몇몇 일부 인간들에게 선물로 주어지는 것으로서, 현재의 육신적인 삶과 장래의 부활 사이의 중간기간을 거치면서도 인간의 연속성을 유지해 줄 수 있는 지속적인 삶, d. 부활 자체를 묘사하는 한 가지 방식, 이 모두가 불멸의 개념에 속한다. 첫 번째는 최초의 인간인 아담이 얻을 수도 있었던 불멸이며 둘째는 플라톤의 불멸이며, 셋째는 제2성전시대에 등장하는 불멸의 개념이며, 넷째는 바울의 불멸이다."[47] 따라서 둘째의 불멸을 비판하면서 성서의 부활은 몸의 부활이라고 말하는 것은 아무런 의미가 없는 비판이다. 기독교가 말하는 영혼불멸과 기독교가 말하는 부활은 결코 대립개념이 아니다. 그러므로 기독교의 불멸개념을 플라톤의 개념으로 혼동하고 비판하는 것은 잘못된 과녁을 세워놓고 조준하며, 허수아비에다 화살을 쏘아대는 격이다.

넷째로 "인간의 영혼적 단편이 남아 있어서, 나비와 같이 무덤위로 날아다니면서 보존되어 죽지 않고 계속 살아나갈 수 있다고 생각하는 것은 이교적인 것"[48]이라는 비판이다. 이것은 영혼불멸설의 영혼관에 대한 비판이다. 영혼이란 무엇인가? 단순히 에너지나 숨결에 불과한가. 아니면 어떤 실체나 형체 있는 것인가? 무덤 위를 날아다니는 나비와 같은 것인가? 만일 영혼불멸설이 영혼을 이렇게 생각한다면 당연히 이교적이다. 비판받아 마땅하다. 문제는 바르트의 비판의 대상이 될 만큼 영혼불멸설이 이런 영혼관을 가지고 있었는가 하는 것이다. 필자가 알기로 영

47 N. T. Wright, 『하나님의 아들의 부활』, 167.
48 H. G. Pöhlmann, 『교의학』, 441.

혼불멸설, 특히 기독교의 불멸설은 결코 이런 영혼관을 가지고 있지 않다. 이것은 잘못된 과녁의 오류다. 마치 성경의 천사가 마치 요정처럼 커다란 새의 날개를 가지고 훨훨 날아다닌다고 생각하는 것과 같다. 성서에서 영혼에 부여하는 속성을 보라. 영혼은 찬양하며 괴로워하며 고난당하며 즐거워하며 주리며 탄식하며 외로워하며 피곤해하며 소망하며 갈급해 한다. 마치 영혼 자체가 한 전인적 인간인 것처럼 묘사되어 있지 않은가?

이쯤해서 유대인들의 영혼의 개념을 다시 생각해 볼 필요가 있다. 그들에게 있어서 영혼은 마치 인간처럼 기능한다. 다만 육체만 없을 뿐이다. 그들은 유대교 초기에 "네페쉬"의 개념을 숨이나 생명으로 생각하곤 하였다. 그러나 점차 시간이 흐르면서 영혼개념에 변화가 생기기 시작하였다. 나중에 언급하겠지만, 제 2성전시대의 문헌들이나 요한계시록의 구절, 부자와 나사로의 비유 등은 육체 없는 영혼이 육체적 속성과 지각을 가지고 있는 것으로 묘사한다. 교회의 많은 신학자들이나 사상가들도 실체로서의 영혼의 존재를 인정하거나, 육체적 속성을 지닌, 형체가 있는 어떤 존재, 때로는 몸을 구성하는 원리로 이해하였다.[49] 특히 터툴리안을 비롯한 많은 교부들은 죽음 이후의 영혼의 독립적 실존을 인정하였다. 그는 심지어 죽음 이후의 탈육체적 영혼의 실존을 인정하였고 그 영혼은 형체와 감각성을 갖는다고 하였다. 즉 고통을 받기 때문에 영

49 영혼의 실재를 인정하는 문헌들로는 J. Ratzinger, *Eschatology: Death and Eternal Life*, trans. Michael Waldstein (Washington, DC: Catholic University of America Press, 1988); J. Hick, *Death and Eternal Life* (1976; repr., Louisville: Westminster John Knox, 1994); J. P. Moreland and Scott B. Rae, *Body and Soul: Human Nature and Crisis in Ethics* (Downers Grove, Il.: InterVasity, 2000); J. W. Cooper, *Body, Soul, and Life Everlasting* (1989; repr., Grand Rapids: Eerdmans, 2000); R. Machuga, *In Defense of the Soul* (Grand Rapids: Brazos, 2002); K. Ward, *Defending the Soul* (Oxford: One World, 1992); G. Habermas and J. P. Moreland, *Beyond Death: Exploring the Evidence for Immortality* (Wheaton: Crossway Books, 1998) 참조.

혼이 몸을 가진 것이 아니라 고통을 감각하는 것 자체가 영혼의 기능으로 생각하였던 것이다.[50]

Ⅳ. 영혼불멸설의 성서적 근거

지금까지 말한 것을 요약하면, 부활도 불멸의 일종이고, 영혼불멸이 영혼의 신적인 영원성을 의미하는 것은 아니다. 영육의 분리는 다만 죽음 이후 부활 이전까지의 중간단계에서만 일어나며, 중간단계의 인간의 실존을 영혼이라 부르며, 그 영혼은 인격적 기능을 가진 형체가 있는 존재라는 것, 그리고 영혼만의 영원한 불멸적 존속을 거부하며, 그 불멸은 영혼자체의 본성에 속하는 것이 아니라 하나님의 선물이며, 인간의 최종적 불멸은 전인적 부활이라는 것, 이것이 바로 우리의 답변이다. 그러나 문제는 영혼불멸설이 성경에 근거한 것인가 하는 것이다. 이것은 매우 중요한 논점이다. 신학적 논리야 어떻든 쿨만을 위시한 많은 비판가들은 '영혼불멸은 성경에 없다'는 확신에 근거하고 있기 때문이다. 여기서 성경을 언급한다는 것은 a. 신구약 전체의 흐름을 탐구한다는 것이며, b. 성경을 독립적으로 읽는 것이 아니라 전체의 유대교적 사상의 흐름 안에서 읽는 것이며, c. 존재론적 인간학적 관점이 아니라, 종말론적 인간학적 관점(죽음 이후의 인간과 그 인간의 최종적 운명의 관점)으로 읽는

50 N. T. Wright, 『하나님의 아들의 부활』, 801. 라이트는 이레네우스가 부자와 나사로의 비유를 설명하면서 중간상태를 영혼의 지속적인 실존으로 인정하였으며, 그러한 영혼들은 인식이 가능하다고 보았다고 언급한다.

것을 의미한다. 이 문제를 논함에 있어서 쉽지는 않으나 반드시 염두에 두어야할 관점이 있다. 그것은 성경이나 유대 사상이 어떻게 형성되었는가 하는 것이다. 이미 아는 대로, 유대사상은, 야훼 신앙이라는 필터를 통해 걸러지기는 했지만, 수많은 고대 근동의 사상과의 교류 속에서 형성되었다. 바빌론, 애굽, 가나안, 헬라 등의 종교와 문화와 사상의 파도에 저항하기도 하며 휩쓸리기도 하며 형성된 것이 유대교였다. 그런데 왜 유독 헬라사상만 이렇게 배척당해야 하는가? 그리고 기독교와 서방전통, 헤브라이즘과 헬레니즘은 때로는 대화하면서, 때로는 대립하면서 진리를 함께 설명하려 하였는데 그 수많은 사상의 결과물 중 왜 하필 불멸론만 그렇게 몰매를 맞아야 하는가? 이 질문을 염두에 두면서 구약의 죽음 이해로 건너가 보기로 한다.

1. 구약과 유대교에 나타난 불멸과 부활

사실상 유대교 혹은 유대-히브리 사상이 가지고 있는 죽음과 '죽음 이후의 삶'에 대한 생각을 한마디로 정의하는 것은 매우 어렵다. 히브리 사상은 오랜 기간을 거쳐 수많은 변화를 겪었기 때문이다. 그래서 유대인들은 전인적 인간관을 가지고 있어서 영육의 분리를 거부하였다고 쉽게 단정할 수 있는 것도 아니다. 여기서 우리는 이것을 직접 확인해 보기로 한다. 구약에는 죽음 이후의 삶에 대한 아무런 언급 없이 죽음을 열조에게 돌아가는 것으로 묘사하는 장면이 나온다. 아브라함의 죽음이나 이삭의 죽음이 그런 경우다. "그의 나이가 높고 늙어서 기운이 다하여 죽어 자기 열조에게로 돌아가매." "너는 흙이니 흙으로 돌아갈 것이니라." 이러한 구절에는 영육의 분리, 영혼불멸, 죽음 이후의 세계에 대한 언급이 전혀 없다. 그러나 구약의 죽음 이해는 이것이 전부가 아니다. 구약의 대부분의 경우 죽음을, 죽은 자들의 영역인 스올에 가는 것으로 설명하고 있다.[51] 구약에서의 스올은 장소 개념으로 우선 땅 속을 의미하였다. 그래서 죽은 자들은 하늘로 올라가는 것이 아니라 땅 밑에 있는 구덩이로 내려가는 것으로 표현되었다.[52] 때로는 그곳이 부정적인 곳으로 묘사되기도 한다.

> 내가 무덤에 내려갈 때에 나의 피가 무슨 유익이 있으리요, 진토가 어떻게 주를 찬송하며 주의 진리를 선포하리이까?시 30:9

> 나의 영혼에는 재난이 가득하며 나의 생명은 스올에 가까웠사오니 나는 무덤으로 내려가는 자 같으니이다 나는 도움이 없는 자 같고 죽은 자들 중에서 버려진 자와 같고 무덤에 누운 자 같고 주께서 그들을 다시 기억하지 아니하시니 그들은 주의 손에서 끊어진 자니이다 …… 주께서 죽은 자에게 기이한 일을 보이시겠나이까 유령들이 일어나 주를 찬송하리이까시 88:3-5, 10.

> 내가 말하기를 나의 중년에 스올의 문에 들어가고 나의 여생을

51 J. W. Cooper, *Body, Soul, Life Everlasting*, 54f; H. Bavinck, *Gereformeerde Dogmatiek*, 박태현 옮김, 『개혁교의학』(서울: 부흥과개혁사, 2011), 709f; S. Grenz, *The Theology for the Community of God*, 신옥수 옮김, 『조직신학』(고양: 크리스찬다이제스트, 2003), 814ff; N. T. Wright, 『하나님의 아들의 부활』, 160ff. "가장 초기의 히브리 저작들에는 천국이나 지옥에 관한 개념이 등장하지 않는다. 오히려 죽은 자들의 영혼이 (보통 스올이라고 칭해지는) 지하세계로 가라앉는 것으로 여겨졌다. 지하세계에서 죽은 자들의 영혼은 하나님이 주시는 위로가 없는, 미약하고 희미한 어두움(shades) 속에 거한다. 죽음 이후에 가질 수 있는 실제적인 유일한 단 하나의 희망은 그의 후손들이 그를 기억해 주는 것뿐이었다. 이런 맥락에서 아브라함은 많은 후손들을 주시겠다는 약속 하에, 하나님께 복 받은 자였다(창 22:17-18)." T. Nichols, *Death and Afterlife*, 19.

52 욥 11:8; 욥 21:13; 시 55:15; 잠 15:24; 겔 31:15-17; 사 14:15; 겔 31:14; 시 63:9 등.

빼앗기게 되리라 하였도다. 내가 또 말하기를 내가 다시는 여호와를 뵈옵지 못하리니 산자의 땅에서 다시는 여호와를 뵈옵지 못하겠고 내가 세상의 거민 중에서 한 사람도 다시는 보지 못하리라 하였도다. …… 스올이 주께 감사하지 못하며 사망이 주를 찬양하지 못하며 구덩이에 들어간 자가 주의 신실을 바라지 못하되, 오직 산 자 곧 산 자는 오늘 내가 하는 것과 같이 주께 감사하며 주의 신실을 아버지가 그의 자녀에게 알게 하리이다사 38:10-11, 18-19.

네 손이 일을 얻는 대로 힘을 다하여 할지어다 네가 장차 들어갈 스올에는 일도 없고 계획도 없고 지식도 없고 지혜도 없음이니라 전 9:10.

이 본문들은 고대 이스라엘이 죽음을 어떻게 생각했는지를 알 수 있는 중요한 본문들이다. 이 본문들은 죽음을 절망적으로 묘사하고 있다. 죽음은 삶과 단절이며, 하나님과의 단절이다. 거기에는 지상적 삶의 연속이라고는 아무것도 없다. 이 본문에서 느낄 수 있는 것은 융엘이 말한 전적 죽음이다. 그러나 그리 단순하지 않다. 스올에서도 희망을 버리지 않는 본문도 동시에 존재하기 때문이다.

그러나 하나님이 내 영혼을 스올의 권세에서 건져내시리이다시 49:15.

당신이 그의 생명을 스올에서 구원하리라잠 23:14.

나의 중년에 내가 죽게 되었나이다. 내가 스올의 문에 들어가고 나의 여생을 빼앗기게 되었나이다 …… 그러나 당신이 나의 생명을 파멸의 구덩이에서 건지셨나이다사 38:10.

내가 여호와를 항상 내 앞에 모심이여 그가 나의 오른쪽에 계시므로 내가 흔들리지 아니하리로다. 이러므로 나의 마음이 기쁘고 나의 영도 즐거워하며 내 육체도 안전히 살리니 이는 주께서 내 영혼을 스올에 버리지 아니하시며 주의 거룩한 자를 멸망시키지 않으실 것임이니이다시 16:8-10.

하나님이 내 영혼을 건지사 구덩이에 내려가지 않게 하셨으니 내 생명이 빛을 보겠구나 하리라. 실로 하나님이 사람에게 이 모든 일을 재삼 행하심은 그들의 영혼을 구덩이에서 이끌어 생명의 빛을 그들에게 비추려 하심이니라욥 33:28-30.

이 본문들은 스올의 절망을 표하는 구절과 상통하면서도 다른 점이 있는 본문이다. 스올 속에서 하나님과의 관계가 단절되는 것이 아니라 하나님이 스올에서 건져낼 것이라는 희망을 염원하고 있다. 나아가 구약에는 지하의 세계에서 의식을 가지고 살아있는 인격의 존속을 증명하는 듯한 구절도 분명 동시에 존재한다. 이사야서에서 예언자는 바벨론 왕을 다음과 같이 조롱한다. 상상적, 시적 언어로 쓰여 있어서 단순히 이것이 영혼불멸의 본문이라고 말할 수는 없지만, 그러나 당시 이스라엘의 의식 속에는, 죽음 이후의 지상의 삶에 대한 기억과 의식과 형체가 죽음 이후에도 존속할 수 있다는 사고가 있었음을 암시하는 본문임에는 틀림없다.

아래의 스올이 너로 말미암아 소동하여 네가 오는 것을 영접하되 그것이 세상의 모든 영웅을 너로 말미암아 움직이게 하며 열방의 모든 왕을 그들의 왕좌에서 일어서게 하므로 그들은 다 네게 말하여 이르기를 너도 우리 같이 연약하게 되었느냐 너도 우리같이 되었느냐 하리로다사 14:9-10.

시간이 지나면서 이스라엘의 희망은 점차 하나님이 그의 의로운 자들을 사후세계에 영원히 두지 않고, 죽음에서 부활시키신다는 사상으로 발전하기 시작한다. 이런 사상이 우선 이사야서에서 발견된다. "주의 죽은 자들은 살아나고 그들의 시체는 일어나리이다. 티끌에 누운 자들아 너희는 깨어 노래하라 주의 이슬은 빛난 이슬이니 땅이 죽은 자들을 내놓으리로다"사 26:19. 이런 생각들이 발전하기 시작하면서 좀 더 분명하게 영혼불멸 혹은 부활이라는 사상으로 이어진다. 구약성경의 마지막 시기인 다니엘에 이르러 미래에 죽은 자의 몸의 부활이 이뤄진다는 매우 명백한 진술을 발견하게 된다.[53] "땅의 티끌 가운데 자는 자 중에서 많은 사람이 깨어나 영생을 받는 자도 있겠고 수치를 당하여서 영원히 부끄러움을 당할 자도 있을 것이며 지혜 있는 자는 궁창의 빛과 같이 빛날 것이요 많은 사람을 옳은 데로 돌아오게 한 자는 별과 같이 영원토록 빛나리라"단 12:1-3. 라이트N. T. Wright의 말대로, 이 본문이 "인류 전체의 궁극적인 운명에 관한 포괄적인 이론을 제시하고자 하는 것이 아니라 단순히 새롭게 몸을 입은 삶 속에서 하나님이 어떤 사람들에게는 영원한 생명을 주고 어떤 사람들에게는 영원한 멸시를 주실 것이라고 선언"[54]하는 본문이

53 T. Nichols, *Death and Afterlife*, 24.

54 N. T. Wright, 『하나님의 아들의 부활』, 196.

기는 하지만 이스라엘의 초기와는 아주 다른 내용을 담고 있는 것은 분명하다.

그러므로 라이트의 말대로, 유대인들은 부활을 믿었고, 헬라인들은 불멸을 믿었다고 단정하는 것은 사실을 오도하는 것이다.[55] 사실상 구약의 사상을 이어받은 유대교, 즉 중간기 시대의 유대교는, 예수 시대나 그 이후도 마찬가지지만, 분명 영혼불멸과 몸의 부활이 대립되는 것으로 보지 않았다. 솔로몬의 지혜서에는 영혼불멸과 부활 사상이 동시에 등장한다.[56] 구약시대의 뒤를 잇는 제 2 성전시대의 유대인들은 인간이 죽은 이후에도 영혼은 살아남는다는 사고를 가졌던 것은 분명하다.[57] 이 시대의 많은 저작들은 궁극적인 부활을 믿었으면서도 "육신의 죽음과 최종적인 지복의 상태 사이에 일어나는 일[중간상태]을 설명하기 위하여 몸/영혼

55 위의 책, 224. 라이트는 다른 곳에서도 동일한 주장을 반복한다. "헬라인들은 불멸을 믿었고 유대인들은 부활을 믿었다는 옛 전제는 역사적으로 부정확할 뿐만 아니라 개념상으로도 뒤죽박죽이다"(277). "다니엘로부터 바리새인들을 거쳐서 그 이후에 이르기까지 부활을 믿었던 모든 유대인들은 당연히 육신의 죽음과 부활의 몸을 입게 되는 때 사이에 모종의 개인적인 정체성이 보장되는 중간상태를 믿었다. 이것도 불멸의 한 형태이다"(279-280).

56 Nichols는 다음과 같이 솔로몬의 지혜서의 불멸과 플라톤의 불멸을 구분한다. "첫째, 그들은 선천적으로 불멸의 존재가 아니라 하나님의 "은총과 자비"로 말미암아(솔로몬의 지혜서 3:9), 또한 "하나님이 그들을 시험하셨던 바, 의인들이 상 받을만한 가치가 있음을 아셨기 때문에"(솔로몬의 지혜서 3:5), 의인들은 영혼이 하나님의 임재 안에 거한다. 즉 유대인들이 하나님이 항상 모든 생명과 축복의 근원이시기 때문에, 축복받은 사후세계의 삶 역시도 하나님으로부터만 온다는 사상을 가졌다는 것이다. 둘째 이 구절은 "의로운 자들이 여러 나라를 지배하고 여러 민족을 통치할 것"이라고 말한다(8절). 이것은 다니엘서의 본문과 유사한 것으로서, 형체가 없는 불멸의 상태가 아니라 형체를 가진 부활의 상태를 말하고 있는 것처럼 보인다." T. Nichols, *Death and Afterlife*, 27ff. 따라서 불멸사상은 무조건 플라톤의 생각인 것으로 착각해서는 안 된다.

57 N. T. Wright, 『하나님의 아들의 부활』, 242. "영혼들은 죽은 자들 가운데서 아무런 해 받음이 없이 그대로 머문다. 영은 하나님이 사람들에게 빌려준 것이고 그의 형상이다 … 모든 사람은 동일하게 시신들이지만, 하나님은 영혼들을 다스린다. 하데스는 우리의 공통의 영원한 고향이자 고국이고, 가난한 자들이나 왕들이나 모두가 가야 할 공통의 장소이다. 우리 인간들은 긴 시간이 아니라 한 계절만 살 뿐이다. 그러나 우리의 영혼은 불멸하고 늙지 않은 채 영원히 산다."(Ps.-Phoc. 105-15; N. T. Wright, 『하나님의 아들의 부활』, 243에서 재인용). 에녹서에도 "의롭게 죽은 자들의 영들은 살아서 기뻐할 것이다. 그들의 영은 말하지 않을 것이고 … 죽은 너희 죄인들에게 화 있을 진저 … 너희 영혼은 큰 심판을 받게 되리라." G. Stemberger, "Seele III", *TRE* 30, 740ff 참고.

이원론이라는 새로운 개념을 선택하였다."[58] "또한 궁극적인 부활을 분명하게 가르치고 있는 것으로 보이는 에스라4서도 영 또는 영혼이 썩어 없어질 그릇, 죽을 육신을 떠나서 악한 영혼들은 단죄를 받아 고통 속에서 떠돌고, 의로운 영혼들은 최종적인 영광을 기다리며 기쁜 안식으로 들어간다고 명시적으로 말한다. 영혼의 육신으로부터 분리된다는 관념은 …… 유대교의 여러 분파 속에 널리 퍼져 있었다."[59] 지금까지 유대 사상의 흐름을 보았다. 여기서 필자가 의도하는 바는, 어느 한 본문, 이스라엘의 아주 초기의 본문만을 인용하면서 이것이 유대 사상이라고 단언해서는 안 된다는 것, 유대 사상에는 분명히 발전이 있다는 것, 신학적으로 말해서 하나님의 계시의 점진성을 인정해야 한다는 것 등이다. 만일 초기의 사상만을 근거로 유대인들의 사고는 오로지 불멸이 아니라 전인의 죽음이라고 주장한다면, 이는 유대인들에게는 부활도, 우주적 종말도, 사후의 심판도 없다고 말하는 것이 되고 말 것이다.

2. 신약성서의 영혼불멸론

우리가 본대로, "고대 이스라엘에서는 지하세계를 자각하지 못하는 상태에서부터 축복받은 자들의 영혼의 생존과 마지막 날에 죽은 자들의 부활에 이르기까지, 죽음과 사후세계와 관련된 믿음이 오랜 기간에 걸쳐 발전했고 정련되어 왔다"[60] 이제 신약의 죽음과 영혼 및 부활이해를 다루고자 한다. 구약에서 중간기에 이르기까지의 유대 사상의 흐름

58 N. T. Wright, 『하나님의 아들의 부활』, 244.
59 위의 책, 244.
60 T. Nichols, *Death and Afterlife*, 33.

속에 있었던 신약의 기자들은, 죽음 이후에 인간의 어떤 존재도 남아 있지 않고 존재의 폐기를 의미하는 전적 죽음이 아니라, 그것이 자아든, 삶이든, 관계든, 영혼이든 인간의 그 무엇이 살아남아서 몸의 부활을 기다리는, 중간상태에 대한 믿음을 가지고 있었다. 사실상 미래적 부활을 인정하는 것은 영혼불멸을 거부하는 것이 아니라 당연히 포함하는 것일 수밖에 없다. 왜냐하면 죽음 이후 미래의 전 우주적 부활까지는 중간기이기 때문이다.

우리는 '죽음 이후의 영혼의 존속'을 헬라의 사상이라 하여 수용할 수 없다고 하는 것은 단순한 생각이다. 예수 시대와 바울 시대에 이르러 유대교는 더 많은 사상적 도전 속에서 이미 헬라화되었기 때문이다. "예수와 바울시대에 유대교는 두 세기가 넘게 문화적 및 정치적 소용돌이의 중심에 있었다. 주전 4세기의 알렉산더 대왕의 정복과 주전 2세기의 안티오쿠스의 정복은 그것들이 몰고 온 온갖 사회적 문화적 변화들과 더불어 정치적 구조는 물론이고 유대교의 경건, 신앙, 이해에 도전하였다."[61] 그래서 이미 "주후 1세기에 이르러 유대교의 온갖 다양한 지류들은 팔레스타인의 토양과 제의에 굳게 닻을 내리고 있던 것들을 포함해서 정도 차이는 있었겠지만 헬레니즘적이 되어 있었다."[62] 놀랍게도 라이트는 "부활은 히브리적이거나 유대적인 개념이었고 불멸은 헬라적인 개념이었다고 생각했던 사람들에게는 얼핏 보기에 주목할 만한 역설로 보였을 현상"[63]을 상세히 설명한다. 그에 의하면 "성경이 헬라어로 번역되면서 (주전 3세기 애굽에서), 부활개념은 훨씬 더 분명해졌기 때문에 기껏해야 모호하게 부활을 가리키는 것으로 생각될 수 있었던 많은 본문들이 분명

61 N. T. Wright, 『하나님의 아들의 부활』, 241

62 위의 책, 241.

63 위의 책, 252.

하게 되었고, 부활과 전혀 관련이 없다고 여겨졌던 본문들조차도 갑자기 그러한 방향으로의 암시 또는 그 이상의 것을 부여받게 되었다"[64]는 것이다.

구약과 중간기, 그리고 신약시대의 유대교의 사상적 흐름을 고려하여 죽음과 영혼과 불멸사상을 읽는다면, 우리는 신약의 많은 본문들이 죽음 이후 부활까지의 중간상태를 수용하고 있으며, 영혼이라는 이름으로 일컬어지는 인격성의 사후 존속을 분명히 긍정하고 있으며, 그 중간기를 거쳐 영원한 부활에 이르게 된다는 사실을 인정하고 있음을 발견하게 될 것이다. 신약의 본문이 결코 몸의 부활과 불멸사상을 대립적으로 보고 있지 않음을 이제 살펴보고자 한다.[65]

우선 언급할 수 있는 구절이 "몸[*sōma*]은 죽여도 영혼[*psychē*]은 능히 죽이지 못하는 자들을 두려워하지 말고 오직 몸과 영혼을 능히 지옥에서 멸하실 수 있는 이를 두려워하라"마 10:28라는 예수의 말씀이다. 이 구절은 "헬라화 된 유대교와 당시의 순교신학의 영향을 반영하여",[66] 몸과 영혼을 구분하고 있다. 루쯔U. Luz에 의하면, "인간들이 죽일 수 있는 육체와 그들이 죽일 수 없는 영혼, 이 둘의 분리는 헬라의 이분법적 인간론이 유대교에 아주 폭넓게 영향을 미쳤다는 사실을 반영한다"[67]는 것이다. 이 본문은 헬라의 영향을 반영하면서도 플라톤의 영혼불멸설과는 다

64 위의 책, 252. 구약성경의 모호한 구절들이 헬라어로 번역되면서 언어적인 문제 때문에 오히려 부활이 이해하기 쉽게 되었다는 의미이다. 라이트는 이러한 부분들을 잘 지적해 내고 있다.

65 이 구절들과 다른 구절들에 관한 보다 상세한 토론과 관련해서 T. Nichols, *Death and Afterlife*, 35ff; J. W. Cooper, *Body, Soul, and Life Everlasting*를 참조

66 D. A. Hagner, *Matthew* 1-13, Word Biblical Commentary 33A, 채천석 옮김, 『WBC 성경주석 마태복음(상)』(서울: 솔로몬, 1999), 490.

67 U. Luz, *Das Evangelium nach Matthäus* (Mt 8-17) Evangelisch-Katholischer Kommentar zum Neuen Testament Bd. VIII/1 2Kor 1, 1-7, 4 (Neukirchener-Vluyn: Neukirchener Verlag, 1990), 126.

름을 알 수 있다. 헬라 사상의 영혼은 죽을 수 없지만 이 본문에서의 영혼은 죽을 수 있다는 것을 인정하고 있기 때문이다. 만일 이 본문이 전인적 인간관을 의도했다면 굳이 몸과 영혼이라는 대립적 용어를 사용하여 마태가 자신의 의도를 드러내려 하지 않았을 것이다. 그들의 핍박 자들은 결코 몸은 죽여도 영혼은 죽이지 못한다. 기껏해야 육체의 죽음만 가져올 수 있을 뿐이다. 그러므로 결코 두려워할 이유가 없는 것이다. 가끔 "몸과 영혼을 능히 지옥에 멸하실 수 있는"이라는 표현을 몸과 영혼이 동시에 지옥에 간다는 말로 해석하여 이 구절은 영육의 분리가 아니라 오히려 전인적 인간관을 보여주는 구절이라고 주장하는 경우가 있다.[68] 그러나 "몸과 영혼을 능히 지옥에"라는 말은 하나님이 "몸과 영혼을 분리하지 않고 전인으로 지옥 보낸다"는 말이 아니다. 이 세상의 핍박자들은 몸은 죽일 수 있어도 영혼은 죽일 수 없는 반면, 하나님은 몸도 영혼도 동시에 멸하실 수 있으므로, 영혼을 죽일 수 없는 사람들을 두려워하지 말고, 영혼까지도 멸하실 수 있는 참 권세자, 최후의 심판자인 하나님을 두려워하라는 말이다. 그러므로 마태 당시의 유대교의 사상적 배경이나 후대의 영향사 등을 고려해 볼 때, 이 본문을 영육의 분리를 암시하는 구절로 해석해도 별 무리는 없을 것이다.

부자와 나사로의 비유로 불리는 누가복음 16장 19-31절 역시 고려해볼만 한 본문이다. 사실상 이 본문은 영혼불멸이나 죽음 후의 상태의 설명을 의도하는 본문은 아니다. 그러나 그것을 전혀 암시받을 수 없는 것도 아니다. 이 본문을 우리의 논의와 관련하여 간단히 요약하자면, a. 부자와 나사로 둘 다 죽었다는 것, b. 죽음 이후에 나사로는 아브라함 품에, 부자는 하데스에 있다는 것, c. 죽은 후의 상태이지만 부자는 고통

68 김명용, "영혼불멸과 죽은 자의 부활", 101.

과 목마름을 느낄 수 있는 감각의 소유자라는 것, d. 이와 아울러 말을 하는 등, 죽음 이후의 존재가 한 인격체로 묘사되고 있다는 것, 그리고 e. 과거 지상의 삶을 기억하고 있다는 것 등이다. 이것을 염두에 두면서 다음 몇 가지로 정리할 수 있다. a. 결코 이들의 상태는 부활의 상태가 아니라 부활을 기다리는 상태인 중간기의 모습을 보여주고 있다. 아직 살아있는 세계에서는 결코 부활이 아닌 일상적인 삶이 여전히 지속되고 있으며, 또 이 당시 유대교는 어떤 개인이 죽는 순간 부활했다는 사고가 전혀 없었고, 부활의 시기는 언제나 미래적이며 우주적이었기 때문이다.[69] 그리고 나사로가 지복의 상태인 "아브라함 품"에 있다는 것 때문에 나사로가 이미 부활한 것이라고 생각하지만, 아브라함 품이 반드시 부활의 최종적 안락의 상태라고 볼 근거는 되지 못한다. 중간 단계인 낙원에서도 영원한 행복을 미리 맛본다는 생각이 유대교에는 존재하기 때문이다.[70] 부자는 지금 하데스에 있다. 하데스는 중간단계, 즉 최종적 심판의 예견된 결과를 미리 겪는 곳,[71] "죽은 이들이 최후 심판이 있기에 앞서 잠정적으로 거하게 되는 장소"[72]이다. b. 죽은 자가 고통을 느낄 수 있는 어떤 감각을 가지고 있는 것으로 묘사한다. 그렇다고 해서 그들이 부활의 몸을 가지고 있는 것이 아니다. 왜냐하면 아직 그들은 부활하지 않았기 때문이다. 고통을 느끼고 감각하고 기억하고 말하는 인격, 그것이 바로 영혼이며, 찬양하고 슬퍼하고 감각하는 것, 이것이 바로 영혼의 기능이다.

69 N. T. Wright, 『하나님의 아들의 부활』, 230.

70 성종현, 『신약성서의 중심주제들』(서울: 장로회신학대학교출판부, 1998), 120.

71 J. B. Green, *The Gospel of Luke*, NICNT (Grand Rapids: William B. Eerdmans, 1997) 각주 343 참조; J. W. Cooper, *Body, Soul, and Everlasting*:, 136-139. J. Nolland, *Luke* 18:35-24:53, Word Biblical Commentary 35C, 김경진 옮김, 『WBC 성경주석 누가복음 하』(서울: 솔로몬, 2005), 693.

72 I. H. Howard Marshall, *The Gospel of Luke: A Commentary on the Greek Text*, 한국신학연구소번역실 옮김, 『루가복음(II)』(서울: 한국신학연구소, 1984), 355.

영혼은 무덤 위를 부유하는 에너지나 유령과 같은 존재가 아니다. 유대 사상에는 영혼불멸이나 영육의 분리가 존재하지 않으며 전인적 인간관을 가지고 있다는 전제의 오류 때문에, 최근의 신학자들이, '죽는 즉시의 부활'[73]이라는 본문 당시의 유대사상에는 전혀 없는 이론을 이 본문에 적용시키며 무리하고 있다. 유대교는 불순물이 전혀 섞이지 않는 증류수가 아니다. 바벨론, 이집트, 메소포타미아 등의 문화와 사상들의 도전과 응전 속에서 야웨 신앙을 필터로 하여 생긴 것이 유대 사상이다. 후기에 이르러서는 거대한 헬라적 사상의 물줄기를 받아들이면서, 또는 거부하면서 형성된 것이기도 하다.[74] c. 과거의 삶과 죽음 이후의 삶에 대한 연속성, 과거의 가족관계를 언급하고 있다는 점에서 죽음 이전과 이후의 인격적 정체성을 반영한다. 이것은 전인적 죽음이라는 이론을 전적으로 부인한다. 죽음으로서 모든 삶과 기억과 존재가 완전히 단절된다는 생각을 이 본문은 받아들이지 않기 때문이다. 또한 동시에 몰트만이 말한 것처럼 하나님의 기억 속에 정체성과 연속성이 유지된다는 생각도 거부되고 있다. 이 본문 어느 곳에도 하나님의 기억 같은 것은 암시조차 없다. 삶에 대한 기억은 인간에게 있다는 것을 드러내 줄 뿐이다. 이 본문에 의하면 인간은 죽음 이후에도, 즉 인간의 지상적 육체 없이도 존속되는 인격성이 존재한다. 그것을 우리는 영혼이라고 부른다.

"몸 밖에 존재할 인격으로서의 '영혼' 또는 '영'이라는 사고를 뒷받침해 줄 수 있는 또 다른 본문은 누가복음 24장에 나타나는 부활 예수의 출현 본문이다.[75] "예수께서 친히 그들 가운데 서서 이르시되 너희에게

73 G. Greshake and G. Lohfink, *Naherwartung, Auferstehung, Unsterblichkeit*; G. Greshake and J. Kremer, *Resurrectio Mortuorum*.

74 F. Bovon, *Das Evangelium nach Lukas* (Lk 15, 1-19, 27) (Neukirchner-Vluyin: Neukirchener Verlag, 2001), 116.

75 T. Nichols, *Death and Afterlife*, 48f 참조.

평강이 있을지어다 하시니 그들이 놀라고 무서워하여 그 보는 것을 영 [*pneuma*]으로 생각하는지라. 예수께서 친히 말씀하여 이르시되 내 손과 발을 보고 나인 줄 알라 또 나를 만져 보라 영은 살과 뼈가 없으되 너희 보는 바와 같이 나는 있느니라" 눅 24:36-39. 제자들은 분명히 예수를 직접 보고 있었으면서 영을 보고 있는 것으로 생각하고 두려워하였다. 그러므로 "제자들의 반응 속에 이원론적인 인간 이해가 존재함이 쉽게 발견된다. 즉 자신들의 상상의 범위 내에서, 예수의 제자들은 부활한 예수를 보면서 육신을 떠난 영혼, 즉 환영을 만나고 있다고 생각하였던 것이다."[76] "따라서 이로 인해 예수의 제자들(그 당시의 다른 유대인들도 역시)이 육신을 떠난 인격적 실재가 가능하다고 생각했음이 명백히 드러난다."[77] 예수께서 십자가에 달리셨을 때 강도에게 한 말씀 누가복음 23장 43절도 고려해 볼 필요가 있다. "예수께서 이르시되 내가 진실로 네게 이르노니 오늘 네가 나와 함께 낙원에 있으리라 하시니라." 이것은 영육이 동시에 죽으며, 그것으로 인해 죽음 이전과 이후가 완전히 단절된다는 전적 죽음에 대한 거부이다. 만일 죽는 순간 전인이 죽는다면, 즉 영과 육이 완전히 죽는다면 "오늘" 낙원에 있어야 할 존재는 과연 무엇이며 누구인가?

가장 논란이 많으면서도 중요한 구절은 바로 바울의 본문인 고린도후서 5장 1-10절이다.

> 만일 땅에 있는 우리의 장막 집이 무너지면 하나님께서 지으신 집 곧 손으로 지은 것이 아니요 하늘에 있는 영원한 집이 우리에

76 J. Green, *Body, Soul, and Human Life: The Nature of Humanity in the Bible* (Grand Rapids: Baker Academic, 2008), 166.

77 T. Nichols, *Death and Afterlife*, 48.

게 있는 줄 아느니라 참으로 우리가 여기 있어 탄식하며 하늘로 부터 오는 우리 처소로 덧입기를 간절히 사모하노라 이렇게 입음은 우리가 벗은 자들로 발견되지 않으려 함이라 참으로 이 장막에 있는 우리가 짐진 것 같이 탄식하는 것은 벗고자 함이 아니요 오히려 덧입고자 함이니 죽을 것이 생명에 삼킨 바 되게 하려 함이라 곧 이것을 우리에게 이루게 하시고 보증으로 성령을 우리에게 주신 이는 하나님이시니라 그러므로 우리가 항상 담대하여 몸[sõma]으로 있을 때에는 주와 따로 있는 줄을 아노니 이는 우리가 믿음으로 행하고 보는 것으로 행하지 아니함이로라 우리가 담대하여 원하는 바는 차라리 몸[sõma]을 떠나 주와 함께 있는 그것이라. 그런즉 우리는 몸으로 있든지 떠나든지 주를 기쁘시게 하는 자가 되기를 힘쓰노라 이는 우리가 다 반드시 그리스도의 심판대 앞에 나타나게 되어 각각 선악 간에 그 몸으로 행한 것을 따라 받으려 함이라" 고후 5:1-10.

이 본문은 바울이 영혼만의 중간상태를 인정했느냐 하는 것을 연구할 수 있는 중요한 본문이다. 그 중에서도 중요한 개념이 "벗었다"는 단어이다. 그러므로 이 본문의 해석의 성패는 "덧입는 것"과 "벌거벗는 것"을 어떻게 해석할 것인가에 있다고 해도 과언이 아니다. 여기서는 이전의 글에서 언급한 바 있으므로 상세한 설명을 생략하고 주석자들의 글을 소개하는 것으로 대신하고자 한다.[78] 갈랜드 D. E. Garland 는 "벗는 것"을 육체 없는 영혼의 상태로 바울이 생각했을 것으로 추정하고 있다.[79] 오세

78 이에 대해서는 졸고, "'죽음 안에서의 부활설'의 성서적 근거에 대한 비판적 고찰," 『교회와신학』 77 (2012), 101ff.

이-본수J. Osei-Bonsu도 바울이 피하고 싶어 한 "벌거벗음"의 상태를 파루시아의 부활 이전의 중간상태라고 본다.[80] 슈멜러T. Schmeller 역시 "'벌거벗음'을 바울이 두려워했던 육체 없는 중간상태, 죽음과 부활사이의 중간상태로 이해하는 전통적 견해가 본문의 해석상 어려움이 가장 적다"[81]고 말한다. 마틴R. Martin도 바울이 중간기를 인정했다고 주석하고 있다.[82] 이처럼 많은 학자들이 죽음 이후의 중간상태를 언급하는 본문으로 해석하고 있음을 알 수 있다. 그러나 이 본문에는 영혼이 중간기에 살아남아 부활의 몸을 기다린다는 식의 직접적인 주장은 나타나지 않는다. 바울의 목표는 "벌거벗은 상태를 거치지 않고 현세를 살아있는 채로 끝내고 바로 내세로 들어가는 것"[83]이었기 때문인 듯하다. 데살로니가 4장 13-17절도 그리스도인들의 죽음과 재림까지의 중간기를 설명해 줄 수 있는 본문이지만, 영혼의 잠이라든지, 영혼의 불멸과 같은 인간학적 용어를 사용하고 있지 않는다는 것은 주목할 만한 일이다.[84] 그럼에도 오세이-본수의 말대로, "헬라적 사고들이 이미 유대 전승에 침투해 들어왔으며, 바울은

79 D. E. Garland, *2 Corinthians*, New American Commentary 29 (Nashville, Tenn: Broadman & Holman, 1999), 260. 헬레니즘 전통은 집이나 장막을 인간의 몸을 상징하는 메타포로 사용하며, 집이 무너지는 것을 육체가 없는 영혼의 상태로 생각한다. 헬라 문화권 속에서 성장한 유대인 바울에게도 이런 생각이 있었을 가능성을 굳이 배제할 이유는 없다고 본다.

80 J. Osei-Bonsu, "Does 2 Cor. 5.1-10 Teach the Reception of the Resurrection Body at the Moment of Death," *JSNT* 28 (1986), 89ff; R. Reymond, *Paul, Missionary Theologian: A Survey of his Missionary Labours and Theology*, 원광연 옮김, 『바울의 생애와 신학』(고양: 크리스챤 다이제스트, 2003), 649ff.

81 T. Schmeller, *Der zweite Brief an die Korinther*. Evangelisch-Katholischer Kommentar zum Neuen Testament Bd. VIII/1 2Kor 1, 1-7, 4 (Neukirchener-Vluyn: Neukirchener Verlag, 2010), 296.

82 R. Martin, *2 Corinthians*, Word Biblical Commentary Vol. 40, 김철 옮김, 『WBC 성경주석 고린도후서』(서울: 솔로몬, 2007), 270.

83 위의 책, 270; P. E. Huges, *II Corinthians*, NICNT, 이기문 옮김, 『성경주석 뉴 인터네셔널 고린도후서』(서울: 생명의 말씀사, 1993), 242; T. R. Schreiner, *Paul. Apostle of God's Glory in Christ: A Pauline Theology*, 엄성옥 옮김, 『바울신학』(서울: 도서출판 은성, 2005), 702: "바울은 '몸을 떠나 주와 함께 거하는 그것'(고후 5:8)이라고 말하면서 중간상태를 암시하는 듯하다. 왜냐하면 부활한 사람은 몸을 떠나지 않기 때문이다."

84 N. T. Wright, 『하나님의 아들의 부활』, 357f., 440ff.

그 사상의 상속자였다"[85]고 보는 것이 정당할 것이다. 바울이 유대인으로서 유대 사상적 정체성을 상실한 적이 결코 없었으나, 헬라 문화권에서 태어났으며, 스토아철학 등 헬라 사상에 익숙해 있었음은 분명한 사실이기 때문이다. 그리고 이미 바울 당시의 유대 종말론도 헬라 사상과의 접촉점을 가지고 있어서 헬라의 영혼불멸설을 수용했기 때문이다.[86]

우리가 고려해야할 중요한 본문 중의 또 하나는 순교자들의 영혼이 탄원하는 요한계시록 6장 9-10절의 말씀이다.

> 다섯째 인을 떼실 때에 내가 보니 하나님의 말씀과 그들이 가진 증거로 말미암아 죽임을 당한 영혼들[*psychas*]이 제단 아래에 있어 큰 소리로 불러 이르되 거룩하고 참되신 대 주재여 땅에 거하는 자들을 심판하여 우리 피를 갚아주지 아니하시기를 어느 때까지 하시려 하나이까 하니

순교한 자들의 영혼이 하나님의 제단 아래서 하나님께 탄원하는 내용이다. 분명한 것은 탄원하고 있는 인격들을 분명 다름 아닌 영혼psyche라고 칭하고 있다. 그들의 육체는 지금 땅에 있으며 자신의 죽음을 기억하고 "우리의 피를 갚아 달라"고 간청하고 있다. 그들을 죽인 자는 지금 땅에 살아 있다. 믿는 자들을 순교케 한 자들이 여전히 땅에 있는 것으로 보아 아직 부활이 일어난 상태가 아니다. 죽은 자들이 영혼으로 존재하는 중간기의 상황이다. 그러므로 이 본문을 통해, 영혼들이 자신들

85 J. Osei-Bonsu, "Does 2 Cor. 5.1-10 Teach the Reception of the Resurrection Body at the Moment of Death," 94; R. L. Reymond, 『바울의 생애와 신학』, 652.

86 J. Osei-Bonsu, "Does 2 Cor. 5.1-10 Teach the Reception of the Resurrection Body at the Moment of Death," 94; J. Ratzinger, *Eschatology. Death and Eternal Life*, 120ff.

의 죽음을 기억하고 응보해 달라는 요청을 하는 것으로 보아 죽음이 인간의 전적 폐기가 결코 아님을 알 수 있다. 그러므로 여기서 말하는 영혼은 결코 에너지나 비인격적 존재가 아니다. 의식과 감정과 기억을 가진 인격이다. 또한 이것은, 그레스하케 등이 주장하듯, 부활해 있는 인간을 그린 것이 아니라 영혼을 묘사한 것이다. 그러므로 영혼은 인격적 실존이지 무덤 위를 부유하는 불꽃이나 나비와 같은 것이 아니다.[87] 요한계시록 20장 4절과 마찬가지로, 요한계시록 6장 9절의 영혼은 "육체와 다르고 죽음에 의해 분해되지 않는 본질"[88]이다.

V. 결론

마지막으로 푈만의 견해를 소개하면서 지금까지 말한 것을 요약하고자 한다. "죽음은 몸만이 아니라 영혼에도 관계되고, 몸과 영혼은 불가분리의 관계에 있다. 죽음 속에서 몸과 영혼의 분리는 영혼의 구원이 아니라 영혼의 곤경이다. 영혼도 죽음의 심판을 받아 거기로부터 벗어날 수 없지만 영혼은 죽음 너머까지 존재한다. 왜냐하면 영혼은 인간의 자아로서 이 심판 앞에서 책임을 져야 하기 때문이다. 죽음은 관계 상실이

87 H. G. Pöhlmann, 『교의학』, 441. 이에 대한 상세한 글은, 졸고, "'죽음 안에서의 부활설'의 성서적 근거에 대한 비판적 고찰," 127-130 참조.

88 J. H. Thayer, *A Greek-English Lexicon of the New Testament* (Grand Rapids: Zondervan), 677, D. E. Aune, *Revelation* 6-16, WBC 52B, 김철 옮김, 『WBC 성경주석(52중) 요한계시록 6-16』, (서울: 솔로몬, 2004), 113에서 재인용; G. K. Beale, *The Book of Revelation*, The New International Greek Testament Commentary (Grand Rapids: W. B. Eerdmans, 1999), 998; J. Roloff, *Die Offenbarung des Johannes* (Zuerich: Theologischer Verlag, 1984), 83 참조.

아니다. 죽음 이전과 이후의 사람의 연속성은 인간 안에도 있을 수 있다. 부활은 무로부터의 창조가 아니라 있는 것으로부터의 창조다. 모든 형태의 불멸을 배척하고 인간의 부활을 내세우는 것은 신학적으로 그릇된 것이다. 전적 죽음과 전적 부활 역시 불멸의 신앙의 한 형태이다. 인간은 죽도록 결정되어 사후에 사라지는 것이 아니라 사후에는 심판이 있다."[89]

여기에 간단히 몇 가지 첨가하면 다음과 같다. 성서의 인간관은 전인적임을 인정하지만, 죽음 이후에는 영육의 분리를 인정하고 있음도 인정할 필요가 있다. 영혼은 분명히 죽음 이후에도 실존하는 인격이며, 불멸은 결코 영혼에 본질적으로 내재되어 있는 속성이 아니라 하나님의 선물이며 은총이다. 그리고 인간이 영혼으로 존재하는 것은 다만 총체적 부활까지이다. 그 이후 영혼은 온전한 몸의 부활에 동참하며 전인으로서 영원불멸에 들어가게 된다. 이러한 사상은 이미 유대교 안에서 발전된 사상이며, 유대교는 그들의 정체성을 결코 상실하지 않으면서도 주변의 사상들과의 교류 속에서 풍성해졌다. 교회가 가지고 있던 영혼불멸설은 성서적 근거가 부족하지 않은 이론임을 인정해야 할 것이다. 당연히 신약성경이 헬라어로 쓰였음을 기억해야 하며 바울이 참고했던 성경도 70인 헬라어 역이었음을 기억할 필요가 있다. 따라서 헬라는 불멸론, 유대는 전적 죽음, 헬라는 영육이원론 유대는 전인적 인간론 등과 같은 이분법적 이해는 적절치 않다. 영혼불멸론을 헬라사상이라고 하여 배척할 것이 아니라, 복음의 준비 praeparatio evangelica로 이해하는 것이 성서적 불멸론을 이해하는데 도움이 될 것이다.

마지막으로 영혼불멸론 역시 많은 장점을 가지고 있음을 언급하고 본 글을 마무리하고자 한다. 죽음 후에도 살아남는, 하나님의 선물로 주

89 H. G. Pöhlmann, 『교의학』, 440f.

어진 그 무엇이 인간에게 있다는 것은 그 만큼 인간에 대한 하나님의 신실성을 인정하고 인간의 가치를 존중하는 이론이 되며, 죽음 후에도 여전히 하나님의 은총과 관계가 인간에게 지속됨을 의미하는 이론이 된다. 중요한 것은 죽음 이전의 인간과 이후의 인간 사이의 책임성, 연속성, 정체성이 보장되는 이론으로써 죽음 이후에도 하나님께 응답하는 인간을 상정할 수 있는, 즉 인간을 향한 하나님의 관계와 하나님을 향한 인간의 쌍방향적 관계가 인정되는 이론이다. 지상적 삶의 전적인 폐기가 아니기 때문에 지상적 삶에 대한 책임성을 물을 수 있으므로 인간으로 하여금 지상에서 도덕적 삶을 살아갈 수 있게 하는 이론이다. 죽음 이후에도 존속하는, 악한 자들이 죽일 수 없는 영을 소유하고 있다는 것은 죽음을 두려워하지 않게 하여 복음을 위한 순교를 가능케 해 준다. 고대에서부터 현대신학에 이르기까지 기독교의 위대한 사상가들이 믿고 고백했던 이론이다. 그러므로 이 이론에 대한 성경적, 역사적, 신학적 연구가 필요하며, 그에 따르는 장단점을 잘 분석하고 단점은 수정 보완하는 방향으로 나아가야 한다. 본 장은 이러한 방향으로 향하는 현대적 논의의 물꼬를 텄다고 생각한다.

Chapter

3

Biblical Reformed Eschatology
The Doctrine of the Last Things

제 3장

"죽음 안에서의 부활설" 논쟁

— 그 성서적 근거에 대한 비판적 고찰

이 글의 출처는 다음과 같다.
김도훈, "죽음 안에서의 부활설의 성서적 근거에 대한 비판적 고찰,"
『교회와 신학』 77 (2012), 101-136.

Ⅰ. 서론

기독교는 빈 무덤의 터 위에 세워진 종교다. 부활 사상은 기독교의 핵심 사상이며 터전이다. 부활 사건의 중요성을 부인할 그리스도인은 없을 것이다. 그러나 문제는 부활과 관련된 구체적 주제들에 관해서는 다양한 견해들이 혼재해 있다는 점이다. 특히 20세기 중반 이후 일군의 가톨릭 학자들 사이에서 전통적 종말론에 이의를 제기하며, 부활의 시기를 "죽는 순간"으로, 죽는 순간의 영육의 분리를 인정하는 전통적 중간상태 이론을 헬라적인 것으로, 현재의 몸과는 관계없는 새로운 몸체를 부활체로 보는 견해가 등장하기 시작하였다. 로핑크G. Lohfink, 그레스하케G. Greshake, 라너K. Rahner 등이 그 대표적인 학자들이다. 그들은 부활의 시기를 현재적 부활, 미래적 부활, 죽는 순간의 부활, 세 단계로 구분하고 그에 대한 성서적 입증을 시도하였다. 부활의 시기에 대한 논쟁에 있어서 그들의 특징은 현재적 부활이나 미래적 부활이 아니다. 그들의 새로운 시도는 바로 "죽는 순간의 부활," "죽음 안에서 일어나는 부활"에 대한 주장이다. 이것을 그들은 "죽음 안에서의 부활"이라 부른다.[1]

한국 신학계에서도 이런 주장들이 소개되고 논의되었다.[2] 최태영은 "죽은 자의 부활에 관한 몇 가지 오해"[3]라는 논문에서 "죽음 안에서의 부

1 G. Greshake and G. Lohfink, *Naherwartung, Auferstehung, Unsterblichkeit: Untersuchungen zur christlichen Eschatologie* (Freiburg/Basel/Wien: Herder, 1978); G. Greshake and J. Kremer, *Resurrectio Mortuorum: Zum theologischen Verständnis der leiblichen Auferstehung* (Darmstadt: Wissenschaftliche Buchgesellschaft, 1992).

2 김명용, "부활의 시기와 죽은 자의 중간기에 대한 연구," 『장신논단』, 13(1997); 최태영, 『그리스도인은 죽을 때 부활한다』(대구: 아름다운사람들, 2000); 최태영, "'죽음 안에서의 부활' 개념에 대한 고찰," 『신학과 목회』 21 (1997), 57-89.

활설"을 지지하면서 부활에 대해 적어도 네 가지의 오해가 있다고 주장하고 있다. 첫째, "죽은 자는 역사의 마지막 날에 비로소 부활한다는 오해," 둘째, "신자가 죽으면 몸 없이 영혼만 하늘나라에 간다고 하는 오해," 셋째, "현세의 몸으로 부활할 것이라는 오해," 넷째, "죽은 자는 예수님처럼 현세의 몸으로 부활하게 될 것이라는 오해" 등이 그것이다.[4] 그는 이런 오해를 소개한 뒤 신학적, 역사적, 성서적 근거들을 제시하며 다음과 같이 정리한다. 개인은 죽음과 동시에 부활하며, 그 부활은 몸의 부활이며, 죽는 순간 하늘에 있는 영적인 몸을 덧입어 부활하므로 현세의 육체는 전혀 부활에 참여하지 않고 폐기된다는 것이다.[5] 이런 견해는 당연히 많은 논란을 불러일으켰다.[6] 이렇게 논란을 야기하면서 새롭게 등장하는 이론을 비판적으로 검토하는 것은 의미 있는 일일 것이다.

본 장은 "죽음 안에서의 부활설"에 대한 비판적 평가를 목적으로 한다. 죽음 안에서의 부활설에 대한 소개나 찬성의 입장은 상세히 소개되었으나, 이에 대한 비판은 단편적 평가만 있을 뿐, 비판적 대화를 위한 종합적, 체계적 논의는 쉽게 찾아 볼 수 없기 때문이다. 하지만 이 글이 "죽음 안에서의 부활설"의 모든 주장과 논리들을 평가하기 위한 것은 아니다. 신학적 관점의 평가는 뒤로 미루기로 하고, 부활과 관련된 그들의 주장의 성서적 타당성을 우선 검토해 보고자 한다. 우선 다룰 첫 번째 논

3 최태영, "죽은 자의 부활에 관한 몇 가지 오해," 『신학사상』 135 (2006 겨울), 99-122.

4 위의 글, 99.

5 위의 글, 120.

6 죽음 안에서의 부활설에 대한 비판적 평가를 위해 다음의 문헌을 참조할 것. J. Moltmann, *Das Kommen Gottes: Christliche Eschatologie*, 김균진 옮김, 『오시는 하나님』(서울: 대한기독교서회, 1997) 190ff; T. Nichols, *Death and Afterlife. A Theological Introduction* (Grand Rapids: Brazos Press, 2010), 148; N. T. Wright, *Surprised by Hope*, 양혜원 옮김, 『마침내 드러난 하나님 나라』 (서울: IVP, 2009), 265f; J. Ratzinger, *Eschatologie: Tod und ewiges Leben* (Regensburg: Friedrich Pustet Verlag, 1977); W. Pannenberg, *Sytematische Theologie* III (Göttingen: Ruprecht, 1993), 622ff; 김균진, 『죽음의 신학』 (서울: 대한기독교서회, 2003), 341f.

제는 부활의 시기에 관한 것이다. 성서는 과연 부활의 시기를 죽는 순간으로 보고 있는가 하는 것이다. 두 번째의 논쟁점은 성서는 과연 중간상태를 인정하고 있는가 하는 문제이며, 세 번째 문제는 부활의 몸과 현재의 육체의 연관성에 대해 성서는 무엇을 말하고 있는가 하는 것이며, 네 번째 문제는 영혼에 대한 성서적 증언에 대한 고찰이다. 이런 관점에서 죽음 안에서의 부활설을 주장하는 이들의 성서적 근거를 평가하고자 한다.

Ⅱ. 부활의 시기 — 죽는 순간인가, 미래 시간인가?

1. 바울의 부활 사상과 부활의 시기

언제 부활하는가? 죽는 순간인가 아니면 미래시점인가? 이와 관련하여 죽음 안에서의 부활설자들이 제시하는 바울의 본문을 검토해보고자 한다. 그들이 가장 중요한 논거로서 제시하는 성서본문이 바로 바울의 본문이기 때문이다. 사실상 그들도 인정하듯이 바울의 부활 사상은 미래의 부활이다. 그러나 동시에 그들에 의하면 바울에게서 죽는 순간의 부활 사상도 발견해낼 수 있다는 것이다. 그들이 전거로 삼는 핵심적 본문은 바로 고린도후서 5장 1-10절이다.[7] 이 본문과 관련하여 "죽음 안에서의 부활설"을 주장하는 사람들의 해석을 간단히 요약한다면 다음과 같다.[8] "장막집"이 무너지는 것은 신자들의 죽음을 의미하며 "하늘의 영원한 집"은 부활체를 의미하며, "덧입는다"는 것은 현재의 몸으로 부활하는 것이 아니라 하늘에 있는 부활체를 입는 것이다. 그러므로 죽는 것은 영혼불멸이 아닌 몸의 부활이라고 말할 수 있으며, 부활은 미래적 사건이 아니라 죽는 순간이라고 할 수 있으며, 부활체는 현재의 몸과는 전혀 연속성이 없다는 것이다.[9]

사실상 고린도후서 5장의 본문은 매우 난해한 본문이다. 그래서 이 본문에 대한 다양한 해석이 존재한다. 선행연구들을 검토해본다면, 이 본문이 미래적 부활을 의미하는 본문이라는 견해, 죽는 순간의 부활을 지지한다는 견해, 이 본문을 통해서는 부활의 시점을 정확하게 알 수 없다는 견해로 나뉜다.[10] 이 본문을 다룸에 있어서 무엇보다도 우선 본문 자체를 그대로 들여다볼 필요가 있다. 첫째로, 본문 어디에도 부활이라는 용어가 직접적으로 언급되어 있는 곳이 없으며, 더구나 죽는 순간이

7 그 본문을 인용하면 다음과 같다: "만일 땅에 있는 우리의 장막 집이 무너지면 하나님께서 지으신 집 곧 손으로 지은 것이 아니요 하늘에 있는 영원한 집이 우리에게 있는 줄 아느니라. 참으로 우리가 여기 있어 탄식하며 하늘로부터 오는 우리 처소로 덧입기를 간절히 사모하노라 이렇게 입음은 우리가 벗은 자들로 발견되지 않으려 함이라 참으로 이 장막에 있는 우리가 짐 진 것 같이 탄식하는 것은 벗고자 함이 아니요 오히려 덧입고자 함이니 죽을 것이 생명에 삼킨 바 되게 하려 함이라 곧 이것을 우리에게 이루게 하시고 보증으로 성령을 우리에게 주신 이는 하나님이시니라 그러므로 우리가 항상 담대하여 몸으로 있을 때에는 주와 따로 있는 줄을 아노니 이는 우리가 믿음으로 행하고 보는 것으로 행하지 아니함이로라 우리가 담대하여 원하는 바는 차라리 몸을 떠나 주와 함께 있는 그것이라 그런즉 우리는 몸으로 있든지 떠나든지 주를 기쁘시게 하는 자가 되기를 힘쓰노라 이는 우리가 다 반드시 그리스도의 심판대 앞에 나타나게 되어 각각 선악 간에 그 몸으로 행한 것을 따라 받으려 함이라."

8 G. Greshake and J. Kremer, *Resurrectio Mortuorum*, 117ff; 최태영, "죽은 자의 부활에 관한 몇 가지 오해," 107ff; 김명용, "부활의 시기와 죽은 자의 중간기에 대한 연구," 139ff 참조.

9 우선적으로 지적하고 싶은 것은 이 해석적 결론에는 일종의 순환 논리가 작용한다는 점이다. "하늘에 있는 영원한 집," "하늘로부터 오는 우리의 처소"를 부활체로 이미 가정하기 때문에 자연스럽게 죽는 순간이 부활의 순간이 되는 논리가 성립한다. 둘째, "만일 우리의 장막집이 무너지면"이 조건문인데 "만일 우리의 장막집이 무너질 때"라는 시간의 종속문으로 가정하기 때문에 이런 이론이 등장하게 된다. "무너지면"은 "무너질 때"가 아니다. "만일 우리의 장막집이 무너진다면, … 영원한 집이 우리에게 있을 것이다"는 것과 "우리의 장막집이 무너질 때 … 영원한 집이 우리에게 있을 것이다"는 것 사이에는 미묘한 차이가 있다.

10 이 본문에 대한 다양한 해석에 대하여 다음의 문헌들을 참조: Manuel Vogel, *Commentatio mortis. 2Kor 5,1-10 auf dem Hintergrund antiker ars moriendi* (Göttingen: Vandenhoeck & Ruprecht, 2006), 15ff; Chr. Wolff, *Der zweite Brief des Paulus and Korinther. Theologischer Handkommentar zum Neuen Testament*, Bd. VIII (Berlin: Evangelische Verlagsanstalt, 1989), 101-106.

부활의 순간이라는 설명은 전혀 나타나 있지 않다는 사실이다. 이 본문이 개인의 죽음에 대해 언급하고 있는 본문인 것은 분명하다. 그러나 바울 자신이 죽음 앞에서 "만일 우리의 장막집이 무너지면, 우리는 하늘에 있는 영원한 집을 소유하게 된다"고만 말함으로써 부활의 시기에 대한 직접적인 언급을 피하고 있다. 따라서 이 본문만을 볼 때 바울이 과연 죽음이 부활의 순간이라고 말하려고 했는지는 정확하지 않다. 분명한 것은 고린도후서 5장 8절에서 바울은 죽음 이후의 상태를 부활이라고 언급하지 않고 "그리스도와 함께 있는 것"으로 언급하였다. 빌립보서 1장 23절에서도 죽음 이후의 삶을 "그리스도와 함께 있는 것"으로 묘사한 것으로 보아, 바울이 죽음을 부활과 동일시한 것으로 보기는 어렵다.[11] 둘째, 이 본문은 "하늘에 있는 영원한 집"을 결코 부활체라고 말하지 않는다. 바울은 다만 하늘의 영원한 집이라고 비유하여 설명했을 뿐이지, 그것을 부활체라고 칭하지는 않았다. 그러므로 "하늘에 있는 영원한 집"을 부활체로 단정하는 것은 바울의 생각을 벗어날 위험성이 있다. 셋째, 더구나 현세의 몸이 버려진다는 어떤 직접적인 언급도 없다. 이 정도로만 보더라도 죽는 즉시의 부활을 담보해주는 본문으로 보기에 매우 어려운 본문이라고 할 수 있다.

11 "내가 그 둘 사이에 끼었으니 차라리 *세상을 떠나서 그리스도와 함께 있는 것*이 훨씬 더 좋은 일이라 그렇게 하고 싶으나 내가 육신으로 있는 것이 너희를 위하여 더 유익하리라"(빌 1:23-24. 흘림체는 필자의 강조임). 이 본문에서도 고린도후서 5장과 마찬가지로 부활에 대한 직접적인 언급 없이 죽는 것과 사는 것 사이에 있는 바울의 모습을 전달해준다. 죽은 후에 즉시 부활할 것이라는 언급이 전혀 없이, 다만 세상을 떠나 "그리스도와 함께 있을 것"이라고 바울은 고백하고 있다. Wright는 이것을 부활상태가 아닌 "부활 이전에 있게 될 상태"라고 설명한다. N. T. Wright, 『마침내 드러난 하나님 나라』 240f. 참조. J. Moltmann, 『오시는 하나님』, 193ff. 역시 마찬가지다. 그는 그리스도 안에서 죽은 사람들을 부활의 상태가 아닌 "다가오는 하나님 나라를 예비하는 사람들과의 교통 속에서" 죽은 사람으로 표현한다. 즉 그들은 "이스라엘의 희망의 담지자 안에 안겨 있지만, 성취된 희망의 세계 속에 아직 안겨 있지" 못한, "미래의 새로운 세계 안에 있지" 못한 상태에 있다는 것이다. 몰트만의 말을 좀 더 옮겨 오고자 한다. "'죽은 사람은 죽었으며 아직 부활하지 않았다.' 그러나 그들은 이미 '그리스도 안에' 있으며, 그와 함께 그의 미래를 향한 길 위에 있다. … 죽은 사람들의 실존은 아직 '죽은 사람들로부터의 부활'은 아니다. 그것은 '그리스도와 함께 있는 존재'이다"(196).

우리의 논의와 관련하여 이 본문을 이제 좀 더 세심히 들여다 볼 필요가 있다. 이 본문이 죽는 즉시의 부활을 지지하는 본문이 되려면 바울의 본문 중 이와 유사한 사상을 담은 다른 본문이 있는지를 우선 살펴볼 필요가 있다. 결론부터 말하자면, 바울의 전체 사상 속에서 개인의 죽음을 부활이라고 직접적으로 언급한 다른 곳은 전혀 없다. 바울은 그리스도께 속한 자들의 개인적 죽음을 이미 알고 있었다. 그러나 그것을 어느 곳에서도 부활이라고 칭하지 않았다. 오히려 바울은 그들을 잠자는 자로 묘사하였다. 자신도 죽는다면 부활할 것이라고 말하지 않고 "그리스도 안에 있고자 한다"는 소망을 피력하였다. 오히려 그는 부활을 매우 분명하게 죽는 순간이 아닌 미래적 파루시아 사건으로 묘사하고 있다. 그러므로 이 본문에서만 죽음을 부활의 순간으로 해석하는 것은 적절치 못하다.[12] 이 지점에서 부활에 관한 바울의 결정적인 본문들을 함께 살펴보는 것이 중요할 것이다. 고린도후서의 본문을 해석하는데 도움이 될 수 있기 때문이다. 데살로니가전서 4장 13-18절은 다음과 같이 말한다.

> 형제들아 자는 자들에 관하여는 너희가 알지 못함을 우리가 원하지 아니하노니 이는 소망 없는 다른 이와 같이 슬퍼하지 않게 하려 함이라 우리가 예수께서 죽으셨다가 다시 살아나심을 믿을진대 이와 같이 예수 안에서 자는 자들도 하나님이 그와 함께 데리고 오시리라 우리가 주의 말씀으로 너희에게 이것을 말하노니 주

12 T. D. Stegman, SJ., *Second Corinthians* (Grand Rapids: Baker Academic, 2009), 125도 바울의 이 본문을 해석할 때 부활에 대하여 언급하고 있는 다른 본문인 데살로니가전서 4장 13-18절과 고린도전서 15장 51-55절을 동시에 고려해야 한다고 생각한다. 그는 분명한 것은 부활은 파루시아 때에, 즉 예수의 재림 때에 죽은 자들의 부활이 일어날 것이며 마지막 때의 부활과 개인의 죽음 사이에 무엇이 일어날 것인가에 대해서는 바울이 고후 5장의 본문에서는 말하지 않고 있다고 본다. Stegman에 의하면 바울은 죽으면 그리스도와 함께 있을 것을 확신했다(빌 1:23)고 지적한다.

께서 강림하실 때까지 우리 살아남아 있는 자도 자는 자보다 결코 앞서지 못하리라 주께서 호령과 천사장의 소리와 하나님의 나팔 소리로 친히 하늘로부터 강림하시리니 그리스도 안에서 죽은 자들이 먼저 일어나고 그 후에 우리 살아남은 자들도 그들과 함께 구름 속으로 끌어 올려 공중에서 주를 영접하게 하시리니 그리하여 우리가 항상 주와 함께 있으리라 그러므로 이러한 말로 서로 위로하라

이 본문은 부활 사건이 미래적 사건임을 분명하게 드러낸다. 결코 죽는 순간의 부활이 아니다. 바울은 미래적 부활을 말하면서 이미 "자는 자들"을 의식하고 있다. 그러면서 그는 이미 그리스도 안에서 죽은 자들이 마지막 부활의 날에 하나님에 의해 일어날 것을 말하고 있다. 오히려 바울은 이 본문에서 죽은 자들을 부활한 자들이라 말하지 않고 "자는 자"라고 말하고 있다는 점이다. 그리고 그 죽은 자들을 마지막 날 하나님이 데리고 오시리라고 선언하고 있다. 이것은 그들의 개인적 죽음의 순간이 부활의 순간이 아니라 역사의 부활, 최종적 부활을 대기하고 있는 상태임을 말하고 있다.

또 부활을 명시적으로 언급하고 있는 고린도전서 15장을 보자.

그리스도께서 죽은 자 가운데서 다시 살아나셨다 전파되었거늘 너희 중에서 어떤 사람들은 어찌하여 죽은 자 가운데서 부활이 없다 하느냐 만일 죽은 자의 부활이 없으면 그리스도도 다시 살아나지 못하셨으리라 그리스도께서 만일 다시 살아나지 못하셨으면 우리가 전파하는 것도 헛것이요 또 너희 믿음도 헛것이며 또 우리가 하나님의 거짓 증인으로 발견되리니 우리가 하나님이

그리스도를 다시 살리셨다고 증언하였음이라 만일 죽은 자가 다시 살아나는 일이 없으면 하나님이 그리스도를 다시 살리지 아니하셨으리라 만일 죽은 자가 다시 살아나는 일이 없으면 그리스도도 다시 살아나신 일이 없었을 터이요 그리스도께서 다시 살아나신 일이 없으면 너희의 믿음도 헛되고 너희가 여전히 죄 가운데 있을 것이요 또한 그리스도 안에서 잠자는 자도 망하였으리니 만일 그리스도 안에서 우리가 바라는 것이 다만 이 세상의 삶뿐이면 모든 사람 가운데 우리가 더욱 불쌍한 자이리라 그러나 이제 그리스도께서 죽은 자 가운데서 다시 살아나사 잠자는 자들의 첫 열매가 되셨도다 사망이 한 사람으로 말미암았으니 죽은 자의 부활도 한 사람으로 말미암는도다 아담 안에서 모든 사람이 죽은 것 같이 그리스도 안에서 모든 사람이 삶을 얻으리라 그러나 각각 자기 차례대로 되리니 먼저는 첫 열매인 그리스도요 다음에는 그가 강림하실 때에 그리스도에게 속한 자요 그 후에는 마지막이니 그가 모든 통치와 모든 권세와 능력을 멸하시고 나라를 아버지 하나님께 바칠 때라 그가 모든 원수를 그 발아래에 둘 때까지 반드시 왕 노릇 하시리니 맨 나중에 멸망 받을 원수는 사망이니라 고전 15:12-26.

이 본문은 한 마디로 바울의 미래적 부활 사상을 담은 대표적 본문이다. 본문에서 인식할 수 있듯이 바울은 분명히 부활 이전에 이미 죽어 있는 자들을 의식하고 있으며, 그러나 그들을 부활해 있는 상태로 언급하거나, 죽음 자체를 부활의 순간이라고 언급하고 있지 않다. 오히려, 분명한 것은 그가 끊임없이, 죽는 것(자는 것)과 부활을 대칭개념으로 언급하고 있다는 점이다. 부활이 없다면 잠자는 자도 망했을 것이라고 바울은 역설한다. 이것은 곧 잠자는 자의 부활을 의미하는 말이지 잠(죽음)이 곧 부활이라는 말은 아니다. 즉 미래의 부활이 없다면 지금 죽어있는 사람도 망했을 것이라는 것이다. 죽음이 부활의 순간과 동일시 될 수 없음을 드러내는 구절인 것이다. 바울이 파루시아 이전에 자는 자(죽은 자)들이 현재 부활한 채 완성의 상태에 있다고 생했다면, 이미 죽은 자들, 즉 잠자는 자들을 지칭하여 "이생뿐이면"이라고 언급할 수 없었을 뿐만 아니라 불쌍하다거나 망했다거나 하는 표현은 더더구나 사용하지 않았을 것이다. 그런데 왜 바울은 그들을 향하여 부활이 없다면 불쌍한 자라고 말했는가? 바울에 의하면, 그들은 지금 부활한 상태가 아니라, 다만 중간단계로서 그리스도 안에서 부활을 기대하며 소망하고 있는 상태에 있기 때문이다. 라이트의 말을 빌리자면 그들은 "죽음 이후의 삶"을 살고 있는 것이지 "죽음 이후의 삶 이후의 삶"[13], 즉 최종적 완성의 삶을 살고 있는 것이 아니기 때문이다. 따라서 고린도후서 5장도, 바울의 생각이 수정되었거나 변했다고 보지 않는 한, 고린도전서 15장의 맥락에 근거하여 부활의 시기를 고려해야 할 것이다.[14] 그래서 그는 고린도후서 5장의 핵심 본문에서 차라리 몸을 떠나 부활하리라고 표현하지 않고 그리스도와 함께 있는 것으로 표현하고 있다.

이어서 고린도전서 15장 52-54절 역시 좀 더 깊이 살펴볼 필요가 있다. "보라 내가 너희에게 비밀을 말하노니 우리가 다 잠잘 것이 아니요 마지막 나팔에 순식간에 홀연히 다 변화하리니 나팔 소리가 나매 죽은 자들이 썩지 아니할 것으로 다시 살고 우리도 변화하리라 이 썩을 것이 반드시 아니할 것을 입겠고 이 죽을 것이 죽지 아니함을 입으리로다. 이

13 N. T. Wright, 『마침내 드러난 하나님 나라』, 237ff.

14 J. Osei-Bonsu, "Does 2 Cor. 5.1-10 Teach the Reception of the Resurrection Body at the Moment of Death," *JSNT* 28(1986), 81-101.

썩을 것이 썩지 아니함을 입고 이 죽을 것이 죽지 아니함을 입을 때에는 사망을 삼키고 이기리라고 기록된 말씀이 이루어지리라." 여기서 언급하고 있는 것은 무엇인가. 반복해서 말하지만 죽은 자들을 잠자는 자들로 부르고 있으며, "죽은 자들이 다시 썩지 아니할 것으로 다시 살고 우리도 변화하리라"라고 말하고 있다. "죽은 자들이 다시 썩지 아니할 것으로 다시 살고"라는 말은 "미래 파루시아 때에, 즉 마지막 나팔이 울릴 때, 다른 사람이 아닌 바로 그 죽은 자들이 다시 썩지 아니할 것으로 부활할 것이고"라는 뜻이다. 그러므로 고린도후서 5장 1절의 말씀을, 위에서 인용한 고린도전서 15장의 말씀과 연계시켜서 해석한다면 다음과 같이 해석할 수 있을 것이다: 우리가 죽지 않고 예수의 재림을 맞이할 것이다. 그래서 우리의 죽을 것이 죽지 아니함을 입을 것이고 이 썩을 것이 썩지 않을 것을 입을 것이지만 "만일 죽는다 하더라도(εαν 조건문), 즉 우리의 장막집이 무너진다 하더라도 마지막 날에 우리는 영원한 집을 소유하게 될 것이다."[15]

다시 고린도후서의 본문으로 돌아가 보자. 우리의 논의와 관련하여 본문해석의 관건은 벌거벗지 않고 덧입기를 소원하는 바울의 의도를 어떻게 해석할 것인가 하는 것이다. 이 본문의 상황은 바울이 고린도 교인들에게 "장막집", "하늘에 있는 집" 등의 메타포를 사용하여 자신의 죽음

15 H. Krimmer, *Zweiter Korintherbrief* (Neuhausen-Stuttgart: Hanssler, 1987), 118f; G. Ridderbos, *Paul, an outline of his theology*, 박희영 옮김, 『바울신학』(서울: 지혜문화사, 1985), 592. 우선적으로 여기에 곧, 즉시, 바로 라는 말이 나타나 있지 않다. 바울의 선포를 전체적으로 고려해볼 때 영광의 몸을 입는 것은 그리스도께서 오실 때 일어날 일이라고 말하고 있다(593, 599). F. J. Matera, *II Corinthians. A Commentary* (Lousville/London: Westminster John Knox Press, 2003, 120ff. 고후 5:1-5의 본문에서 부활의 시기를 미래의 부활로 해석하는 데 한 가지 문제점은 고린도후서 5장 1절의 "갖는다"(εχομεν)는 말이 미래형이 아닌 현재시재로 사용되었다는 점이다. 그러나 현재가 미래를 대신하는 문장, 즉 미래적 현재의 문장이 헬라어 문법에는 종종 나타나고 있음을 인정한다면, 이 본문에서의 현재형 동사를 미래시점으로 번역하는 것이 그리 문제가 되지는 않는다. J. Osei-Bonsu, "Does 2 Cor. 5.1-10 Teach the Reception of the Resurrection Body at the Moment of Death," 87ff.

을 가정하여 그리스도인 궁극적 구원의 형태가 어떠할 것인지를 서술하고 있다. 이 본문에서 그는, 살아서 부활에 참여하기를 원하지만, 그렇지 않고 만일 죽는다 하더라도 하늘의 집, 영원한 처소로 덧입기를 원하고 있다. 그는 벌거벗은 자가 되지 아니하고 하늘의 몸을 덧입기를 사모하고 있다. 이것이 본문의 대략이다.

이미 소개한대로, 이 본문에 근거하여 "죽음 안에서의 부활설자"들은, 죽는 순간 그리스도인들은 부활하여 부활체를 입을 것으로 바울이 확신했다고 보고 있다. 이에 대하여 우리가 던질 수 있는 몇 가지 질문은 다음과 같은 것들이다. 바울이 정말 죽는 순간 영원한 부활체를 입어 부활의 상태인 완성의 상태에 들어간다고 생각했을까? 그렇다면 왜 그는 벌거벗는 것을 두려워하며, 덧입기를 소원했는가? 죽는 순간 새로운 영적 몸을 가진 인간으로의 부활을 당연하다고 여겼다면, 왜 그는 당연히 일어날 일을 소원하며, 덧입지 못할 것을 염려하였는가? 죽음이 완성의 순간이요, 부활체를 입는 순간이라면 헬레니즘 전승처럼 죽음을 미화해야 마땅하지 않은가? 죽음 안에서의 부활설은 이러한 질문들에 답변하기가 그리 쉽지 않을 것이다. 바울은 분명 죽음 이후에 몸의 부활이 있을 것을 믿었다. 문제는 언제냐 하는 것이다. 바울은 죽는 즉시가 아니라 미래 파루시아 때에 몸의 부활이 일어날 것을 믿었다. 이런 해석을 견지할 때, 이 본문은 고린도전서나 데살로니가전서의 내용과 큰 모순 없이 일치한다.

2. 복음서의 부활의 시기

1) 부활과 생명으로서 그리스도: 요 11:21-26

"죽음 안에서의 부활설자"들이 그들의 주장을 입증해 준다고 생각하는 또 하나의 중요한 본문이 바로 요한복음 11장 21-26절이다.

> 마르다가 예수께 여짜오되 주께서 여기 계셨더라면 내 오라버니가 죽지 아니하였겠나이다 그러나 나는 이제라도 주께서 무엇이든지 하나님께 구하시는 것을 하나님이 주실 줄을 아나이다 예수께서 이르시되 네 오라비가 다시 살아나리라 마르다가 이르되 마지막 날 부활 때에는 다시 살아날 줄을 내가 아나이다 예수께서 이르시되 나는 부활이요 생명이니 나를 믿는 자는 죽어도 살겠고 무릇 살아서 나를 믿는 자는 영원히 죽지 아니하리니 이것을 네가 믿느냐

이 본문은 나사로를 살리시는 과정에서 예수와 마르다가 주고받은 대화의 내용이다. 이 본문에 의하면 나사로의 죽음을 목도한 마르다의 입장은 미래적 부활이다. 그는 전통적 유대인들의 부활관을 공유하고 있었던 셈이다. 그러한 마르다에게 예수는 "나는 부활이요 생명이니 나를 믿는 자는 죽어도 살고 살아서 믿는 자는 영원히 살리라"라고 말씀하신다. 죽는 순간의 부활을 주장하는 자들은 이 말이 곧 죽는 순간의 부활을 입증하는 구절임을 자신한다. 과연 그러한지는 본문을 정확히 검토할 필요가 있다. 사실상 이 말씀의 의도는 예수가 생명과 부활이므로 예수를 믿는 자는 죽지 않고 영원히 산다는 것을 의도하는 말이다. 다시 말하자

면 "죽는 순간의 부활"을 의미하는 구절이 아니라 예수를 믿는 자에게는 죽음이 아무런 힘을 발휘하지 못한다는 의미다. 부활이신 예수를 믿으라는 요청이요, 그리하면 죽든 살든 상관없이 영생을 소유하게 된다는 의미다. 이것을 입증하기 위하여 예수는 나사로를 살려내신 것이다. 만일 예수가 "죽는 순간의 부활"을 의도하였다면, 이미 (죽음과 동시에) 부활해 있는 나사로를 부활이며 생명이신 예수께서 다시 살리실 이유가 무엇인가? "죽음으로써 이미 부활해 있는 상태"라고 말하는 것으로 족할 텐데 말이다. 더구나 예수는 죽어있는 나사로를 향하여 간다고 말하지 않는가? 부활상태라면 부활을 이야기하는 이 순간에 굳이 간다고 말할 이유가 무엇인가? 그러므로 이 본문은 부활의 근거와 이유에 관한 본문이지 부활의 시기에 관한 본문이 아니다.

크레머 J. Kremer는 이 본문을 주석하면서 마르다의 미래 종말론 사상을 예수께서 부인하면서 마르다가 가지고 있던 전통적 유대 미래 부활사상을 수정했다[16]고 주장한다. 그러나 이 본문을 정확히 살펴본다면 예수께서 마르다의 미래부활 사상을 부정하거나 수정하고 있지 않다. '그러나', '하지만' 등의 반어로 연결된 문법적 구조가 나타나지 않으며, 부정어도 등장하지 않는다. 오히려 문법적으로 앞뒤의 문장이 서로 보충하고 있다고 보는 것이 더 정확할 것이다.[17] 비슬리머리 G. R. Beasley-Murray는 "예수는 그녀에게 '나는 부활이요 생명이다'라는 새롭고 놀라운 계시를 주신다. 그것은 마르다의 신앙에 대한 부인하는 일이라기보다는 그것을 확대하고 확실한 기반 위에 세우는 일을 의미한다. …… 따라서 마르다에게 주어진 계시는 부활이신 예수로 말미암아 완성 시의 하나님 나라와 관계

16 G. Greshake and J. Kremer, *Resurrectio Mortuorum*, 126.

17 U. Schnelle, *Das Evangelium nach Johannes. Theologischer Handkommentar zum Neuen Testament* 4 (Leipzig: Evang. Verlag, 1998), 190.

있는 부활, 그리고 생명이신 예수로 말미암아 현재 시점에서의 하나님 나라의 생명에 대한 확신이다"[18]고 주석하고 있다. 이 본문을 부활의 시기에 관한 본문으로 보아 마르다의 미래적 부활 신앙이 수정되어 죽는 순간의 부활을 입증하는 본문으로 해석한다면, 이미 미래적 부활을 분명히 언급하는 요한의 본문과 충돌하는 해석이 될 것이다.[19] 그러므로 오히려 머리나 라이트의 해석이 훨씬 더 적절한 해석이다. 이 본문에 대한 라이트의 해석은 다음과 같다. "장래의 부활이 분명하게 단언되고 있다: 모든 믿는 자들에게는 그 부활을 선취한 현재적으로 죽지 않는 '영생'이 주어진다. 달리 말하자면 믿는 자들은 이제 죽음에서도 살아남고 최종적인 부활 속에서 다시 몸을 입게 될 하나님이 주신 불멸의 삶을 이미 소유하고 있다."[20] 슈트레커G. Strecker 역시 유사한 논리로 해석하고 있다. "현재적 종말론은 미래적 종말론을 해석한다! 그러나 이것은 결코 미래적 종말론적 진술의 제거를 의미하지 않는다. 오히려 그 안에 필연적 긴장을 담고 있다. 요한의 생각의 핵심은 말할 나위 없이 종말eschaton의 현재화에 있다. 시간적 긴장의 화살, 미래를 향한 조준이 결코 폐기되고 있지 않다."[21] 이

18 G. R. Beasley-Murray, *John 1-21*, Word Biblical Commentary 36, 이덕신 옮김, 『WBC 요한복음』(서울: 솔로몬, 2001), 410f.

19 "나를 보내신 이의 뜻은 내게 주신 자 중에 내가 하나도 잃어버리지 아니하고 마지막 날에 다시 살리는 이것이니라. "내 아버지의 뜻은 아들을 보고 믿는 자마다 영생을 얻는 이것이니 마지막 날에 내가 이를 다시 살리리라 하시니라"(요: 6:39-40). "내 살을 먹고 내 피를 마시는 자는 영생을 가졌고 마지막 날에 내가 그를 다시 살리리니"(요 6:54). "이를 놀랍게 여기지 말라 무덤 속에 있는 자가 다 그의 음성을 들을 때가 오나니 선한 일을 행한 자는 생명의 부활로, 악한 일을 행한 자는 심판의 부활로 나오리라"(요 5:28-29).

20 N. T. Wright, *The Resurrection of the Son of God*, 박문재 옮김, 『하나님의 아들의 부활』, (서울: 크리스찬다이제스트, 2005), 696. 그는 요한복음서의 부활에 대해 다음과 같이 말한다. "요한 복음서에서의 부활은 계속해서 현재적인 것과 동시에 미래적인 것이기 때문에, 우리는 '미래적인' 강조점을 주변화시키거나 '실현된 종말론'을 과도하게 강조함으로써 이점을 희석시키고자 하는 시도들을 막아야 한다. … 요한에게도 '영생'은 단순히 미래적인 것이 아니라 이미 현재 속에서 신자들이 누리고 있는 것이라는 것은 사실이다. … 그러나 그러한 것들은 궁극적인 미래에 관한 약속들 속에 뒤섞여 있고, 따라서 분리될 수 없다"(692).

21 G. Strecker, *Theologie des Neuen Testaments* (Berlin/New York: De Gruyter, 1996), 521.

처럼 나사로의 부활 사건에서 말하고자 하는 것은 미래적 종말론과 현재적 종말론의 긴장, 예수를 통한 미래적 종말의 현재화이지, "죽음 안에서의 부활"을 말하기 위한 미래 종말론의 폐기가 아니다.

2) 아브라함과 이삭과 야곱의 하나님: 산 자들의 하나님: 막 12:25-27, 눅 20:34-38

"죽음 안에서의 부활설"의 입장은 마가복음 12장 25-27절을 해석하는 데서도 잘 나타난다. 그 본문은 다음과 같다.

> 사람이 죽은 자 가운데서 살아날 때에는 장가도 아니 가고 시집도 아니 가고 하늘에 있는 천사들과 같으니라 죽은 자가 살아난다는 것을 말할진대 너희가 모세의 책 중 가시나무 떨기에 관한 글에 하나님께서 모세에게 이르시되 나는 아브라함의 하나님이요 이삭의 하나님이요 야곱의 하나님이로라 하신 말씀을 읽어보지 못하였느냐 하나님은 죽은 자의 하나님이 아니요 산 자의 하나님이시라 너희가 크게 오해하였도다 하시니라

이 본문은 복음서의 본문들 중에서 부활을 말하는 가장 핵심적인 본문이다. 또한 이 본문은 아브라함과 이삭과 야곱을 살아있는 자로 지칭했다는 것 때문에 "죽음 안에서의 부활설"을 지지하는 전형적인 구절로 간주되는 본문이기도 하다.[22] 과연 그러한지 깊이 숙고해 볼 필요가 있다. 우선 알 수 있는 것은, 부활에 관하여 대화하면서 예수와 사두개인들은 "부활의 때, 곧 그들이 살아날 때," "사람이 죽은 자 가운데서 살아

날 때에는"이라는 표현을 사용한다는 점이다. 이것은 분명코 "죽는 순간 부활한다," 혹은 "이미 육체적으로 죽었지만 그들은 부활해 있다"는 의미가 아니다. 이 본문에서 사용되고 있는 "때"는 죽는 순간(혹은 죽는 그 때)이 아니라, 미래적 부활을 의미하는 "죽은 자가 살아날 때," 혹은 "죽은 자 가운데서 살아날 때"이다. 미래적 (몸의) 부활이나 중간상태로서의 영혼불멸상태에 관한 견해는 유대교전통에 익숙했지만 죽음이 곧 부활의 순간이라는 죽음에 대한 긍정적 주장은 낯설기 때문이다. 이 본문도 이미 "죽은 자의 하나님이 아니라 산자의 하나님"이라고 지칭하면서 죽음을 부정적으로 보고 있다는 것을 염두에 둘 필요가 있다.[23]

이 본문에서 예수와 사두개인들이 부활에 관해 이야기 하는 것이므로 아브라함과 이삭과 야곱은 부활해 있는 것과 무엇이 다른가 라고 말할 수 있을 것이다. 여기서 분명히 예수가 사두개인들과 부활을 말하는 것은 사실이지만, 그들이 전제하는 것은 부활의 때는 분명 미래라는 점이다. 다시 말하자면 이 본문이 말하고자 하는 것은 부활의 때에 일어날 미래적 부활을 말하는 것이지, 부활이 이미 일어나 있다는 죽음 순간

22 G. Greshake and J. Kremer, *Resurrectio Mortuorum*, 53ff; 128. 여기서 크레머는, 예수의 주장은 족장들이 세계의 종말 이전인데도 더 이상 죽은 자에 속하지 않는다는 것을 전제하고 있다고 주장한다. 즉 족장들이 지금 살아 있다는 것은 엘리야나 에녹처럼 죽음을 거치지 않고 이뤄진 상태가 아니라 죽음으로부터의 해방을 통해서 비로소 분여된 것이라는 것이다. 이어서 그는 다음과 같이 말한다. "'죽은 자의 부활'이 미래 시간적 부활이라는 묵시적 사상과 관련 있다기보다는 삶과 죽음의 주로서 자신을 옛 계약 속에서 계시하시며, 죽은 자들에게 영원한 인격적 생명의 교제를 허락하시는 하나님을 통한 죽은 자들의 구원과 관계가 있음을 의미한다. 이것이 예수가 우리에게 제시하는 바이다"(56). 단지 크레머가 이렇게까지만 말했다면 그리 큰 문제가 되지 않을 것이다. 이것은 본문의 맥락을 고려한 적절한 해석이기 때문이다. 그러나 크레머는 이 본문을 "죽음 직후의 부활"이라는 부활의 시기를 다루는 항목에서 언급하면서, 이 본문이 미래 종말적 부활 이전에 이미 일어난 족장들의 살아 있음에 대한 생각이 마가에 완전히 낯선 것은 아니라는 것을 추론케 한다고 주장한다(128).

23 F. Bovon, *Das Evangelium nach Lukas (Lk 19,28-24,53)*, Evangelish-Katholischer Kommentar zum Neuen Testament III/4 (Neukirchen-Vluyn/Düsseldorf: Neukirchener 2009), 124: "이스라엘과 그리스도인들에게 있어서 죽음은 자연스러운 것이 아니기 때문에, 하나님은 죽음에 대립하는 것 외에는 달리 할 수 없다. 그것이 바로 부활 신앙, 좀 더 정확하게 말한다면, 죽은 자의 부활에 대한 신앙이다."

의 부활을 말하는 것은 결코 아니다. 예수 자신도 분명히 "죽은 자가 살아날 때," 미래적 그 "때"를 지칭하고 있다. 죽음의 순간의 부활을 지칭하는 것이 결코 아니다. 아울러 인용하지 못한 앞선 구절을 생각해 볼 필요가 있다. 그 구절은 "일곱 사람이 다 그를 아내로 취하였으니 부활 때, 곧 그들이 살아날 때에"이다. 이미 사두개인들은 부활의 때, 곧 그들이 살아날 때를 말하고 있다. 그리고 예수와 사두개인들은 서로 다른 부활의 때를 전제하고 있는 것이 아니라, 동일한 부활의 때를 전제하면서 이야기하고 있다. 예수는 결코 사두개인들이 말한 부활의 때를 부정하거나 수정하고 있지 않다. 그는 그들의 전제로부터 출발해서 그의 결론을 내리고 있다.

문제는 그 다음 부분이다. 즉, 죽은 자들이 살아날 때에는 "하늘에 있는 천사와 같을 것"이라는 표현하는 부분과 이미 죽은 아브라함과 이삭과 야곱을 언급하며 산자의 하나님과 연관시키고 있는 부분이다. 이에 대해 라이트의 설명을 따른다면[24] 다음과 같다. "여기서 '같다'는 존재론적 의미에서 부활한 자들이 이제 천사들과 동일한 종류의 피조물이 된다거나 장소적인 의미에서 그들이 천사들과 동일한 공간을 공유한다는 것을 의미하는 것이 아니라, 기능적 의미에서 천사들이 혼인하지 않는 것과 마찬가지로 그들도 혼인하지 않는다는 것을 의미한다."[25] 쉽게 말하자면 이 본문은 후에 부활한 자들이 천사가 된다거나 천사가 사는 공간에 산다는 말이 아니라 부활한 자들은 천사가 혼인하지 않는 것과 마찬가지로 혼인하지 않는다는 말이다. 그러므로 미래적 종말 이전에 죽은 자들이 죽는 순간 부활하여 천사처럼 하늘에서 지복의 상태에 이르게 된다고

24 N. T. Wright, 『하나님의 아들의 부활』, 653ff.
25 위의 책, 663.

해석할 수 있는 본문이 아니다.

이 본문의 또 하나의 난제는 “하나님은 죽은 자들의 하나님이 아니요 산 자의 하나님이시라”는 구절이다. “죽음 안에서의 부활설”자들은 이것을 “과거에 이미 죽었으나 현재는 부활해있는 자들의 하나님”이라고 해석한다. 그러나 이 본문은 미래의 부활이든 현재의 부활이든 아니면 죽는 순간의 부활이든 모든 부활 자체를 부정하는 사두개인들에게 예수께서 하신 말씀이다. 그러므로 “아브라함과 이삭과 야곱의 하나님”, “죽은 자들이 아니라 산자의 하나님” 등의 표현은 결코 부활의 시기를 특정하기 위해 사용된 구절이 아니라 부활 자체가 분명히 있을 것임을 설명한 구절이다. 설사 그 구절들이 부활의 시기를 지칭한다 하더라도, 죽은 그들이 지금 부활해 있다는 의미보다는 “논리상 언젠가 이 족장들은 다시 살아날 것임을 암시한다. 이런 일은 부활을 통해서 일어날 것이다. … 하나님은 족장들의 하나님이시다. 또한 그는 산자들의 하나님이시다. 그러므로 족장들은 현재는 죽어 있지만 언젠가는 틀림없이 살아날 것이다”[26]라는 의미로 해석하는 것이 더 적절할 것이다. 보봉F. Bovon도 그

26 C. A. Evans, *Mark 8:27-16:20*, Word Biblical Commentary 34B, 김철 옮김, 『마가복음 8:27-16:20』, WBC 성경주석 34하 (서울: 솔로몬, 1997), 467. 칼빈은 이에 대하여 다음과 같이 말한다. “하나님은 자신이 그들의 하나님이라고 다짐을 준 모든 사람들에게 구원을 약속하시므로, … 이미 죽은 사람들에게도 생명에 대한 희망이 있음에 틀림없다.” J. Gnilka, *Das Evangelium nach Markus*, 한국신학연구소번역실 옮김, 『마르코복음(II)』, 국제성서주석 II (서울: 한국신학연구소, 1986), 217에서 재인용. Gnilka는 이와 유사하게 주석한다. 그에 의하면 하나님은 모세에게 “아브라함의 하나님, 이삭의 하나님, 야곱의 하나님”으로 자신을 계시하였다. 이것은 하나님이 아브라함과 이삭과 야곱에게 한 약속을 기억하셨음을 의미한다. 또한 족장들에게 한 하나님의 약속은 죽음에 의해서도 취소될 수 없음을 의미한다. 이런 약속의 관점에서 보면 이미 죽은 족장들은 부활에 이르렀다고 할 수 있을 것이다. 그닐카가 의도하는 바는 실제로 죽는 즉시 족장들이 부활했다는 것이 아니다. 족장들은 “하나님과 함께 살며 이렇게 부활하리라고 예정되어 있다”(215)는 것이다. 이와 유사한 구절이 마태복음에도 등장한다. 헤그너에 의하면 “만일 하나님께서 그 족장들의 하나님이시라면, 그들은 죽은 후에도 살아있으며(그들이 음부에 살았는가 아니면 다른 곳에서 살아 있는가 하는 것은 이 주장에서 전혀 중요하지 않다), 땅은 장래에 있을 부활의 실재를 준비하는 것이다.” D. Hagner, *Matthew 14-28*, Word Biblical Commentary 33B, 채천석 옮김, 『WBC 성경주석: 마태복음 14-28』(서울: 솔로몬, 2006), 1000.

의 방대한 주석에서 이와 유사하게 말한다. "그의 이름을 비로소 계시하신 이 하나님은 그러므로 족장들의 하나님이시다. …… '아브라함의 하나님, 이삭의 하나님, 야곱의 하나님'이라는 공식은 이스라엘의 하나님, 모든 세대에 신실하신 하나님을 의미한다. … 하나님이 족장들을 보호하시며, 그의 백성을 돌보신다면, 그는 그것을 포기하지 않으실 것이다. 따라서 비록 죽어 있다할지라도 조상들은 스올의 어두움에 버려져 있지 않으며 하나님의 신실하심 때문에 다시 살아 날 것이다."[27] 라이트는 중간상태를 인정하는 방향으로 이 본문을 해석한다. 그에 따르면 "누가는 모든 죽은 자들이 '하나님에 대하여 살아 있어서' 여전히 그들의 부활을 기다리고 있는 일시적으로 몸을 입고 있지 않은 상태를 가리키는 데에 이 어구를 사용한 것으로 보인다. …… 사실, 사두개파에 대한 예수의 대답은 …… 모든 죽은 의인들이 바리새파든 사두개파든 누구나 다 아직 일어나지 않았다는 것을 너무도 잘 알고 있었던 부활을 기다리면서 모종의 지속적인 삶 속에 있는 중간상태에 관하여 말한다. 그것은 현재의 실체를 가리킴으로써(족장들은 여전히 살아있다) 장래의 소망을 단언하기 위하여(그들은 새롭게 몸을 입은 삶으로 부활하게 될 것이다) 야훼가 모세에게 한 말씀에 관하여 말한다."[28] 놀란드J. Nolland 역시 누가복음의 "모든 사람이 살아 있다"의 의미를 "하나님이 죽은 의인들을 자신의 영역으로 산채로 취하여 가서 거기에서 그들은 장래의 부활을 기다리고 있고, 반대로 죽

27 F. Bovon, *Das Evangelium nach Lukas (Lk 19,28-24,53)* (Neukirchner-Vluyin: Neukirchener, 2009). 122. 보봉은 다른 곳에서(120-1) 이렇게 말한다. "누가의 나머지 저작이 증언하듯이, 누가에게 있어서 부활은 미래에 속한다. … 누가의 편집은, 현재 그 영향을 느껴볼 수 있는, 부활의 미래를 강조한다. 그 복음서 기자가, 이 시대는 죽은 자의 부활의 시대이며, 천사와 같이 된 사람들이 더 이상 죽을 수 없으며, 부활의 자녀가 하나님의 자녀라고 설명할 때 그의 마음에는 바로 이런 신념을 품고 하는 말이다." 우리의 논의와 관련하여 이 말을 정리한다면, 누가에게 있어서 부활은 미래에 일어날 부활의 현존을 말하고 있는 것이지 죽는 즉시의 부활을 의미하는 것은 아니다.

28 N. T. Wright, 『하나님의 아들의 부활』, 669.

은 불의한 자들은 스올에 머물면서 고통을 당하고 그들의 최후의 심판의 날을 기다리고 있다"[29]는 의미로 받아들인다.

여기서 우리는 지금의 우리가 이해하는 부활 개념이 아니라 유대인들과 고대 그리스도인들의 부활이해를 염두에 둘 필요가 있다. 이에 대해서는 라이트가 적절히 지적했다고 생각한다. 즉 구약에서의 부활이란 말을 사용할 때, 그것은 단지 천국 간다거나, 어떤 영의 세계로 들어갔다는 것을 의미하지 않는다는 것이다. 그에 의하면 구약의 정신에서 부활이란 단순히 "죽음 이후의 삶에 대한 재해석이 아니라 죽음 자체의 역전"[30], 죽음 자체의 극복이었다. 제2성전시대의 부활개념 역시 개인의 죽음에 해당되는 부활이 아니었다. 이 시대의 "부활은 한편으로는 이스라엘의 회복에 관한 것이었고, 다른 한편으로는 야훼의 모든 백성의 새롭게 몸을 입은 삶에 관한 것, …… 부활은 야훼가 '현세'의 마지막에 가서 이룰 큰 사건, '내세'를 가져올 사건"[31]으로 생각되었다. 그래서 "어떤 개인이 이미 부활했다거나 더 큰 마지막 날에 앞서서 부활하게 될 것이라고 생각했던 사람은 아무도 없었다. 선지자들이 새로운 몸의 삶으로 부활했다는 전승은 전혀 존재하지 않는다."[32] 지금까지 말한 것을 우리의 논의와 관련하여 정리하자면, 복음서들의 구절들을 통하여 "죽음 안에서의 부활"을 입증하는 것은 불가능해 보인다는 점이다.

29 J. Nolland, *Luke 18:35-24:53*, Word Biblical Commentary 35C, 김경진 옮김, 『WBC 성경주석: 누가복음 하』(서울: 솔로몬, 2005), 207; 209.

30 N. T. Wright, 『하나님의 아들의 부활』, 223.

31 위의 책, 343.

32 위의 책, 343.

Ⅲ. 죽음과 죽은 자의 중간상태

죽음 안에서의 부활설은, 죽는 즉시 부활의 상태가 되기 때문에 결코 개인에게 있어서 죽음 이후의 중간상태는 있을 수 없다고 주장한다. 다시 바울의 고린도후서 5장의 본문으로 돌아가 보자. 이 본문을, 죽는 즉시 하늘에 있는 부활체를 입는다는 주장을 담은 본문으로 본다면, 고린도후서의 5장 본문의 핵심개념인 "덧입는 것"과 "벌거벗는 것"을 어떻게 해석할 것인가, 그 용어를 사용한 바울의 의도는 무엇인가를 생각해 보아야 할 것이다. 우리는 여기서, "덧입는 것"을 하늘의 몸을 갖는 것으로, "벗는 것"을 육체 없는 영혼의 상태로 바울이 생각했을 가능성을 염두에 둘 필요가 있다.[33] 다른 말로 말하자면, "벌거벗음"은 죽음 직후의 삶이 부활이라는 최종적 상태를 의미하는 것이 아니라, 파루시아의 부활 이전의 중간상태라고 보는 것이다. 바울은 결코 벌거벗은 상태를 원하지 않았던 것은 분명하며, 따라서 그가 진정으로 원한 것은 최종적, 궁극적 상태로 몸의 부활이었기 때문이다.[34] 그래서 오세이-본수Osei-Bonsu는 "'벌거벗은 상태로 발견되지 않는 것'이 결국 영적 몸을 입는 것이라면 '벌거벗음'은 결국 몸이 없음disembodiment을 의미함에 틀림없다. 다시 말하자면 4절에서 벌거벗음과 현재의 몸 위에 영적인 몸을 덧입는 것 사이의 대비

33 D. E. Garland, *2 Corinthians*. New American Commentary 29 (Nashville, Tenn.: Broadman & Holman, 1999), 260. 헬레니즘 전통은 집이나 장막을 인간의 몸을 상징하는 메타포로 사용하며, 집이 무너지는 것을 육체가 없는 영혼의 상태로 생각한다. 헬라 문화권 속에서 성장한 유대인 바울에게도 이런 생각이 있었을 가능성을 굳이 배제할 이유는 없다고 본다.

34 J. Osei-Bonsu, "Does 2 Cor. 5.1-10 Teach the Reception of the Resurrection Body at the Moment of Death," 89ff; R. Reymond, *Paul. Missionary Theologian. A Survey of his Missionary Labours and Theology*, 원광연 옮김, 『바울의 생애와 신학』(고양: 크리스찬 다이제스트, 2003), 649ff.

는 벌거벗음이 몸이 없음을 의미해야 한다"[35]고 말한다. 슈멜러 Thomas Schmeller 역시 이 본문에 대한 모든 해석을 고려한 뒤[36] "'벌거벗음'을 바울이 두려워했던 육체 없는 중간상태, 죽음과 부활사이의 중간상태로 이해하는 전통적 견해가 본문의 해석상 어려움이 가장 적다"[37]고 말한다. 마틴도 다음과 같이 주장한다. "바울이 보기에 중간기는 몸을 가지고 있지 않는 시기다 고전 15:35-38. 그것은 일시적이고 잠정적인 기간이다 고전 15:42-44. 그러나 그러한 중간기가 존재한다 고전 15:37. 바울은 실제로 이러한 중간상태에 대하여 자세하게 설명하지 않고, 그러한 중간상태를 크게 염두에 두고 있지 않은 것으로 보이지만, 그러한 기간을 자기가 그냥 통과하기를 바란다는 뜻을 표현하고 있다."[38] 바울은 중간기가 없다고 본 것이 아니다. 다만 그는 몸이 없는 상태인 중간기를 피하여 살아 있는 몸으로 직접 파루시아를 맞이하여 신령한 몸을 덧입기를 바랐던 것이다. 이것이 고후 5장 3, 4절에서 말하는 벌거벗은 채로 발견되기를 원하지 않는다는 뜻이다. 바울은 중간상태, 즉 부활 이전의 죽음의 상태를 원하지는 않았으나, 그렇다고 해서 죽음을 절망적 상황으로 묘사하지도 않았다. 왜냐하면 죽으면 그리스도와 함께 있을 것으로 그는 생각했기 때문이다. 그러나 바울의 목표는, 이 본문이 드러내는 대로, "벌거벗은 상태를 거치지 않고 현세를 살아 있는 채로 끝내고서 내세로 들어가는 것이다."[39]

문제는 바울이 과연 몸의 죽음과 몸의 부활 사이의 중간상태를 언

35 J. Osei-Bonsu, "Does 2 Cor. 5.1-10 Teach the Reception of the Resurrection Body at the Moment of Death,", 90.

36 T. Schmeller, *Der zweite Brief an die Korinther*. Evangelisch-Katholischer Kommentar zum Neuen Testament Bd. VIII/1 2Kor 1, 1-7, 4 (Neukirchener-Vluyn: Neukirchener Verlag, 2010), 285ff

37 위의 책, 296.

38 R. Martin, *2 Corinthians*, Word Biblical Commentary 40, 김철 옮김, 『WBC 성경주석 고린도후서』(서울: 솔로몬, 2007), 270.

급한 것으로 해석할 수 있는 다른 본문이 있는가 하는 것이다. 바울이 중간상태를 언급하거나, 그 상태를 인정한 본문은 고린도전후서의 본문만이 아니다. 데살로니가전서 4장 13-17절에도 부활 사건 이전에 이미 죽은 그리스도인들의 문제가 등장한다. 이 본문은 죽음과 재림 사이의 중간상태에 대한 논의를 담고 있다. 바울은 죽은 그리스도인들이 주의 재림 시에 부활하지 못할지도 모른다는 데살로니가 교인들의 염려를 분명히 인식하고 있다. 그래서 그는 "우리가 예수께서 죽으셨다가 다시 살아나심을 믿을진대 이와 같이 예수 안에서 자는 자들도 하나님이 그와 함께 데리고 오시리라 우리가 주의 말씀으로 너희에게 이것을 말하노니 주께서 강림하실 때까지 우리 살아남아 있는 자도 자는 자보다 결코 앞서지 못하리라 주께서 호령과 천사장의 소리와 하나님의 나팔 소리로 친히 하늘로부터 강림하시리니 그리스도 안에서 죽은 자들이 먼저 일어나고 그 후에 우리 살아남은 자들도 그들과 함께 구름 속으로 끌어 올려 공중에서 주를 영접하게 하시리니 그리하여 우리가 항상 주와 함께 있으리라"라고 답변한다. 이 본문은 부활 사건의 미래성을 언급하는 본문이지만 그보다 더 중요한 핵심은 바울이 그리스도인들의 중간상태에 대한 상세한 답변을 수록한 본문이라는 점이다. 바울은 이미 죽은 자들을 하나님이 주와 함께 데리고 오실 것임을 선언하고 있다. 이것은 바울은 역시 죽은 자들이 부활해 있는 것이 아니라 주님과 함께 있는 상태임을 암시하고 있다. 하지만 이 본문에서 바울이 영혼의 잠이라든지, 영혼의 불멸과 같은 영혼이라는 인간학적 용어를 사용하고 있지 않다는 것은 주목할

39 위의 책, 270; P. E. Huges, *II Corinthians*, NICNT, 이기문 옮김, 『성경주석 뉴 인터내셔널 고린도후서』(서울: 생명의말씀사, 1993), 242; T. R. Schreiner, *Paul. Apostle of God's Glory in Christ. A Pauline Theology*, 엄성옥 옮김, 『바울신학』(서울: 도서출판 은성, 2005), 702: "바울은 '몸을 떠나 주와 함께 거하는 그것'(고후 5:8)이라고 말하면서 중간상태를 암시하는 듯하다. 왜냐하면 부활한 사람은 몸을 떠나지 않기 때문이다."

만한 일이다.[40]

이 때 제기될 수 있는 문제가 과연 바울이 영혼으로만 존재하는 중간상태의 헬라적 사고를 수용했겠는가 하는 문제이다. 우선 말할 수 있는 것은 바울이 헬라적 사고에 익숙해 있었다는 점이다. "집"과 "장막"이라는 용어를 사용하여 육체를 표현했다는 것에서 알 수 있다. 인간의 육체를 집과 장막으로 비유하는 것은 헬라의 문헌들에 풍부하게 등장하기 때문이다. 반대로 고대 유대 문헌에는 이런 비유가 거의 등장하지 않는다.[41] 사실상 무육체성으로서의 죽음의 상태에 대한 사고가 바울의 본문 중 고린도후서 5장 외에 다른 곳에는 전혀 나타나지 않는다. 그러나 이러한 헬레니즘적 사고가 이미 바울 당시에 널리 퍼져 있던 사고였으며 바울도 이것을 알고 있었다고 보는 것이 훨씬 더 합리적이다. 다만 둘 사이의 차이점은, 헬라 사고의 "벌거벗음"은 이상적, 희망적 사건이지만, 바울에게 있어서는 경험하고 싶지 않은, 피하고 싶은 사건이라는 점이다.[42] 오세이본수Osei-Bonsu 역시 이에 동의하고 있다. 영혼으로만 존재하는 중간상태의 인정은 유대적이라기보다 헬라적 인간관이라는 비판에 대해 "헬라적 사고들이 이미 유대 전승에 침투해 들어왔으며, 바울은 그 사상의 상속자였다"[43]고 오세이본수Osei-Bonsu는 대응한다. 바울이 유대인으로서 유대 사상적 정체성을 상실한 적이 결코 없었으나, 헬라 문화권에서 태어났으며, 스토아철학 등 헬라 사상에 익숙해 있었음도 분명한 사실이다. 그리고 이미 바울 당시의 유대 종말론은 헬라 사상과의 접촉

40 N. T. Wright, 『하나님의 아들의 부활』, 357f.; 440ff.

41 T. Schmeller, *Der zweite Brief an die Korinther*, 288.

42 위의 책, 294.

43 J. Osei-Bonsu, "Does 2 Cor. 5.1-10 Teach the Reception of the Resurrection Body at the Moment of Death," 94; R. L. Reymond, 『바울의 생애와 신학』, 652.

점을 가지고 있어서 헬라의 영혼불멸론을 수용했음도 주목해야 할 것이다.[44]

개인의 죽음이 최종적 완성의 순간인가? 이에 대해 바울은 어떻게 답변하고 있는가? 바울에게 있어서 완성은 미래적 사건이며 총체적 부활이다. 개인의 죽음이 최종적 완성의 상태, 즉 부활의 상태가 아니라는 것을 바울의 본문들에서 우리는 충분히 감지할 수 있다. 그는 죽음을 부활이라고 표현한 적이 없다. 오히려 그는 죽음을 잠에 비유하였다. 그것은 앞에서도 말한 대로 일시적인 상태이다. 만일 죽음(잠자는 것)을 부활과 동일한 사건으로 이해했다면 죽음을 잠으로 표현하지 않고 완성의 순간으로, 부활의 순간으로, 분명히 묘사했을 것이다. 그리고 잠에서 깨어난다고도 말하지 않았을 것이다. 바울은 정확하게 잠에서 깨어나 부활에 참여한다고 표현하지 않았는가? 바울이 죽음을 잠으로 표현한 것은, 죽음이 분명 역사의 마지막 부활과 죽음 사이의 중간상태임을 의미한다. 고린도후서 5장 1절을 죽는 즉시의 부활 사상을 담은 본문으로 오해한 것은 1절이 가정법으로 쓰였다는 것을 망각한 탓이다. 다시말하지만 "우리의 장막집이 무너질 때"로 해석해서는 안 된다. "만일 우리의 장막집이 무너진다면"이 정확한 표현이다. 그는 살아서 부활에 참여하기를 바랐다. 그러나 죽는다 하더라도 미래에 부활에 참여하게 될 것을 믿었다. 죽음과 부활이전의 상태, 그것이 라이트의 말대로 죽음 이후의 삶이며, 중간상태다. 그것은 살아있는 사람의 관점에서 죽은 사람을 볼 때도 완성의 순간이 아닌 중간상태이며, 죽은 사람 자신의 입장에서도 바울은 죽음이 부활의 상태가 아닌 중간상태이다.[45]

44 J. Osei-Bonsu, "Does 2 Cor. 5.1-10 Teach the Reception of the Resurrection Body at the Moment of Death," 94; J. Ratzinger, *Eschatology. Death and Eternal Life* (Washington D.C.: CUA Press, 1988), 120ff.

IV. 몸의 부활
— 현세의 몸과 부활의 몸 사이의 연관성의 문제

이제 초점을 현세의 몸과 부활의 몸, 육적인 몸과 영적인 몸에 대한 논의로 옮겨 보고자한다. 고린도후서 5장은 현재의 몸과 부활의 몸 사이의 연결성을 강조한다. 10절의 "반드시 그리스도의 심판대 앞에 드러나 각각 선악 간에 그 몸으로 행한 것을 따라 받으려 함이라" 라는 언급을 볼 때 지상적 몸과 새로운 몸 사이의 연속성 혹은 연대성을 강조하려는 듯이 보인다. 만일 하늘의 몸이 현세의 몸과 상관없는 하늘에 예비된 몸이라면 10절은 불필요할 것이다. 바울이 고린도전서 15장에서 "이 썩을 것이 썩지 아니함을 입을 것", "죽을 것이 죽지 아니함을 입을 것", "육의

45 여기서 중요한 질문이 생겨난다. 바울은 자신의 생각을 수정했는가, 구체적으로 말해서, 바울이 고후 5장의 본문을 통해 죽는 순간의 부활을 의도했다면 과거에 자신이 진술했던 고전 15장이나 살전 4장의 생각과 다른 데, 왜 그는 이 본문에서 이전에 가졌던 자신의 견해를 수정했다는 사실을 밝히지 않았는가 하는 물음이다. 사실상 고린도전서와 후서는 동일한 교회에 보낸 편지다. 두 편지 사이의 시간적 간격도 그리 크지 않다. 그런데 왜 그는 입장의 변화에 대해 분명한 의견을 표시하지 않았는가? 물론 데살로니가전서 4장, 고린도전서 15장, 고린도후서 5장, 빌립보서 1장 등의 내용을 주의 깊게 관찰한다면 여러 차이점들이 발견된다. 그러나 이것은 바울의 종말론이 수정되었거나 변화되었다기보다 각 교회가 직면한 종말론적 물음의 내용과 상황이 달랐기 때문에 그에 대한 대답도 차이를 보였다고 보아야 할 것이다. A. Lindemann, "Paulus and die korinthische Eschatologie. Zu These von einer Entwicklung im paulinischen Denken," 김충연 외 4인 옮김, 『바울신학의 이해』(서울 : 대한기독교서회, 2009), 115. 그의 말을 좀 더 인용해보면 다음과 같다. "고린도후서 4:16-5:1의 사고전개과정은 이전의 편지와 비교해 볼 때 결코 개인화되거나 혹은 바울 종말론의 탈 묵시화가 결코 존재하지 않는 것으로 나타난다. 물론 고린도전서 15장의 진술들과 반대되는 언어적인 차이들이 존재한다. 그러나 그것은 바울 사상의 발전이라는 것에 근거하는 것이 아니다. 오히려 그것은 바울과 고린도 사람들 사이에 존재하는 대화에 있어서 의사소통의 변화된 상황의 결과라는 것이 중요하다. 바울사도는 자신의 고린도전서 15장과 같게 수신자들에게 더 이상 죽은 자들의 부활에 대해 언급한 의미나 필요성을 더 이상 전달할 필요가 없었다"(139, 또한 139-140 참조). B. Daley, *Eschatologie in der Schrift und Patristik, Handbuch der Dogmentgeschichte* IV, 7a (Freiburg/Basel/Wien: Herder, 1986), 57 역시 이전의 기본적 입장이 수정되었다는 의미의 발전이라면 바울에게서는 결코 발전을 찾아낼 수 없다고 말한다. 다양한 주제의 전개나 새로운 관점의 도입도 바울의 사고의 발전 때문이라기보다는 바울이 관계하고 있는 다양한 물음과 상황 때문이라고 말한다. T. R. Schreiner, 『바울신학』, 699ff 역시 바울이 부활과 관련하여 자신의 견해를 발전시키거나 수정했다는 생각을 철저히 부인한다.

몸으로 심고 신령한 몸으로 다시 살아나나니"라고 말할 때, 그것은 현세의 몸이 신령한 몸으로 변화되어 부활에 참여한다는 것을 의미하는 것이지, 현재의 육체는 폐기되어 전혀 부활에 참여하지 못한다는 말이 아니다. 물론 "혈과 육은 하나님 나라를 이어받을 수 없고 또한 썩는 것은 썩지 아니하는 것을 유업으로 받지 못한다"는 언급으로 보아, 썩을 수밖에 없는 현재의 몸 그대로 부활하는 것은 아니다. 그렇다고 해서 이 구절이 과거의 육체적 몸 자체가 폐기되어 존재가 중지된다는 말도 아니다. 이에 대하여 라이트의 언급을 소개해본다. "분명히 이것은 현재의 육신적인 몸이 폐기되는 것도 아니고 현재의 상태대로 긍정되는 것도 아니며, 현재의 욕된 것으로부터 새로운 영광으로, 현재의 썩어지고 죽을 몸으로부터 썩지 않고 죽지 않는 새로운 몸으로 변화될 것임을 말하는 신학이다."[46]

고린도후서의 "덧입는다"는 말도 마찬가지다. 이것은 과거의 옷을 버리고 새로운 옷으로 갈아입는다는 말이 아니다. 하늘의 옷을 그 위에 덧입는다는 것이다.[47] 그렇다면 왜 "죽음 안에서의 부활설자"들은 현세의 몸의 전적폐기와 완전한 새로운 몸의 덧입힘을 주장하는가? 이것은 하늘에 있는 처소를 단순히 문자 그대로 하늘에 있는 것으로, 즉 공간적으로 해석하기 때문이다. 여기서 우리는 "하늘에 있는," 혹은 "하늘로부터 오는"이라는 말을 "어떤 다른 공간에 있는"이라는 뜻이라기보다는 "하나님이 지은"[48], "하나님의 능력으로 된"이라는 말로 해석하는 것이 더 타당성이 있을 것이다. 이렇게 해석하는 것이 "이를 이루시시고 그 보증으로 성령을 주시는 분은 하나님"이라는 말에도 잘 조화가 된다. 또한

46 N. T. Wright, 『하나님의 아들의 부활』, 566.

47 R. Martin, 『WBC 성경주석 고린도후서』, 267ff; P. E. Huges, 『성경주석 뉴 인터내셔널 고린도후서』, 238f.

이렇게 해석하는 것이 고린도전서 15장에서 밝힌, "하나님의 능력으로 말미암아 나타나는 썩을 것이 썩지 않을 것으로 변화하리라"는 의미에 더 일치할 것이다. 그러나 "하늘에 있는 처소"는 현세의 썩을 몸, 바로 지금 그대로의 몸은 아니다. 그러므로 이것은 "과거의 몸이 변화되어"라고 해석하는 것이 더 타당할 것이다. 빌립보서 3장 21절은 우리의 낮은 몸이 폐기되고 영광의 부활체를 입을 것이라고 말하지 않았다. 오히려 "그는 만물을 자기에게 복종하게 하실 수 있는 자의 역사로 우리의 낮은 몸을 자기 영광의 몸의 형체와 같이 변하게 하시리라"고 말했음을 기억해야 한다.[49]

V. 죽음 이후, 부활 이전의 중간상태의 영혼

1. 중간상태의 영혼에 대한 이해

"죽음 안에서의 부활설자"들의 핵심 주장은 인간은 영혼만으로 살 수 없다고 하는 현대 인간학적 전제를 가지고 있다. 이것은 영혼에 대한 개념의 차이 때문이다. 영혼은 느낌과 감각이 없는 하나의 생명력 정도로만 생각하기에, 감각을 가지고 고통을 느끼며 심지어 이성적 사고를

48 G. Vos, *The Pauline Eschatology*, 이승구, 오광만 옮김, 『바울의 종말론』(서울: 도서출판 엠마오, 1993), 269: "'하늘로부터 오는' 이란, 단순히 1절의 이른바 '하나님께서 지은'이라고 진술한 것의 또 다른 형태일 뿐이다. 부활 육체는 특별히 초자연적인 의미에서 하나님으로부터 오기 때문에 하늘로부터 오는 것이다. 하늘은 부활 육체가 그로 인해 이루어지는 성령의 처소이며 원천이다."

하고 언어를 통해 자신을 표현하려면 반드시 몸을 입고 있는 전인의 상태이어야 한다고 생각한다. 이러한 그들의 인간학을 잘 증명해주는 것처럼 보이는 본문이 바로 부자와 나사로의 비유눅 16:19-31다. 여기서 우리는 우선 부자와 나사로의 이야기가 비유임을 인식해야 한다. 예수께서 이 비유를 말씀하신 목적은 죽은 자들의 사후 상태를 말하기 위함이 아니다. 더구나 몸을 입고 있으므로 죽음 직후의 부활 상태를 의미하는 것은 더더욱 아니다.[50] 정확히 이 본문은 부와 재물의 남용에 대한 교훈이다. 그렇다고 해서 죽음 이후의 삶에 대한 암시를 전혀 받을 수 없는 것은 아니다. 이 땅에서의 삶의 결과가 사후의 세계의 삶과 연결되어 있으며, 죽음 이후의 상태가 묘사되어 있기 때문이다.

본문을 보자면, 나사로는 아브라함 품에, 부자는 하데스에 있다. 그리고 부자는 엄청난 아픔과 고통을 느끼고, 지상적 삶에 대한 기억을 유지하고 있다. 죽음 안에서의 부활설자들은, 부자가 죽음 이후에도 고통을 느낄 수 있고 감각을 가지고 있다는 이유로, 그는 영혼만의 상태가 아닌, 이미 부활한 몸의 상태, 부활의 상태에 있다고 주장한다.[51] 여기서 우리의 논제와 관련하여 몇 가지 생각해 볼 필요가 있다. 과연 부자와 나사로의 상태를 부활의 상태라고 부를 수 있는가, 즉 부활이라는 최종적 지복의 상태에 있다고 할 수 있는가 하는 것이다. 우선, 우리는 이것을 부

49 따라서 이런 비판적 질문이 제시될 수 있을 것이다. 이 현세의 몸이 부활에 참여하지 못한다면 몸의 부활은 무엇을 의미하는가? 이 땅에서 영육의 전인적인 삶을 영위했던 인간이 부활에서는 왜 영혼만이 살아남아야 하는가? 이것을 전인적 부활이라고 할 수 있으며 몸의 부활이라고 할 수 있는가? 또한 육체가 사라지고 영혼만 살아남는다면 그것은 또 하나의 영혼불멸설이 아닌가? 하늘에 있었던 몸은 죽음을 경험하지 못한 몸인데 그것을 부활이라고 할 수 있는가? 현세의 몸이 폐기되어 부활에 전혀 참여하지 못한다면, 결국 죽음이란 현세의 몸으로부터 영혼의 탈출 아닌가? 이것은 플라톤의 죽음설과 무엇이 다른가?

50 I. H. Howard Marshall, *The Gospel of Luke: A Commentary on the Greek Text*, 한국신학연구소번역실 옮김, 『루가복음(II)』(서울: 한국신학연구소, 1984), 355

51 G. Greshake and J. Kremer, *Resurrectio Mortuorum*, 128.

활의 상태라고 말할 수는 없을 것이다. 라이트의 지적대로 제2 성전시대는 어떤 개인이 이미 부활했다는 생각이 전혀 없었기 때문이다. 또한 "아브라함 품"을 반드시 부활의 최종적 안락의 상태라고 볼 근거도 없다. 최종적 부활 이전의 중간상태, 혹은 최종적 안락의 상태를 미리 맛보는 상태라고 할 수도 있기 때문이다. 이것은 부자의 위치인 "하데스"에서 그 근거를 찾을 수 있다. 당시의 유대 문헌에 의하면, 하데스는 최종적 심판의 예견된 결과를 미리 겪는 곳,[52] "죽은 이들이 최후 심판이 있기에 앞서 잠정적으로 거하게 되는 장소"[53]이다. 더구나 죽음 직후, 죽음 안에서 부활이 일어났다는 생각은 이 본문에서 찾기 힘들다.

부자의 몸은 이 땅의 무덤에 있고, 하데스에는 그와 연속성이 있는 어떤 형태적 존재, 몸적 존재, 사고하며 고통을 호소하는 실체가 있어 아브라함과 대화 하고 있다. 이것을 우리는 어떻게 해석해야 하는가? 그것은 부활한 인간인가, 아니면 영혼 자체인가? 우리는 여기서 영혼에 대해, 즉 영혼이란 무엇이며, 제2 성전시대의 유대교사상 안에서 영혼개념은 무엇이었는지를 고려해볼 필요가 있다. 죽은 사람의 영혼이 고통의 감각을 경험하기 때문에 반드시 육체 혹은 몸을 가지고 있어야 하며, 그것을 부활체라고 말해야 하는가, 영혼 자체에는 아픔과 고통의 감각, 사고의 기능이 없는가 하는 것이다. 여기서 우리는 고통의 감각을 육적 속성이라고 단정 지을 필요는 없다. 이미 성경은 영혼의 고통을 많이 말한 바 있고, 당시의 유대교에서는 영혼 자체가 이미 형체와 감각과 이성을 가

52 J. B. Green, *The Gospel of Luke*. NICNT (Grand Rapids: William B. Eerdmans, 1997) 각주 343 참조; J. W. Cooper, *Body, Soul, and Everlasting: Biblical Anthropology and Monism-Dualism Debate* (Grand Rapids: Eerdmans, 1989), 136-139은 심지어 이 비유를 비육체적 영혼의 상태를 언급하는 중간상태에 대한 비유라고까지 말한다. J. Nolland, *Luke 18:35-24:53*, Word Biblical Commentary 35C, 김경진 옮김, 『WBC 성경주석: 누가복음 하』(서울: 솔로몬, 2005), 693: "최후의 심판 때 받을 운명을 음부에서 예비적인 방식으로 경험하게 된다."

53 I. H. Howard Marshall, 『루가복음(II)』, 355.

지고 있는 것으로 생각했기 때문이다. 다음에 검토할 요한계시록의 "순교자들의 영혼"도 마찬가지다. "죽음 안에서의 부활설"자들이 오해하고 있는 것이 바로 영혼의 개념이다. 그들은 영혼을 다만 공중에 부유하는 에너지나 비물질적인 그 어떤 것이라고 생각하는 경향이 있다. 그래서 영혼만 존재하는 것은 불가능하다고 보는 것이다. 그리고 또한 영혼불멸은 철저히 헬라적 인간관이며, 히브리적 인간관은 영육연합의 전인적 인간관이라고 주장한다.[54] 이러한 생각은 다양한 문화나 사람들 사이의 사상적, 문화적 교류를 무시한 단견이다. 고대 히브리 사상이 전인적 인간관이며 영육의 분리라는 개념이 없다고 보는 것은 정당하고 중요한 지적이지만, 유대사상이 단순히 고대 히브리사상만을 의미하는 것이 아니라는 것을 염두에 두어야 한다. 구약이 이미 바벨론, 이집트, 메소포타미아 등의 문화와 사상들을 야웨 신앙으로 재해석했음은 주지의 사실이다. 또한 유대사상은 거대한 헬라적 사상의 물줄기를 받아들이면서, 또는 거부하면서 형성된 것이기도 하다.[55] 유대교 안에도 다양한 사상적 흐름들이 있어서 유대 사상을 단정적으로 정의하는 것은 쉽지 않다. 사두개인들은 부활을 부정하지 않았는가. 만일 고대 히브리 사상만을 기준으로 한다면, 신구약 중간기에 태동한 부활사상이나 묵시적 종말론은 폐기해야 하는 치명적 오류가 발생한다.

죽음 안에서의 부활설자들은 지나치게 몸의 부활 혹은 전인적 인간관에 집착한 나머지 영혼에 대한 고대 교부들의 글마저도 오해하는 경향이 나타나고 있다. 터툴리안이나 어거스틴, 그리고 오리게네스는 죽음

54 김명용, "부활의 시기와 죽은 자의 중간기에 관한 연구," 『장신논단』 13 (1997); 최태영, "죽은 자의 부활에 관한 몇 가지 오해," 『신학사상』 135 (2006 겨울), 99-122.

55 F. Bovon, *Das Evangelium nach Lukas (Lk 15,1-19,27)* (Neukirchner-Vluyin: Neukirchener Verlag, 2001), 116.

이후에 영혼은 영혼으로만 존재하지 않고 반드시 몸을 갖는다는 생각을 견지하고 있다고 주장하면서, 고대 교부들은 몸 없는 영혼의 독립적인 실존을 부인하였다고 해석한다.[56] 그러나 그것은 잘못된 해석이다. 오리게네스는 인간은 죽음 직후에 일종의 다른 육체를 가진다고 생각하였으나 그것이 곧 부활은 아니었다. 터툴리안을 비롯한 많은 교부들은 죽음 이후의 영혼의 독립적 실존을 인정하였다.[57] 그는 심지어 죽음 이후의 탈육체적 영혼의 실존을 인정하였고 그 영혼은 형체와 감각성을 갖는다고 하였다. 즉 고통을 받기 때문에 영혼이 몸을 가진 것이 아니라 고통을 감각하는 것 자체가 영혼의 기능으로 생각하였던 것이다. 그러므로 교부들이 죽음 이후, 부활 이전의 인간 상태는 영육의 분리가 아니라 영육합일이라는 전인적 인간관을 가졌다고 말하는 것은 교부들의 글을 오해한 것이다. 뿐만 아니라 현세의 육체와 전혀 관계가 없는, 전혀 다른 새로운 몸을 죽는 순간 받는다는 생각에도 교부들은 전혀 동의하지 않았다. 그들은 철저히 현세의 몸이 부활의 영광에 참여한다고 보았기 때문이다.

교부들은 부자와 나사로의 비유를 주해하면서 현재의 부자와 나사로의 상태를 전인의 상태가 아닌 영혼의 상태로 파악하였다. 그들에게 있어서 영혼은 영혼일 뿐, 전인의 부활, 부활의 몸을 의미하는 상징적인 언어로 생각지 않았다[58]. 그러나 주의할 것은 기독교 전통은 고대든 현대든, 최종적 부활은 언제나 몸의 부활이었다. 최종적 부활 시에도 영혼만 부활에 참여한다거나 영혼으로만 존재한다고 주장하는 것은 기독교적

56 G. Greshake and J. Kremer, *Resurrectio Mortuorum*, 165ff; 최태영, "죽은 자의 부활에 관한 몇 가지 오해," 109.

57 N. T. Wright, 『하나님의 아들의 부활』, 801. 라이트는 이레네우스가 부자와 나사로의 비유를 설명하면서 중간상태를 영혼의 지속적인 실존으로 인정하였으며, 그러한 영혼들은 인식이 가능하다고 보았다고 언급한다.

58 A. A. Just Jr. *Luke: Ancient Christian Commentary on Scripture New Testament* IV, 이현주 옮김, 『루카복음서. 교부들의 성경주해 신약성경 IV』(왜관: 분도출판사, 2011), 384-387.

도, 성경적도 아니다. 그러므로 교부들이 영혼으로의 실존을 인정한 시기는 중간기, 즉 개인의 죽음 후 우주적-미래적 부활 이전까지이다. 한 가지 더 생각할 것은 교부들은 죽는 것을 부활이라고 본 적이 없다는 점이다. 부활이 이미 지나갔다거나 부활이 죽음 직후에 일어난다고 하는 생각을 허용한 적이 없었다. 그들에게 있어서 부활은 언제나 세상의 종말에 일어나는 것이었다. 다시 말하지만 영혼이 몸적 속성을 지녔다고 해서 그것을 결코 부활이라고 보지 않았다는 것이다.[59]

2. 부활 이전의 중간상태의 영혼: "순교자들의 영혼" 계 6:9-10, 20:4

죽은 자들의 영혼은 반드시 몸을 가지고 있다고 주장하는 이들이 성서적 증거로 내세우는 또 하나의 주요구절이 바로 요한계시록 6장의 "순교자들의 영혼"이라는 구절이다. 요한은 순교자들의 영혼을 하나님의 제단 아래 있고, 흰옷을 입고 있으며, 손에는 종려나무가지를 들고 있고, 구원의 수가 찰 때까지 잠시 쉬고 있는 영혼으로 묘사한다. 죽음 안에서의 부활설자들에 의하면 이 영혼은 문자 그대로의 영혼이 아니라 이미 부활의 몸을 입고 부활해 있는 순교자들을 의미한다. 이미 그들은 몸을 입은 최종적 부활의 상태에 있는 사람들이라는 것이다. 그러나 다시 본문을 정확하게 읽을 필요가 있다. "쉬는 것"은, 정확히 말한다면, 영원히 쉬라는 것이 아니라 순교자들의 수가 찰 때까지 잠시 쉬라는 것이다. 그리고 그들의 상태는 안락의 상태가 아니라 탄식의 상태, "어느 때까지

59 이에 대하여는 N. T. Wright, 『하나님의 아들의 부활』, 224ff.; 749ff 참조; F. Bovon, *Das Evangelium nach Lukas (Lk 15,1- 19,27)* (Neukirchner-Vluyin: Neukirchener, 2001), 127f.

니이까"라고 하소연하는 상황이다. 그러므로 이 본문이 순교한 영혼들의 최종적 부활을 말하는 본문이라고 단정할 이유는 없다. 그러나 단순히 하늘을 떠돌아다니는 혼백의 의미가 아님은 분명하다. 영혼불멸설을 부정하는 사람들의 오해의 출발점은 바로 영혼에 대한 오해이다. 그들은 영혼이 마치 나비처럼 무덤 위를 훨훨 날아다니는 혼백으로 착각하였다.[60] 만일 전통적 신학자가 이렇게 이해한다면 그것은 성서적인 영혼의 이해가 아닐 뿐만 아니라 오히려 이교적이다.

다시 요한계시록 6장의 "순교자의 영혼"으로 돌아가 보자. 이것을 이해할 때 우리는 현대 인간학이 아닌 당시의 사상적 배경으로부터 출발하여야 한다. 여기서 당시의 사상적 배경이라는 말은 계시록 저자 당시의 배경을 말한다. 히브리 사상으로부터 출발하여야 한다고 하지만, 앞에서 말한 대로, 히브리 사상은 단순하지 않으며, 요한계시록을 그렇게 접근한다면 많은 문제가 발생한다. 요한계시록은 이미 인간의 영을 생명이나 호흡 정도로 파악하던 시대의 인간론이 아니기 때문이다. 순교자의 영혼도 동일한 관점에서 이해해야 한다. 요한계시록은, 분명 무덤에 있을 육체와는 분리된 영혼의 실체를 묘사하고 있다. 그리고 그 영혼들은 몸적 속성을 가지고 있으며 하나님께 탄원하고 있으며, 순교자들의 숫자가 찰 때까지 잠시 쉬고 있다. 순교자의 영혼들이 자기들의 죽음을 보상해달라고 하나님께 탄원하고 있다. 이들의 모습은 부활한 상태에 있는 것이 아니라 최종적 완성을 소망하고 기다리는 모습이다. 순교자들의 영혼이 부활하는 시기는 첫째 부활의 때이다. "예수를 증언함과 하나님의 말씀 때문에 목 베임을 당한 자들의 영혼들과 또 짐승과 그의 우상에게

60 H. G. Pöhlmann, *Abriss der Dogmatik*, 이신건 옮김, 『교의학』(서울:한국신학연구소, 1989), 441.

경배하지 아니하고 그들의 이마와 손에 그의 표를 받지 아니한 자들이 살아서 그리스도와 더불어 천 년 동안 왕 노릇 하니 (그 나머지 죽은 자들은 그 천 년이 차기까지 살지 못하더라) 이는 첫째 부활이라" 계 20:4-6. 그러므로 순교자의 영혼들은 여전히 중간상태에 있어서 최종의 완성을 기다리고 있다고 보는 것이 더 타당할 것이다. 라이트는 이것을 잘 지적하고 있다. "부활은 언제 일어날 것인가? 어떤 사람들은 우리가 죽으면 곧바로 부활의 상태로 들어간다고 생각했다. 하지만 나는 그렇게 보기는 매우 어렵다고 생각한다. 바울은 만약 그리스도가 첫 열매라면 그분께 속한 사람들은 '그분이 오실 때에' 부활할 것이라고 말하는 데 그 사건은 분명히 아직 일어나지 않았다. 계시록은 그 당시의 많은 유대교 문헌들처럼, 죽은 자들이 인내하면서 …… 자신들이 새로운 생명으로 부활하는 때를 기다리고 있다고 말한다. 이와 같은 중간상태는 사실 유대교와 기독교 모두가 지속적으로 보여주는 부활 신앙의 특징이다."[61] 후크마A. A. Hoekema도 이에 동조한다. 그에 따르면 계시록의 영혼은 분명 죽음 이후의 인간의 실존상태, 영과 육의 일시적 분리의 상태로 파악하고 있다. "인간은 하나의 통일체이며, 몸과 영혼, 또는 몸과 영이 함께 속해 있다고 성경은 분명히 가르치고 있다. 오직 이러한 영육통일체 속에서만 인간은 완전한 것이다. 그러나 죽음은 몸과 영혼 사이에 일시적 분리를 가져온다. 성경은 인간들의 영혼들 또는 영들이 죽음과 부활 사이 기간 동안에 계속 존재하고 있다고 종종 말씀하고 있기 때문에, 이런 존재 상태는 잠정적이

61 N. T. Wright, 『마침내 드러난 하나님 나라』, 257; C. S. Keener, *The NIV Application Commentary. Revelation*, 배용덕 옮김, 『NIV 적용주석시리즈 요한계시록』(서울: 솔로몬, 2010), 274f. Boxall은 이 구절들은 순교자들과 사후의 삶에 대한 유대인들의 생각을 반영하는 것으로서 총체적 부활 이전에 순교자들이나 그리스도인들이 하늘에 중간상태로 머물 것이라는 초기 기독교신학을 낳았다고 보고 있다. I. Boxall, *The Revelation of Saint John* (London/New York: Hendrickson, 2006), 113 참조.

며 일시적이고 불완전하다는 것을 기억하는 한 우리는 중간상태에 관해 말할 수 있을 것이다."[62]

여기에 몇 가지 논할 문제가 발생한다. 흰옷을 입었다는 것은 무엇을 의미하는가? 흰옷이 부활의 상징인가? 그리고 또한 영혼이 몸을 소유한 듯한 묘사는 어떻게 보아야 하는가? 부활체를 입고 있는 것인가? 아니면 영혼 자체가 몸적 형체를 가지고 있는가? 우선, 흰옷에 대해 말하자면, 결론적으로, 그것은 부활의 상징이거나 부활체의 상징이 아니다.[63] 흰옷은 제의적, 도덕적, 영적 정결에 대한 은유로, 또는 하늘의 상을 나타내는 은유로[64], 구원, 불멸, 승리, 순결의 상징어[65]로 사용되었을 뿐이다. 그리고 성경은 그들을 부활한 자라고 묘사하지 않고 "큰 환난에서 나오는 자들인데 어린 양의 피에 그 옷을 씻어 희게 한 자들" 계 7:14 이라고 설명한다. 설사 흰옷을 하늘의 몸, 천상의 몸이라고 해석하더라도 그것이 부활체는 아니다. 거듭 말하지만 그들은 아직 부활하지 않았으며 천년왕국에 참여한 자들도 아니기 때문이다. 또한 요한에게는 죽음 직후의 부활이라는 사상이 없기 때문이다.[66] 이제 문제는 순교자들의 탄원하는"영혼," 흰옷을 입은 "영혼," 즉 육체적, 감각적 요소를 가지고 있는 영혼을 어떻게 볼 것인가 하는 것이다. 앞에서도 언급한 바 있듯이 이런 몸적 요소들 때문에, "죽음 안에서의 부활설"자들은, 영혼이 몸을 가지고 있으며, 그러므로 그것은 부활체를 의미하며, 따라서 그들은 죽음 직후 부활해 있는

62 A. A. Hoekema, *The Bible and the Future*, 류호준 옮김, 『개혁주의 종말론』(서울: 기독교문서선교회, 1986), 133.

63 R. Mounce, *The Book of Revelation* (Grands Rapids: Eerdmans, 1997), 157-160 참조.

64 D. E. Aune, *Revelation 6-16*, WBC 52B, 김철 옮김, 『WBC 주석: 요한계시록 52중』(서울: 솔로몬, 2004), 668.

65 위의 책, 122; B. M. Metzger, *Breaking the Code: Understanding the Book of Revelation*, 이정곤 옮김, 『예수 그리스도의 계시라: 요한계시록의 이해』(서울: 기독교문화사, 1994), 92; I. Boxall, *The Revelation of Saint John* (London/New York: Hendrickson, 2006), 116; G. K. Beale, *The Book of Revelation* (Grand Rapids: William B. Eerdmans, 1999), 436ff.

상태라고 말한다. 그러나 이것은 부활체가 아니라 바로 영혼 그 자체이다. 요한계시록 20장 4절과 마찬가지로, 6장 9절의 영혼은 "육체와 다르고 죽음에 의해 분해되지 않는 본질"[67]이다. 앞에서 이미 부자와 나사로를 언급하면서, 영혼이라는 개념이 신구약 중간기 이후부터 육체로부터 분리된 독립적 실체를 의미할 수 있다는 것을 이미 말한 바 있다. 그러므로 순교자들의 영혼을 단순히 영혼이 아니라 부활체를 갖고 있는 인간전체를 의미한다고 말하는 것은, 유대적 인간관은 전인적 인간관이며, 영육의 분리는 헬라적 인간관이라는 사고를 지나치게 신약, 특히 요한계시록 해석에 주입한 것이다. 유대인들은 이미 중간기를 거치며 영혼만의 독립적 존재를 인정하였다. 그리고 그들이 말하는 영혼은 공중에 부유하는 에너지나 숨결 같은 비형체적, 비물질적 실체가 아니었다. 더구나 요한계시록이 쓰여질 당시의 사상계는 헬라적 영향이 강하였으며 유대의

66 여기서 보완을 위하여 Cooper의 견해를 소개하고자 한다. 그에 따르면 계시록 6장 9절의 순교자의 영혼들에게 부활이 일어난 것은 아니다. 요한계시록 20장 5절을 근거로 파악한다면 다만 그들은 부활을 기다리고 있는 상태이다. 그들은 자신들의 상황을 의식하고 있는 것으로, 흰옷이 주어질 만큼 충분히 육체적인 존재로 묘사되고 있다. 동일한 상징들을 사용하고 있는 것을 보아, 이것은 사후의 삶을 묘사하는 신구약 중간기의 설명과 놀랍도록 유사하다. 이 때의 영혼은 중간상태의 인격체들을 언급하는 것으로 보는 것에 대해서는 논쟁의 여지가 없다. 신구약 중간기를 연구해 볼 때 알 수 있는 것은 당시의 사람들은 부활을 기다리며 하늘에 있는 (의식이 있으면서도 아직 완전에 이르지 못한) 의인의 실존을 믿었다는 것이다. 그래서 요한이 중간상태를 확신했다고 믿는 것이 틀린 것은 아니다. 이에 대해서는 많은 논란이 있을 수 있으나 한 가지 분명한 것은, 묵시문학에서 영혼이 중간상태의 인간을 지칭하는 용어로 사용되었다는 점이다. 그러므로 영혼이 신약성경에서 결코 이원론적으로 사용된 적이 없었다는 어원학적 주장은 이 본문과는 모순된다. J. W. Cooper, *Body, Soul, and Life Everlasting: Biblical Anthropology and Monism-Dualism Debate* (Grand Rapids: Eerdmans, 1989), 115f 참조.

67 J. H. Thayer, *A Greek-English Lexicon of the New Testament* (Grand Rapids: Zondervan), 677, D. E. Aune, 『WBC 성경주석(52중) 요한계시록 6-16』, (서울: 솔로몬, 2004), 113에서 재인용. 이 계시록 본문에서의 영혼은 생명, 호흡, 자아, 인격 등을 의미하는 일반적 프쉬케(ψυχη)의 개념과 다르다. Aune는 유대 전승에 하나님의 보좌 앞에 있는 영혼에 대한 언급이 있으며, 스토아 학파나 터툴리안은 영혼의 유형성, 혹은 형체성을 이미 인정하였다고 본다. G. K. Beale, *The Book of Revelation*, 998도 역시 요한계시록 6장 9절, 20장 4절의 영혼은 살아있는 몸이 아니라 중간상태의 영혼, 영육의 분리의 상태를 의미한다고 말한다. J. Roloff, *Die Offenbarung des Johannes* (Zuerich: Theologischer Verlag, 1984), 83: "순교자들은 목 베임 당했다. 즉 그들은 죽었으며 그들의 영혼만이 남아 있다. 즉 그들은 비본래적 삶을 의미하는 중간상태, 하나님에 의해 약속된 새로운 부활의 육체를 기다리는 중간상태에 있다."

사상 속에 이미 헬라 사상이 유입되었을 때다. 그러므로 신약을 유대식 관점으로 이해하는 것은 적절하지만 헬라적 반영이 전혀 나타나지 않는 다고 보는 것은 잘못된 것이다. 또한 영육의 분리는 있을 수 없다는, 만일 분리된다면 그것은 전인적 인간이 아니라는 식의 현대인간론을 지나치게 성서해석에 주입시키는 것도 바른 방법은 아니다. 설사 여기서 영혼이 전인적 인간을 뜻한다 하더라도, 그 영혼은 지금 분명히 부활의 상태가 아닌 최종적 부활을 기다리는 상태이다.

VI. 결론

인간이 세계의 종말 이전에 죽는다면 어떻게 될 것인가? 영혼불멸론, 전적죽음설, 영혼수면설 등 여러 이론들이 기독교 신학의 무대에 등장하였다. 이 이론들의 핵심 질문에는 인간의 죽음이 영혼에 어떤 영향을 미치는가 하는 물음이 들어 있었다. 죽음 이후의 영혼의 존속 여부에 대해서는 각각 불멸과 죽음과 수면으로 나뉘었다. 그럼에도 인간의 죽음의 상태는 중간상태이고, 부활은 미래시점이며, 현세의 몸이 어떤 방식으로든 부활에 참여할 것이라는 점에서 일치하였다. 이에 반하여 최근에 등장한 "죽음 안에서의 부활설"은 죽음을 부활의 순간으로, 현세의 몸과 부활의 몸은 불연속적인 것으로 파악하였다. 이들은 이것을 성서에서 그 근거를 찾으려 하였고, 우리는 이것을 평가해보았다. 그들의 이론의 장점은 첫째, 전인적 인간관을 유지하려 했다는 점이다. 둘째, 죽음 즉시 부활이 일어나며, 그 순간에 인간의 영혼은 존속됨으로 개인의 인격적 정체성, 인격의 연속성을 담보할 수 있다는 점이다. 그러므로 죽음 직후의 영혼의 중간상태나 영혼의 불멸을 부인하는 사람들에게 주로 매력적인 이론이다.[68]

그럼에도 그들의 주장을 비판적으로 평가해보자면, 첫째는 몇 가지 잘못된 전제를 가지고 있다는 점이다. a. 무엇보다도 영혼에 대한 오해이다. 영혼은 홀로 존재할 수 없으며, 영혼은 마치 호흡이나 입김과 같은 그 무엇으로 전제한다. b. 따라서 영혼은 결코 형체적, 감각적 요소를 가질 수 없다는 전제를 가지고 있다. c. 인간은 반드시 죽음 이후에도 영육이 함께 존재해야만 인간이라는 현대적 인간관의 전제이다. 오히려 신약이나 유대사상은 죽음으로 인한 영육의 분리를 충분히 인정하고 있다. d. 영혼불멸설은 헬라적이므로 오류라는 전제이다. "죽음 안에서의 부활설"도 죽음과 함께 인간의 현세적 몸은 폐기되고 영혼만 살아남는 것이기 때문에 결국 영혼불멸설의 변종일 수밖에 없다. e. 죽음 이후의 안락한 상태를 반드시 부활의 상태로 전제한다는 점이다. 성서나 신구약중간기 문헌들은 죽음 이후의 중간상태도 낙원이나 복락의 상태로 인정한다. 둘째는, 성서적 근거가 희박하다는 점이다. 그들이 전거로서 제시하고 있는 성서 본문들은 이미 본대로 죽는 순간의 부활을 지지한다고 보기 매우 어려운 본문들이다.

"죽음 안에서의 부활설"을 평가하면서 그들이 제시한 성서 본문들을 검토하였다. 이 연구를 통하여 얻어진 결과들은 다음과 같다. 첫째, 성서가 말하는 부활은 총체적 부활이며, 부활의 시기는 파루시아의 시점이라는 것, 둘째, 성서의 인간관은 전인적 인간관이지만 죽는 순간에는 일

68 T. Nichols, *Death and Afterlife. A Theological Introduction* (Grand Rapids: Brazos Press, 2010), 147.

시적인 영육의 분리를 인정하고 있다는 것, 셋째, 성서는 죽음 이후 부활 이전까지의 중간기를 인정하고 있다는 것, 넷째, 이 중간기의 상태는 영혼의 상태이며, 영혼은 형체와 감각적 기능을 가지고 있다는 것, 다섯째, 현세의 몸과 부활체 사이에는 분명한 연속성이 존재한다는 것, 여섯째, 최종적 부활은 분명히 영혼만의 불멸이 아니라 몸의 부활이라는 것 등이다. 필자는 여러 성서 본문의 해석과 당시의 사상 배경의 검토를 통하여, 죽음 안에서의 부활설에 동조하기에는 많은 문제점들이 발생하며, 성서의 전체적 맥락 속에서도 바른 죽음 이해가 아님을 충분히 보여주었다고 생각한다. 그러므로 죽음 안에서의 부활설자들은 반대론자들이 제기하는 문제에 대해 보다 더 합당한 설명을 제공해야 할 것이다.

Chapter

4

Biblical Reformed Eschatology
The Doctrine of the Last Things

제 4장

지옥은 있다!

— 롭 벨Rob Bell과 마이클 위트머Michael Wittmer의 지옥 논쟁

이 장의 출처는 다음과 같다.
김도훈, "지옥은 없다? 롭벨과 마이클 위트머의 지옥과 관련된 논점을 중심으로," 『장신논단』 43 (2011), 81-106.

Ⅰ. 서론

오늘날의 관용과 포용의 정신의 강조, 현대과학의 세계관, 기독교 전통에 대한 무신론의 도전 등의 기독교를 둘러싼 사상적 환경은 전통적 지옥에 대한 긍정적 진술을 매우 어렵게 하고 있다. 오늘의 상황을 반영하듯, 교회 내의 신학자들이나 목회자들이 전통적 지옥을 정면으로 부정하는 상황이 종종 벌어지고 있다. 이런 상황을 패터슨R. Patterson은 『심판대위의 지옥』[1]이라는 말로 표현하였다. 급기야 최근 전통적 복음주의 진영을 혼란케 하고 당황스럽게 한 사건이 복음주의 진영 내에서 일어나게 되었다. 이 소용돌이의 중심에 있었던 핵심인물이 복음주의자인 롭 벨Rob Bell 목사이며, 그 핵심에 있던 저서가 『사랑이 이긴다』라는 책이다.[2] 그는 복음주의자들 사이에서뿐만 아니라 전 세계적으로 영향력 있는 인물 중의 하나였다. 한 마디로 그의 주장은, 하나님은 사랑이신데, 예수 그리스도를 믿지 않았다는 이유로 수많은 사람들을 영원한 지옥의 형벌에 처하여 고통 속에 신음하게 할 리가 없으며, 따라서 전통 기독교가 생각하는 그런 지옥은 없다는 내용이다.

당연히 찬반으로 나뉘어 논쟁이 벌어졌고 많은 학자들이 이에 가담하였다. 누구보다도 상세하게 그의 주장을 신학적, 성서적으로 평가한

1 R. A. Paterson, *Hell on Trial. The Case for Eternal Punishment* (Phillipsburg: P&R Publishing 1995).

2 Rob Bell, *Love Wins. A Book About Heaven, Hell, and the Fate of Every Person Who Ever Lived* (NY: HarperOne, 2011). 이하에서는 love wins로 약칭함을 밝힌다. 그리고 이 책은 빈번히 언급되기 때문에 본문에 출처를 밝혔다. 예를 들어 l. 23에서 l은 Bell의 love wins를 의미하며, 숫자는 인용한 페이지를 의미한다. 아래의 wittmer의 책도 마찬가지로 본문의 w는 Wittmer의 아래에 밝힌 *Christ Alone*을 지칭한다.

이는 조직신학 교수인 위트머Michael Wittmer와 프랜시스 챈F. Chan과 스프링클P. Sprinkle일 것이다. 위트머는 "『사랑이 이긴다』에 대한 복음주의적 응답"이라는 부제가 달린 『오직 그리스도』*Christ Alone*라는 책[3]을 출판하여 비판의 대열에 섰고, 챈과 스프링클은 『지옥은 없다?』를 출판하여 벨을 평가하는 대열에 합류하였다.[4] 여기서의 필자의 목적은 뜨겁게 논의되고 있는 지옥에 관한 논쟁을 소개하고 평가하는 것이다. 물론 모든 논쟁을 다 다룰 수가 없어서 우선적으로 벨의 주장을 다루고, 그의 논점을 신학적으로 상세하게 평가하고 있는 위트머의 견해를 다루고자 한다. 사실상 이 지옥의 문제는 단순히 지옥의 문제만으로 끝나지 않는다. 당연히 구원, 십자가. 복음, 하나님 개념에까지 그 질문이 미칠 수 있는 문제이다. 그러므로 필자는 이글을 전개하면서 지옥의 정의와 논리, 지옥의 영원성과 한시성의 문제, 죽음이후의 구원가능성의 문제, 하나님의 속성과 지옥의 문제 등을 다루려고 한다. 그것이 벨과 위트머의 핵심 견해이면서 논쟁의 중심에 서 있는 주제들이기 때문이다.[5]

Ⅱ. 벨과 위트머의 지옥에 대한 논쟁

1. 지옥의 논리와 정의

충격적인 벨의 주장은 무엇보다도 지옥에 대한 그의 주장이다. 그는 그의 책에서 끊임없이 지옥을 말한다. 그러나 그 지옥은 전통적 기독교가 견지하고 있는 지옥이 아니다. 오히려 그것은 비판의 대상이다. 기독교의 지옥이란 "분노, 진노, 불, 고문, 심판, 영원한 괴로움, 끊임없는 고통[l. 64]"으로 가득 찬 곳이며, "죄를 짓고, 회개하기를 거부하며, 마음을 완악하게 하고 예수를 거부하다가 죽으면" 가는 곳이라고 기독교의 지옥을 소개하며 조롱한다[l. 64]. 그리고 "하나님은 사랑이시고, 자비하시며 은혜와 긍휼로 충만한 분이신데, 이 세상에서 회개하지 않고 돌이키지 않고 구원을 받지 못한다면 하나님은 영원히 벌 주신다"는 메시지가 진정한 기독교의 메시지이며 예수가 가르친 내용인가라고 묻는다[l. 64]. 이런 질문을 그는 그의 책 곳곳에서 반복한다. "여태껏 살았던 수많은 사람 중에 오로지 선택된 수만 더 좋은 곳에 가고 나머지는 영원한 고통과 형벌에 처해진다고?"[l. 2]라고.

그의 질문의 핵심은 하나님에 관한 질문이다. 정말 "사랑의 하나님"이라면 이처럼 "이 땅의 짧은 기간의 행동을 기준으로 어떻게 영원한 형벌에 처할 수 있겠느냐"[l. 2]는 것이다. 이어 그는 "수많은 사람들은 영

3 M. Wittmer, *Christ Alone. An Evangelical Response to Rob Bell's Love Wins* (Grand Rapids: Edenridge Press, 2011). 이하의 글에서는 wittmer로 약칭함.

4 F. Chan and P. Sprinkle, *Erasinghell*, 이상준 옮김, 『지옥은 없다?』(서울: 두란노, 2011).

5 필자는 "영원한 의식적 형벌로서의 지옥"이라는 전통적 지옥관을 가지고 있다. 이것은 새로운 주장은 결코 아니다. 필자는 벨의 주장에 대한 위트머의 비판을 통하여 필자 자신의 이야기를 하고자 하는 것이 이 글의 목적이다. 새로운 논지가 없다는 비판이 있을 수 있으나, 전통적 교리에 대한 변증도 학문적 주장의 성격을 득할 수 있다고 필자는 판단하기 때문에 이 글을 작성하게 되었다. 여기서 미리 언급해 두고자 하는 것은 이러한 지옥관이 결코 하나님의 속성에 어긋나는 것이 아니라는 점이다. 영원한 지옥이 하나님의 사랑에 어긋난다고 혹자는 주장하지만, 그러한 논리라면 이 세상의 어떤 고난도 인간에게 주어져서는 안 된다. 일시적인 고난도 인간에게는 엄청난 고통이기 때문이며, 인간에게 고통을 허용하시는 하나님은 사랑의 하나님이 아닐 것이기 때문이다. 영원한 고통이든 일시적 고통이든 고통은 고통이며 하나님의 사랑의 속성에 어긋난다고 논리적으로 주장할 수 있기 때문이다. 이런 논리라면 이 세상에는 어떤 악이나 고통도 있어서는 안 된다. 또한 영원한 형벌은 안 되며, 일시적인 벌은 가능한가? 그렇게 또 한 번의 기회를 주실 것이라면 왜 여러 번은 안 되는가? 하나님이 사랑이어서 모든 사람이 구원받아야 한다면, 정말 그 하나님의 사랑은 자유로운 자발적 사랑인가, 아니면 하나님의 본질의 유출인 필연적/의무적 사랑인가? 그것은 인간을 향한 사랑인가 아니면 자신에 대한 사랑인가? 인간과 악을 구분하여 모든 인간은 구원하고 모든 악은 제거한다는 것도 성서적이 아니다. 하나님은 책임을 물음에 있어서 반드시 인간에게 그 책임을 물으셨기 때문이다. 이러한 문제들은 필자의 다음 장에서 다룰 것이다.

원한 형벌에 처해지고 소수의 사람들만 이 운명을 피할 수 있다면, 어떻게 이 소수의 사람에 속할 수 있는가"[I. 2]라고 물으면서 냉소적 답변을 제시한다. "우연? 행운? 임의 선택? 올바른 곳, 가족 혹은 국가? 어린이들과 좋은 관계를 갖는 훌륭한 젊은 목사를 만나면? 다른 사람이 아닌 너를 택하시는 하나님?"[I. 2f] 이러한 벨의 냉소는 문제해결을 위한 적절한 방식이 아니다. 전통 기독교는 결코 우연이나 행운이나 좋은 가족에 속하는 것이나 어떤 다른 방식으로 천국에 갈 수 있다고 가르친 적이 없기 때문이다. 만일 그렇게 가르치는 교회가 있다면 비판받아 마땅할 것이다. 그러나 다른 한편으로 벨의 질문은 전통신학이나 교회가 진지하게 자신의 메시지를 돌이켜 볼 필요가 있음을 인식시켜 주었다. 만일 교회가 복음이 없는 저주와 율법을 가르치고 있다면, 사랑이 없는 공의와 형벌만 가르치고 있다면, 벨의 지적대로, "이것은 오도된 것이고, 치명적인 것이며, 그래서 결국 예수가 전한 사랑과 평화와 용서와 기쁨의 메시지를 왜곡하는 것"[I. viii]이다.

지옥과 관련한 벨의 질문은 여기서 끝나지 않는다. 전통적 교리를 넘나드는 것처럼 생각되는 질문도 포함되어 있다. 무신론자인 어느 고등학생의 죽음 앞에서, 한 전통적 그리스도인이 "그렇다면 더 이상 희망이 없군요" 라고 단정하며 던진 말에, "희망이 없다고? 그것이 기독교 메시지인가? 희망이 없다? 그것이 예수가 세상에 전하고 있는 것인가? 더 이상 희망이 없다고 선포하는 것, 이것이 그리스도인들의 거룩한 사명인가?"라고 분노한다[I. 3f]. 장례식장 앞에서 죽은 자의 부모에게 희망이 없다고 말한 것은 목회적 차원에서 볼 때 적절한 대응은 아닐지라도, 신학적으로 그리 틀린 말은 아닌데도 벨은 문제를 제기하고 있는 것이다. 사실상 벨의 문제 제기 자체는 얼마든지 가능하다. 그러나 그의 질문에 담긴 함의는 매우 복잡한 것이다. 그의 비판에, "그렇다면 끝까지 하나님께 저항하고 불의를 행한 자들, 그리고 무신론자들에게도 여전히 희망이 있다고 말해야 하는가" 하는 문제가 생길 수 있을 것이다. 이에 대한 문제는 나중의 항목에서 다루려고 한다. 벨은 무신론자로 죽은 학생의 사건에 집착하면서 자신의 신앙에 책임질 나이는 얼마이며, 자신의 영원한 운명을 결정할 기회를 놓쳤다면 어떻게 해야 하며, 어떤 예식에 참여해야 하며, 죽어서 어느 다른 곳에 간다는 것이 예수의 메시지인가 등의 질문을 끊임없이 던진다[L 4-6]. 심지어 예수의 삶과 메시지선포가 들려져야 구원 얻을 수 있다는 것에 대해서도 질문을 던진다. 복음의 선포를 접하는가, 접하지 못하는가에 따라 어느 누군가의 영원한 운명이 결정된다면, "당신의 미래가 다른 사람의 손에 달려 있으며," "다른 사람의 영원한 운명이 당신의 손에 달려 있는가"라는 것이다[L 9]. 나아가서 "하나님과의 인격적 관계를 갖지 못하면, 영원한 지옥의 고통에 떨어질 것"이라고 말하는데 성경 어디에 그 내용이 담겨져 있는가라는 질문까지도 서슴없이 던진다[L 10]. 벨의 책에는 이처럼 누구나 인정하는 것처럼 보이는 생각에도 끊임없이 제기하는 질문으로 가득 차 있다. 사실상 그의 질문은 미국의 전통의 교회가 가지고 있던 문제들에 대한 반격의 성격이 강하다. 그럼에도 그는 이 질문들을 다루고 있는 신학 서적 한 권도 인용하고 있지 않다. 학문적 주석 한 권 참고하지 않은 듯한 자의적 성서 해석들로 자신의 생각을 전개하고 있다.

그렇다면 그는 지옥을 부정하고 있는가? 결코 그렇지 않다. 다만 자신의 관점에서 성서를 재해석하여 자신의 지옥을 우리에게 전달하고 있을 뿐이다[L 64-70]. 지옥에 대한 그의 성서해석을 살펴보기로 한다. 첫째, 그가 우선 주목하고 있는 것은 구약성서다. 그에 의하면 "구약성서에는 죽음과 무덤을 의미하는 몇몇 단어들, 즉 스올, 무덤 등과 같은 단어들 외에는 전통적 지옥에 해당하는 정확한 용어가 없다"[L 64]는 것이다. 그나

마 구약에서의 스올, 죽음, 무덤 등도 "생과 사를 통치하시는 하나님의 능력을 확증하는"I. 65 용어들이며, "그 죽음과 삶이라는 것도 어떤 고정된 상태나 운명을 말하는 것"이 아니라 "삶의 서로 다른 두 가지 양식"일 뿐이라는 것이다I. 66. 그에 의하면 삶의 방식은 그것이 죽음(삶의 다른 방식)이든 삶이든 하나님과의 관계성 속에서 파악할 뿐이다. 즉 "삶은 살아계신 하나님과의 생명력 넘치는 관계 속에 있는 삶의 방식, 그래서 그 안에서 평화와 온전성을 경험하는 방식이든지, 아니면 삶은(즉 죽음) 하나님과 연결이 거의 없는, 그래서 실망과 파멸을 포함하는 방식이라는 것"I. 66이다. 이스라엘이, 사후 불멸의 생각을 가지고 있던 고대 이집트인들의 문화와 종교를 경험했음에도 그들의 종말론에 영향을 받지 않은 것은 지금 여기서의 삶에 대한 생각이 매우 강했기 때문이다I. 66-67. 즉 죽음 이후의 삶, 즉 "죽은 이후에 어디로 가는지, 어디에 있는지, 언제 어떻게 무엇을 가지고 가는지, 얼마나 오래 있을 것인지는 구약성서 기자들의 관심이 전혀 아니었다"I. 67는 것이다. 벨이, 이스라엘 사상에 대한 이집트 종교의 영향이 미미함을 말하는 이유는 구약성서에서 오늘의 전통적 개념의 지옥을 찾는다는 것은 쉽지 않다는 것을 보여주기 위함일 것이다. 벨의 지적은 정당한 지적이다. 당연히 이스라엘의 스올의 개념이 오늘날의 지옥의 개념과 호환될 수 없는 것이 사실이다.[6] 하나님과의 관계성 속에서 삶을 이야기했다는 것도 동의할 수 있는 부분이다. 그러나 벨의 생각에는 구약성서의 일부만을 고려하는 오류가 보인다는 점이다. 이사야의 꺼지지 않는 불, 죽지 않는 벌레, 다니엘의 영원한 부끄러움 등을 고려하지 않고 있다는 것이다. 이스라엘의 사상은 그리 단순하지 않다. 히

6 R. A. Paterson, *Hell on Trial. The Case for Eternal Punishment* (Phillipsburg: P&R Publishing, 1995), 29

브리 사상에도 시간적, 역사적 발전이 있었으며, 신약으로 이행해가는 중간기에는 초기와는 매우 다른 종말론이 등장하였음을 주목할 필요가 있다.[7]

둘째, 신약에 근거한 그의 지옥해석은 어떠한가? 지옥에 대한 많은 구절들을 직접적으로 언급한 뒤 그 본문에서 추론될 수 있는 지옥의 개념을 이끌어 낸다. 여기서 우선 지적하고 넘어갈 것은 지옥과 관련된 그의 인식이다. "그 자신도 삼지창을 들고 빨간 타이즈를 입은 힘 있는 자가 지키고 있는 지하 땅속 어느 곳을 지옥이라고 믿었던 시절이 있었다"[I. 70]고 고백한다. 또한 "지옥이 많은 현대인들에게는 여러 잘못된 이유로 사람들을 통제하기 위해 공포와 형벌을 이용하는 원시 신화 종교의 잔재"[I. 69f]로 인식되고 있음을 언급하고 있다. 이러한 그의 인식과 고백들은 그의 지옥의 논리가 어떤 방향으로 전개될 것인지를 추론 가능케 한다. 그는 지옥을 설명하면서 그가 직접 경험한 사건들을 먼저 이야기한다. 르완다의 팔다리가 없는 아이들의 비참한 모습은 다름 아닌 이 현실이 "문자적 지옥"이며, "그것은 결코 메타포적인 손발 실종이 아니라는" 신념을 갖게 해준 사건이었다는 것이다[I. 70f]. 뿐만 아니라 성폭행, 아동학대, 마약중독, 성폭행 등의 비인간적 상황에 대한 경험과 상담은 지옥이 단순히 죽어서 가는 저 세상의 현실이 아닌 바로 지금의 상황임을 인식하게 해 주었다는 것이다. 그러므로 그가 말하는 지옥이란 "하나님이 주신 선함과 자비를 거절하는 데서 오는 현실적 경험과 결과를 묘사하는

7 H. Schwarz, *Eschatology* (Grand Rapids: Wm. B. Eerdmans, 2000), 402: "포로 후기 시대에는 조로아스터교의 영향으로 스올이 불의한 자들의 장소라기보다는 의인들이 일시적으로 머무르는, 다른 장소로 간주되었다." J. Jeremias, "αδης", in *Theological Dictionary of the New Testament*, vol. 1, ed. G. Kittel (Grand Rapids: Wm B. Eerdmans, 1964), 146f(이하 *TDNT*로 약칭): "스올은 바다 밑에 있고, 모든 사람들에게 무차별적으로 주어지는 죽은 자의 영역으로서, 영원한 어두운 실존으로 인도하는 문 뒤에 있는 어두운 영역이다. 구약성서의 스올은 통속적 바벨론 신앙에 나타나는 미래 세계의 개념과 본질적으로 일치한다.

이미지, 그림, 메타포의 집합체"[I.73]이다. 동족살해의 비참한 현장인 르완다, 성폭행, 마약 중독, 아동학대와 같은 현실, 사회구조적인 악, 선과 자비와 인간애와 공의가 결핍된 세상 등을 지칭한다[I. 70ff]. 다시 말하자면, 지옥이란 "하나님이 우리에게 주시는 선하고 진실되고 아름다운 삶을 거절할 때 우리가 경험하는 실질적인 결과들을 표현하는 용어"[I. 93], "우리의 마음에 깊이 감춰진 비밀에서부터, 하나님의 세상에서 하나님의 길을 따라 살기를 실패할 때 오는 집단적이고도 전 사회적인 붕괴와 혼돈에 이르기까지의 광범위하고 엄청난 악을 지칭하는 용어"[I. 93]이다.

지금까지 그의 현실적 지옥의 개념을 살펴보았다. 문제는 성서가 지옥을 단순히 인간의 비참한 현실 정도로 말하고 있는가 하는 것이다. 이에 대해 벨은 예수의 비유 속에 나타나는 "부자와 나사로" 이야기를 그 근거로 제시한다.[I. 75f.] 그는 부자가 처해진 상황에 집중한다. 나사로를 시켜서 물을 달라는 부자는 고통을 당하면서도 자신이 나사로보다 우위에 있다는 생각을 고치지 않는다는 것이다. 둘 사이에는 균열이 있는데 나사로에 대한 부자의 우월적 마음이 바로 그러한 균열이며 간격이라는 것이다[I. 75]. 부자의 에고, 그의 자만, 권위주의적 계급의식, 가난한 자들에 대한 무관심, 이러한 것들은 바로 부자의 지옥이며 오늘의 현실에서 찾아볼 수 있는 개인의 지옥이며, 심리적 지옥이다[I. 76ff.]. 그러나 그는 이 본문을 단순히 개인의 지옥의 관점에서만 해석하려 하지 않는다. 이 본문은 개인의 죄에 대한 이야기이지만 그것으로 끝나지 않고, "개인의 죄는 직접적으로 사회구조적 차원의 현실적 고통"[I. 78]으로 이어지고 있음을 보여주고 있다는 것이다. 이 본문을 이렇게 해석할 수 있는 근거는, 그에 의하면, 누가가 관심을 가지고 전달하고자 하는 예수의 복음 때문이다. 그에 의하면, "청결한 것과 부정한 것, 죄인과 구원받은 사람, 위와 아래라는 기성 시스템과 위계질서가 더 이상 의미를 갖지 못하는 사회적 혁

명"이 바로 예수의 복음이라는 것이다[l. 75]. 이렇게 해석한다면 예수의 관심은 이 땅에서 벌어지고 있는 개인적 지옥과 사회적 지옥을 타파하는 것에 있는 셈이다. 그래서 그는 "죽어서 가는 지옥에 큰 관심을 갖는 사람들이 바로 지금 이 땅에서 벌어지고 있는 지옥에 대해서는 별로 관심이 없음을" 한탄한다[l. 78f].

지금까지 벨이 시도한 부자와 나사로의 해석을 살펴보았다. 그의 말을 한 마디로 말하자면 이 본문이 말하는 지옥은 이 땅에 있는, 개인뿐만 아니라 사회구조적인 악의 경험이라는 것이다. 여기서의 우리의 의문점은 이것이다. 예수의 복음이 가난한 자들을 위한 것임을 이 본문이 의도하고 있다는 것을 충분히 이해할 수 있다하더라도, 과연 그것을 지옥이라고 말할 수 있겠는가 하는 것이다. 사실 이 본문은 바리새인들을 염두에 두면서 예수의 제자들에게 하신 말씀이다. 예수는 돈을 사랑하며, 가난한 자들을 멸시하는 바리새인들을 비판하면서 제자들에게 가난한 자들을 멸시한다면, 하나님의 뜻을 멸시하는 것이 될 것이라는 경고를 던지고 있다.[8] 그러므로 엄격히 말하자면 이 본문이 천당과 지옥을 설명하는 데 그 의도가 있지 않음은 분명하다. 그럼에도 불구하고 이 본문에서 전통적으로 생각하는 지옥을 발견할 수 없는 것도 아니다. 이 본문은 오히려 벨의 지옥의 개념을 입증한다기보다는 전통적 지옥에 더 가깝다. 가난한 자들을 무시하는 비참한 사회현실 자체가 지옥이 아니라, 가난한 자들을 무시한 결과가 지옥이라고 전하고 있기 때문이다. 죽음 이후의 영역도 두 영역으로 분리되어 있다. "지옥은 고통의 장소요, 천국은 메시아적 향연의 장소"[9]이다. 나사로와 부자 사이의 구렁텅이는 건널 수 있는

8 J. E. Green, *The Gospel of Luke* (Grand Rapids: William B. Eerdmans Publishing Com., 1997), 608ff.

9 A. A, Just Jr., *Luke 9:51-24:53* (St. Louis: Concordia Publishing, 1997), 634.

것이 아니며, 부자의 교만이나 에고나 권위주의도 아니다.

위에서 이미 말한 바대로 벨은 동족살해의 비참한 현장인 르완다, 성폭행, 마약중동, 아동학대와 같은 현실, 사회구조적인 악, 선과 자비와 인간애와 공의가 결핍된 세상을 지옥이라 불렀다. 사실 우리는 이러한 세상을 상징적, 실존적으로 지옥이라 부를 수 있을 것이다. 그러나 문제는 그것을 성경과 기독교 전통이 말하는 지옥이라 말할 수 있겠는가 하는 점이다. 물론 시편의 기자는 자신의 개인적 고통을 스올의 경험에 비유하기도 하였다. 그러나 벨의 지옥이 성경의 지옥에는 미치지 못하는 것이 사실이다. 예수는 성경의 인물 중 그 누구보다도 더 많이 지옥을 언급하였다. 그는 영원한 불 못을 말했고, 멸망으로 인도하는 문을 말했으며, 심지어 신체의 일부를 절단하고서라도 지옥을 피할 것을 요청하였다. 이사야의 꺼지지 않는 불도, 요한의 무저갱이나 불 못이나 성 밖도 마약중독, 아동학대, 인종살해 등과 같은 사회구조적 비참한 현실이나 개인의 실존적 고통을 의미하는 것은 아니다. 아니 오히려 묵시적 종말적 심판 이후의 부정적 운명, 비극적 극악한 현실을 만들어내는 사람들의 최종적 장소로 상징되는 것이 지옥이다. 과거 예수 주변에는 많은 비참한 현실이 있었다. 그는 개인의 비참한 현실과 사회구조적인 스올과 같은 어두운 현실을 목격하였다. 그러나 그는 그것을 결코 지옥이라 부르지 않았다.[10]

이제 여기서 논쟁의 또 하나의 상대자인 위트머의 시각으로 벨을 평가해보려고 한다. 위트머는 현대신학계가 왜 지옥에 대한 논의를 피하는지에 대한 설명으로 시작한다. 그리고 그 이유를 모던적 세계관에서 찾는다. 그에 따르면 모더니즘은 계몽주의와 근대과학의 발전에서 시작되었다. 그가 생각하는 모더니티의 핵심은 "이성"과 "자율"w. 48이다. 이것이야 말로 무엇이 옳고 그른지에 대한 판단의 기준이 된다는 것이다.

이 이성적 판단의 자유는 과거의 미신으로부터 인간을 해방시켜주었지만 결국 잘못된 성서해석도 낳았다는 것이다.[11] 그에 따르면, 결국 "모던 세계의 자율은, 성경의 주장도 근대 세계관의 합리적, 과학적, 객관적 기준에 의해 평가되어야 한다고 주장하는 신학적 자유주의를 낳게 되었다"w. 49는 것이다. 사실상 "모던적 세계관은 과학이 모든 것을 설명한다는 생각에 사로잡혀 있었기 때문에 신학적 자유주의자들도 이에 영향을 받아 과학이 입증할 수 없는 것은 의심하는 태도를 견지 하였다"w. 49. 그것 때문에, 자유주의자들은 신을 "절대의존의 감정"이나 도덕적 원리로 환원시켰으며, 예수의 신성과 부활과 기적 등도 전통적인 방향과는 다른 관점으로 흐를 수밖에 없었다는 것이다w. 49.

이러한 관점은 결국 지옥에 대한 생각에도 관통하고 있다고 위트머는 보고 있다. 구체적으로 말하자면 지옥이나 최후의 심판에 대한 언급이 성경에 수없이 등장함에도 불구하고, "자유주의 신학자들은 하나님의 사랑에 근거하여 사악한 사람들만, 그것도 잠시 동안만 지옥에 처할 것이라는 확신을 가졌다"w. 50는 것이다. 위트머는 바로 롭 벨의 『사랑이 이긴다』는 이런 유의 신학적 자유주의 노선에 속한다고 본다w. 50. 하지

10 J. Jeremias, "αδης", *TDNT*, vol. 1, 147f의 연구에는 현실적 지옥에 대한 어떤 암시도 드러나 있지 않다. 오히려 신약성서시대에는 죽은 자의 영역, 그리고 불의한 자들의 영혼이 일시적으로 머무는 곳, 이 두 가지 개념이 혼재해 있었다고 본다. J. Jeremias, "γεεννα", *TDNT* vol. 1 (Grand Rapids: Wm B. Eerdmans 1964), 658. 신약의 게헨나는 예루살렘 성 밖의 쓰레기장이 아니다. 예레미아스에 의하면 "게헨나는 최후의 심판 대의 벌의 장소이다. 하데스는 일시적인 벌이라면 게헨나의 벌은 영원한 고통이다. 게헨나에서는 몸과 영혼이 마지막 때 부활하여 영원한 불에 멸망받는 곳이다. 게헨나는 선재하는 곳이며 총체적 부활과 최후의 심판 이후에만 드러나는 곳이다. 최후의 날 하나님의 심판에 의해 버림받는 자들은 영원한 불에 의해 거기서 멸망할 것이다. 불의한 자들은 사탄과 마귀들과 함께 게헨나의 아들들이다." 그의 설명을 참조한다면 신약의 하데스나 게헨나는 단순히 현실적 지옥의 고통을 의미하는 것이 아니라 전형적인 전통적 교회의 고백에 상응하는 영원한 형벌을 의미하는 것이다. 벨의 성서해석은 지나치게 자신의 관점이 개입되어 있다.

11 M. Wittmer, *Christ alone. An Evangelicals Response to Rob Bell's Love Wins* (Grand Rapids: Edenridge Press 2011), 48ff.

만 위트머의 비판이 적절한 것인지, 즉 롭 벨이 모더니즘적 자유주의자인지는 다시 한 번 생각해 볼 필요가 있다. 위에서 위트머가 말하고 있는 모더니즘의 지옥부정은 인간이성이나 자연과학적 합리성에 근거한 부정이다. 모더니즘의 입장에서 볼 때 지옥은 인간의 이성적 판단과 자연과학적 상식에 모순되는 신화적 요소이기 때문이다. 그렇다면 과연 롭 벨도 이러한 계몽주의적 모더니즘의 토대 위에서 지옥을 부정한 것인가? 그것은 결코 아니다. 벨이 지옥을 부정한 것은 하나님의 사랑이라는 신학적 기초에 근거한 것이지 모던적 자유주의 신학의 토대 위에서 부정한 것은 결코 아니다. 벨이 전통적 의미의 지옥을 부정하고 있다고 비판한 것은 정당한 것이지만, 그렇다고 해서 벨을 19세기 자유주의 신학자의 연속선상에 있는 자유주의 학자로 딱지붙이는 것은 정당하지 못하다. 위트머는 이 논의의 마지막 부분에서, 벨이 그리스도의 신성을 부정하지 않는다는 점에서 모던적 자유주의자와는 다른 포스트모던적 자유주의 브랜드로 분류한다w. 50. 이것은 이미 벨을 모더니즘적 자유주의자로 분류할 수 없음을 위트머도 스스로 인정한 셈이다. 그렇다면 그가 벨을 비판하면서 왜 그렇게 길게 계몽주의적 모더니즘을 설명하는 모순을 범했는지 이해할 수 없다.

이제 벨에 대한 위트머의 핵심적 비판으로 넘어가보자. 사실 벨은 성서 본문을 독특하게 해석한다. 벨에 의하면, 예수가 의도한 게헨나 역시 우리가 생각하는 영원한 형벌의 불을 의미하는 것이 아니라, 당시 예루살렘 성 밖에 실재했던 비참한 현장을 의미하는 것이므로, 위와 같은 현재적, 현실적 지옥을 말하는 것이 더 성서적이라는 것이다l. 67f 이에 반하여 위트머는 오늘의 비참한 현실을 무섭고 놀랍고 충격적인 장면이라고 말할 수는 있으나 "하나님에 의해 버림받은 지옥의 고통에 해당하는 것으로 볼 수 없다"w. 51는 비판으로 벨의 지옥개념에 이의를 제기한다.

예수가 사용한 "심판과 분리에 대한 강하고도 충격적인 이미지들"l. 197 이, 말 그대로 심판과 형벌이 아니라, "보상과 축제와 기회를 놓쳐버릴 수 있다"는 예수의 염려를 드러낸 것이라는 벨의 생각l. 197을 그는 강하게 반대한다. 위트머는, 벨의 논리대로 하자면 "예수를, 사람들을 단순히 파티에 초대하기 위하여, 충격적인 이미지들을 사용하는 과장의 대가"로 만드는 것이 되어 버린다는 것이다w. 52. 위트머에 의하면, "예수의 충격적인 심판의 언어들은 실제적이고 충격적인 심판에 대한 경고이어야만 의미가 있다"w. 52는 것이다.

그는 벨의 다음 주장에도 반기를 든다. "사람들은 항상 자신의 지옥 속에서 살기를 선택한다. 우리 스스로를 고립시키며, 우리를 경시하는 사람들을 냉대하는 매순간, …… 해야 할 사랑스러운 것, 좋은 것, 옳은 것이라고 알고 있는 것을 무시하고 우리의 마음을 완악하게 하는 매순간 우리는 지옥 속에 살기를 선택하는 것이다"l. 114. 과연 "다른 사람들을 냉대하는 것, 그것이 지옥인가. 그것이 다른 사람들을 괴롭히는 것이긴 하지만 그러나 눈을 빼고, 팔을 자를 만큼은 아니지 않는가"w. 53고 반문한다. 또한 위트머는 벨이 탕자의 비유 속에서 유도하고자 하는 심리적, 개인적 지옥에 대해서도 강하게 반발한다w. 53. 벨의 해석에 의하면, 형은 잃어버린 동생이 다시 돌아왔을 때 아버지가 연 파티에 불평하면서 스스로 자신의 지옥을 현실 속에 만들었다는 것이다l. 169f. 사실상 탕자의 이야기에서 심리적 지옥 속에 있는 형의 모습을 상상하는 것이 그리 어렵지 않다. 그러나 여기서 물어야 할 것은 정말로 예수가 "수치와 비난과 불안"l. 172과 같은 심리적 지옥을 말하려고 했는가, "지옥은 우리가 창조하는 것인가"l. 173 하는 것이다. 심리적 지옥이 예수의 의도는 결코 아니다. 위트머는 다시 지옥의 정의를 전통적 신학에 상응하여 내리고 있다. 그에 의하면 성서적 지옥은 "우리가 믿지 않고 순종하지 않았을 때 죽은 다음에 일어나는 것"w. 54이지, 자신의 마음에서 만들어 내는 불만과 불평의 상태가 지옥은 아니다. 그래서 위트머는 "벨이 지옥의 공포스러움을 반복적으로 축소한다"w. 54고 비판한다.

2. 죽음 이후의 구원의 가능성

벨과 위트머 사이의 논쟁점이 또 하나 있다면, "죽음 이후의 구원"에 관한 문제이다. 위에서도 언급한 대로, 벨은 죽음 이후의 구원의 가능성을 열어 놓는 것처럼 보이는 주장을 그의 책 곳곳에서 전개한다. 이에 반하여 위트머는 그 가능성을 철저히 부정한다. 문제는 둘 다 성서에 의존하여 자신의 견해를 펼치고 있다는 점이다. 우선 논쟁을 야기한 벨의 생각부터 고찰해보고자 한다. 벨은 "하나님은 원하는 것을 얻는가?"I. 95라는, 신학적으로나 논리적으로나 부정하기 쉽지 않은 질문을 꺼내든다. 그리고 이어 어느 교회의 웹사이트에 실려 있었다는 구절을 인용하며 논박한다. 인용구절은 다음과 같다. "구원받지 못한 사람은 하나님으로부터 분리되어 영원히 지옥에 있을 것이다." "예수를 믿지 않은 사람들은 영원한 지옥형벌에 처해지게 될 것이다." "구원받지 못하고 죽은 자는 영원한 의식적 벌에 처해지게 될 것이다"I. 95f. 전통적 지옥관을 담은 이 문장들을 벨이 인용하는 이유는 분명하다. 그 사상을 반대하거나 비판하기 위함이다. 이미 앞에서, 어느 무신론 소년의 죽음 앞에서 "더 이상 희망이 없다"I. 3는 전통주의자의 생각에 벨이 이의를 제기했음을 소개한 바 있다. 사실상 전통적 생각에 의하면 더 이상 기회가 없는 것은 분명하다. 위트머의 생각도 마찬가지다. 그는 진정한 기독교적 희망과 단순한 소원사이를 구분해야 하며, 누구나 희망을 원하지만 그 희망이 반드시 옳은 희망인가를 주의하여야 한다고 한다w. 23. 그에 의하면 희망은 소원 wish이 아니기 때문이다. 전통적인 견해를 견지하고 있는 위트머 역시 "하나님이 지옥을 비우시길, 그래서 모든 사람들이 구원받기를 소원한다"w. 23고 말한다. 그러나 소원을 기독교적 희망이라고 오해해서는 안 된다는 것이다. 무신론자에게 희망이 있다고 자신 있게 말할 수 없는 이유는 희망의 근거가 우리에게 있는 것이 아니라 성서의 하나님에게 있기 때문이다w. 23. "우리는 하나님이 성서에서 약속한 것 보다 더 많은 희망을 제공해서는 안 된다. 그것은 모든 사람의 잘못된, 그리고 가장 비참한 희망일 것이다"w. 23. 이어서 위트머는 "죄인들이 지옥을 떠날 수 있는 다양한 기회가 있다고 말한 하나님의 말씀이 단 한마디라도 있는가"라고 물으면서 단호히 아니라고 답한다w. 24.

여기서 전통적 관점에 문제를 제기한 벨의 주장의 성서적 근거를 살펴보는 것이 옳을 것이다. 벨이 첫 번째로 인용하는 것은 소돔과 고모라에 대한 성서 기사이다l. 83. 벨에 의하면 소돔과 고모라에 대한 기독교적 인식이 잘못되어 있다고 비판한다. 즉 "소돔과 고모라는 하나님의 결정적 심판과 경고에 대한 징조로"l. 83 사용해왔지만 성서의 기록은 그런 생각을 넘어서서 또 한 번의 기회를 암시한다는 것이다. 이를 위해 그가 증빙으로 사용하는 구절은 에스겔서의 "네 아우 소돔과 그의 딸들이 옛 지위를 회복할 것이요"겔 16:55라는 말씀과 "심판 날에 소돔 땅이 너보다 견디기 쉬우리라"마 11:24는 가버나움에 대한 예수의 경고 말씀이다l. 83f. 벨은 이 본문을 멸망이라기보다는 회복을 의미하는 구절로, 즉 "심판에서 회복으로, 형벌에서 새 생명으로 옮겨감"l. 85을 의미하는 구절로 해석한다. 정말 성서는 소돔의 회복과 또 한 번의 구원의 기회를 말하고자 했는가? 위트머는 부정적으로 답변한다. "견디기 쉽다는 것은 여전히 소돔에게 희망이 남아 있다는 것을 의미하는 것이 아니라 소돔도 심판받지만 가버나움보다 덜 심각할 것이며, 둘 다 구원받는 것이 아니라 둘 다 심판받는다"w. 54는 것을 의미하기 때문이다.

둘째는 구약예언서의 치료와 회복과 교정을 담고 있는 구절들이다 l. 85ff. 벨은 구약성서의 지배적 메시지가 회복이며, 치유와 구속과 사랑과 기쁨을 의도하고 있다고 주장한다l. 87f. "실패가 마지막이 아니며 심판은 교정을 위한 것이다."l. 88 벨이 이 구약 예언서의 본문들을 이렇게 해석하는 것은 적절하다. 그러나 그의 성서 인용이 우리의 논의의 흐름에서 벗어난 성서 인용이 아닌가 한다. 우리의 논의는 지옥이 영원한가, 혹은 죽은 이후에도 다시 한 번의 기회가 있는가, 여태껏 이 땅에 살았던 모든 사람들이 지옥의 형벌로부터 벗어날 수 있는 또 한 번의 기회가 있는가 하는 것이다. 벨 역시도 다시 기회가 없는 영원한 의식적 형벌을 끊임없이 비판하면서 그의 논의를 시작하고 있지 않은가. 사실상 이 본문들은 이스라엘의 회복, 그것도 이 땅에서의 회복을 의미하는 것이지 우리의 논의 주제와는 직접적 상관이 있는 본문들은 아니다. 이것을 위트머도 적절히 비판하고 있다. 위트머의 지적에 따르면, "이 구절들이 여태껏 살았던 모든 사람들에게 지옥을 떠날 수 있다는 것을 의미하는 구절이라고 벨은 가정하지만, 이 구절 어디에도 지옥으로부터의 회피의 사상이 나타나지 않는다"w. 54-55는 것이다. 벨이 인용한 구절들은 단지 "이생에서 주를 부르는 자들이 구원받을 것이라고 약속하시는 하나님"w. 55에 대한 구절일 뿐이다.

세 번째로 벨이 인용하고 있는 구절은 주로 바울의 본문이다. "그 가운데 후메내오와 알렉산더가 있으니 내가 사탄에게 내준 것은 그들로 훈계를 받아 신성을 모독하지 못하게 하려 함이라"딤전 1:20. 벨에 해석에 의하면 바울이 개인을 사탄에게 넘겨준 것은 그 사람들이 배우고 성장하고 더 나아질 것이며, 넘겨질 때에 구속적이고 회복시키는 사건이 나타날 것이라는 확신이 바울에게 있었기 때문이라는 것이다 l. 89. 여기서 벨은 "사탄을 하나님의 변화시키는 목적을 위해 하나님에 의해 사용된 존재" l. 89로 보고 있다. "주 예수의 이름으로 너희가 내 영과 함께 모여서 우리 주 예수의 능력으로 이런 자를 사탄에게 내주었으니 이는 육신은 멸하고 영은 주 예수의 날에 구원을 받게 하려 함이라" 고전 5:4-5. 이 본문 역시 "가장 심각한 심판이 이 세상 안에 있는 하나님의 구속적 목적 안에서 내려진다" l. 90는 바울의 확신을 드러내 보여준다는 것이다. 주지하다시피, 고린도전서의 바울의 이 본문은 논란이 많은 본문이다. 위트머는 이에 대해 다음과 같이 반론한다. "이것은 완악한 죄인들을 밑바닥까지 이르게 하여 예수가 필요하다는 것을 깨닫도록 하기 위한 교회훈련의 목적이다. 그러나 이 죄인들이 그리스도에게 돌아왔다거나 그들이 죽은 이후에 돌아올 기회를 가질 것이라는 어떤 암시도 바울은 주고 있지 않다" w. 55.

벨은 만인구원론자인가? 이런 질문을 하게 되는 이유는 벨이 영원한 형벌로서의 전통적 지옥개념을 부정했기 때문이다. 지옥의 영원성을 부정한다면, 결국 논리적으로 "그렇다면 모든 사람이 구원받는가?" 라는 질문에 봉착하게 된다. 여기서는 과연 그가 모든 사람의 구원을 말했는가 하는 문제에 대해 벨의 생각을 정리해 보고자 한다. 그는 그의 책 제4장에서 "하나님은 하나님이 원하시는 것을 얻게 되는가?"라는 질문을 스스로에게 던진다. 그리고 그 장의 서론부분에서 "모든 사람이 구원받을 것인가, 아니면 하나님이 원하는 것을 얻지 못하는가, 이 위대하시고 능력이 많으시며, 놀라우신 하나님이 결국 실패하실 것인가?" l. 98라는 만인구원론적 성격의 질문을 이어 던진다. 그의 답은 하나님은 전능하시며, 위대하시므로 그는 자기가 원하는 것을 얻는데 결코 실패하지 않으시며, 모든 사람을 구원하시기를 원하시는 딤전 2:4 자신의 뜻을 결코 포기하지 않는다는 것이다[I. 100f]. 그는 그러한 생각을 증명하기 위하여 많은 성경구절들을 제시한다[I. 95-119].[12]

그는 다시 한 번 전통적 지옥을 언급하면서 "이 땅에서 살았던 짧은 생애동안 지은 유한한 죄 때문에 고통당하며 영원한 의식적 형벌과 고통 속에 처해지기 위해 그 수많은 사람들이 창조되었단 말인가?"[I. 102] 라고 반문한다.[13] 만일 전통적 생각이 옳다면, 결국 하나님은 자신이 원하는 것을 얻지 못하는 셈이 된다고 벨은 지적한다[I. 103]. 나아가 벨은 고대교회의 교부들의 글을 인용하면서 자신의 생각의 확실성을 주입하려 한다. 알렉산드리아의 클레멘스와 오리게네스, 니사의 그레고리, 제롬, 어거스틴, 바실리우스를 열거한다[I. 107]. 심지어 그는 루터를 거명한다. 사람이 죽은 후에도 다시 하나님께 돌아설 수 있는 가능성을 루터는 충분히 인정했다는 것이다[I. 106]. 심지어 벨은 죽은 후에 또 한 번의 기회가 아닌, 하나님께 돌아올 때까지 끊임없는 기회가 있을 것이라는 추측에도 그는 긍정한다[I. 106-7]. "하나님의 사랑이 그들의 완악한 마음을 녹일 것이며, 그래서 가장 타락한 사람조차도 마침내 하나님에 대한 그들의 저항을 끝내고 하나님께 돌아올 것"[I. 107]이기 때문이다. 그는 영원한 의식적 지옥의 고통이라는 전통적 견해를 비판하면서 만인구원론적 기독교전통의 관점들을 소개한 후 결국 "사랑이 이긴다"[I. 119]는 말로 끝맺는다.

이에 대한 위트머의 평가를 살펴보기로 한다. 그는 벨이 죽음이후의 구원을 약속하는 성서구절을 결코 제시하지 못하고 있으며, 또한 소위 만인구원론적 본문을 근거로 한 논증도 설득력이 없다고 비판한다.

12 이에 대한 반론, F. Chan and P. Sprinkle, 『지옥은 없다?』, 46ff.

13 C. VanLandingham, *Judgment & justification in early Judaism and the Apostle Paul* (Peabody, Massachusetts: Hendrickson Publishers, 2006)은 오히려 유대 사상이나 바울은 인간의 짧은 생애 동안의 행위가 인간의 영원한 운명을 결정한다는 생각을 가지고 있다고 주장한다.

어느 본문에서도 죽음 이후의 구원을 말하는 본문이 없다는 것이다w. 26ff.. 필자는 위트머의 주장이 더 정확하다고 생각한다. 만인구원론을 제시하는 성서본문을 찾기가 쉽지 않다고 생각하기 때문이다. 벨이 현실적 지옥을 주장하면서 제시한 부자와 나사로의 이야기를 본다면, "또 한 번의 기회"가 단호히 거부되고 있다는 것을 알 수 있다.w. 27. 벨은 요한계시록의 불 못을 언급하면서도 이것을 당시의 신자들이 당하고 있는 현실적 지옥체험을 상징한다고 본다l. 112. 그리고 성서의 마지막 장은 모든 것을 회복하는 장면으로 나타난다는 것이다. 예루살렘 성의 문은 항상 열려 있어서 자유롭게 드나드는 것으로, 즉 죽음 이후에도 구원의 가능성이 열려져 있는 것으로 해석한다l. 114f. 하지만 벨의 주장은 성서를 정확히 보지 못하는데서 기인한다. 이미 요한계시록은 성문 안과 밖의 사람, 생명책에 기록된 자와 기록되지 못한 자를 철저히 구분하고 있기 때문이다.

벨의 논증에 대한 위트머의 비판은 역사적 증거에도 가해진다. 벨은 만인구원론이 1세기 이후 기독교 전통의 중심에 있다고 말하지만 그것은 역사적으로 옳지 않다고 위트머는 지적한다. 그에 의하면, 만인구원론자들은 주로 동방교회 출신이었으며, 플라톤의 영향을 받은 자들이었고, 주로 오리겐의 계보에 속하는 자들이었다는 것이다w. 68.[14] 벨은 루터 역시 사후 구원가능성을 인정하였다고 보았지만, 그것은 벨의 오해라고 위트머는 지적한다. 위트머에 의하면 루터는 다음과 같이 첨언하고

14 J. Moltmann, *Das Kommen Gottes: Christliche Eschatologie*, 김균진 옮김, 『오시는 하나님』(서울: 대한기독교서회, 1997), 409는 만인구원에 관한 이론이 교회의 중심주장이 아니었음을 말하고 있다. 고대 교회의 신학자들은 이 이론들을 전체적으로 거부하였고 만인구원을 주장했던 오리겐의 주장은 결국 교회 안에서 거부당했다. 어거스틴, 칼빈, 루터 등은 구원의 보편주의를 거부하였다. 이 이론이 다시 교회에 등장한 것은 당시 신학계의 주 흐름이 아닌 일부의 경건주의자들에 의해 지지 받던 17-18세기였다.

있기 때문이다. "그러나 하나님이 이렇게 하신다고 아무도 입증할 수 없다. …… 믿음 없이 구원받는다는 것은 불가능하다. 그렇지 않다면 모든 설교와 복음과 신앙은 공허하고 거짓이며 속이는 것이 된다. 전체의 복음은 믿음을 필요로 하기 때문이다."w. 68

위에서 지적한 대로 벨에 의하면 종국에는 사랑이 이긴다. 사랑이 이긴다면, 결국 인간의 구원은 하나님의 사랑이 아니라 강제가 되는 논리가 형성된다. 그렇다면 인간에게는 선택의 자유가 없지 않은가 하는 질문이 생길 수밖에 없다. 그런데 벨은 오히려 인간에게 선택권이 주어져 있다고 말한다. 하나님은 사랑이어서 강제하지 않으며, 하나님께 저항할 수 있는 자유도 하나님의 사랑의 은사이기 때문이다. 우리가 지옥을 원하면 그 지옥은 우리의 것이 된다는 것이다. 달리 말하자면 우리가 원하는 대로 될 수 있다는 것이다l. 116ff.. 벨의 말을 인용해본다. "우리가 고립과 절망과 우리 자신의 신이 될 권리를 원한다면 하나님은 은혜롭게 그 선택을 우리에게 주신다. 우리가 세상을 우리의 형상대로 만들 능력과 힘을 사용하기를 주장한다면 하나님은 그 자유를 우리에게 허락하실 것이다. 우리는 그런 종류의 허가증을 가지고 있다. 우리가 빛과 소망과 사랑과 은혜와 평화와 아무 상관하고 싶어 하지 않는다면, 하나님은 우리의 그런 욕망을 존중하실 것이다"l. 117 여기서 우리는 벨의 갈등을 발견한다. 끊임없이 사랑의 하나님이 영원히 지옥의 형벌을 주실 수 있는가하는 문제에 그럴 수 없다고 말하다가 결국 하나님께 저항할 수 있는 권리를 주셨다고 말한다. 이런 논리라면 전통적 하나님 이해가 가지고 있는 딜레마를 벨도 그대로 가질 수밖에 없게 된다고 위트머는 비판한다w. 73f. 그리고 인간에게 선택권이 주어진다면 구원은 "하나님에 의해 결코 보장되지 못하게 된다."w. 74 위트머는 "벨은 만인구원론자인가"75라는 질문을 던지면서 벨을 "초기 만인구원론자"incipient universalist로 명명한다w. 75.

3. 지옥의 일시성과 영원성에 대한 논쟁

지옥은 영원한가? 이 질문에 전통신학은 언제나 긍정적으로 대응하였다. 그러나 일련의 신학자들은 지옥의 영원성을 인정하지 않았음도 사실이다.[15] 영원히 존재하는 지옥은 하나님의 사랑의 속성에 일치하지 않으며, 하나님의 최종적 승리에 걸림돌이 되기 때문이다. 사실상 지옥에 대한 현대신학의 논쟁에서 중요한 문제는 지옥의 존재 여부가 아니라, 지옥의 시간성에 관한 문제이다. 즉 벨을 포함하여, 지옥의 존재 자체를 부인하는 기독교신학자는 거의 없다. 다만 지옥이 시간적 한계를 가지고 있느냐, 아니면 말 그대로 영원한 것인가 하는 문제만이 남아 있다. 이 문제에 관한한 벨이 한시적 지옥의 옹호자라면, 위트머는 전통적 영원한 지옥의 대리자이다. 그런데 문제는 둘 다 동일한 성서본문을 가지고 각각의 다른 입장에 선다는 점이다. 만유구원론자들은 성경에 나타난 영원αιωνιος, 구약의 올람의 개념을 절대적이고 무시간적 의미의 영원으로 해석하지 않고 "시대적이며, 긴 시간적 혹은 마지막 시간적"[16]으로 해석하여 결국 지옥은 끝이 있다고 생각한다.

벨도 이에 철저히 동조한다. 그는 마태복음 25장의 양과 염소의 분리의 장면을 해석하면서 영생ζωην αιωνιον과 대칭되는 개념인 영벌κολασιν αιωνιον의 해명에 주력한다. 그는 "영원한"을 세대 혹은 기간으로, "벌"(콜라조)을 "가지치기의 시간, 다듬는 시간, 강렬한 교정의 체험"을 의미하는 것으로 해석한다l. 91. 그래서 그는 이 말을 "끝나지 않는다는 의미의

15 J. Moltmann, 『오시는 하나님』, 409-414; J. Hick, *Death and Eternal Life* (London: Collins 1976); D. J Powys, *Hell: A Hard Look at a Hard Question. The Fate of the Unrighteous in New Testament Thought* (Milton Keynes: Paternoster, 1997). 복음주의자라고 알려져 있는 J. Stott도 이에 해당한다.

16 J. Moltmann, 『오시는 하나님』, 418.

끝없는 형벌"로 해석하는 전통적 입장을 경계한다. 왜냐하면 성경의 저자들은 "끝없는"이라는 용어를 사용하지 않는다고 그는 보기 때문이다[I. 92]. 따라서 그는 "우리가 '영원한 형벌'이라는 말을 해석할 때 원래 존재하지 않는 개념과 범주를 어느 한 구절에 첨가해서 읽지 않는 것이 중요하다. 예수는 우리가 생각하는 그런 의미의 영원에 대해 말하고 있지 않다"[I. 92f] 고 주장한다. 이에 대해 위트머는 전통적 성서해석에 의존하고 있다. 대부분의 학자들이 해석하듯, 그는 영벌을 말 그대로 영원한[eternal] 벌로 해석하는 것이 적절하다고 본다[W. 55]. 같은 구절에 나오는 영생이라는 단어에도 동일한 단어가 쓰였으며, 생명이 일시적이지 않고 영원하다면 "영벌"도 동일하게 끝이 없는 영원한 벌로 해석하는 것이 더 타당하다는 것이다[W. 55]. 필자는 위트머의 생각이 더 타당하다고 생각한다. 위트머의 지적대로, 만일 지옥이 끝이 있거나, 형벌이 아닌 교정(교육)의 불이어서 교육의 기간이 끝나 또 한 번의 구원의 기회가 주어진다면, 그의 대칭되는 개념인 영생도 끝이 있을 것이기 때문이다. 영벌과 영생에 나타나는 동일한 "아이오니오스"를 서로 다르게 해석할 수 있다고 하나 이것은 지나치게 자의적이다. "영생과 영벌"은 결코 하나님이나 세상과 같은 전혀 다른 차원의 개념이 아니라 짝을 이루고 있는 대칭개념이므로, 영생은 영원한 것으로, 영벌은 끝이 있는 것으로 해석하는 것은 적절한 해석이 아니다. 이 본문은 결국 심판의 이중적인 결과뿐만 아니라 그 결과의 영원성을 선언하는 본문이다.[17]

4. 지옥과 하나님의 속성

벨이 전통적 개념의 지옥을 받아들일 수 없는 이유는 하나님의 사랑과 관련이 있다. 도대체 어떻게 수많은 사람들 중에 선택된 소수의 사람들만 천국에 가고 나머지 수많은 사람들은 영원한 형벌과 고통에 처해질 수 있는가를 질문한 후, 벨이 이어서 던지는 질문은 바로 "이것이 하나님께 받아들여질 수 있는가? 하나님은 영원한 고통에 처하려고 수많은 사람들을 창조하셨단 말인가? 하나님이 과연 이렇게 할 수 있는가? 이것을 하나님이 허용할 수 있는가? 그런 하나님을 사랑의 하나님이라고 주장할 수 있는가?"[l. 2] 하는 질문이다. 그는 책의 서문에서 "예수의 이야기는 모든 사람, 모든 곳을 위한 하나님의 사랑에 관한 이야기라고 ……", "예수가 온 이유도 사랑 때문이라고 ……" 말한다[l. vii–viii]. 그래서 그는 하나님의 사랑을 생각할 때마다 전통적인 지옥개념이 이해할 수 없으며 오늘 이 시대에 꼭 필요한 메시지는 지옥 이야기가 아니라 하나님의 사랑 이야기, 즉 예수 이야기라는 것이다[l. viii]. 하나님은 사랑이시라는 말에 동의하지 않는 사람은 없을 것이다. 그러나 그가 이렇게 말하는 이유는 간단하다. 전통적 예정론이나, 죽음 이후의 지옥개념 등 전통적 교회가 가르치고 있는 교리를 비판하기 위해서다. 즉 하나님은 세상을 사랑하셔서 모든 사람들을 위해 예수를 보내 주셨는데, 교회는 "몇몇 선택된 사람만 천국이라 불리는 평화롭고, 즐거운 곳에서 영원히 지내며, 인류의 그 나머지는 더 개선될 기회를 상실한 채 지옥에서 괴로움과 벌 속에서 영원히 지내게 될 것"[l. viii]이라고 가르친다는 것이다. "이것은 오도

17 U. Luz, *Das Evangelium nach Matthäus (Mt 18-25)* (Neukirchen: Benziger/Neukirchener, 1997), 541; E. Schweizer, *Das Evangelium nach Matthäus*, 한국신학연구소 옮김, 『국제성서주석: 마태오복음』(서울: 한국신학연구소, 1982), 503;. H. Balz, "αιωνιος", in *Exegetical Dictionary of the New Testament* vol. 1, eds. H. Balz and G. Schneider (Grand Rapids: William B. Eerdmans, 1990), 46ff; W. Wiefel, *Das Evangelium nach Matthäus, Theologischer Handkommentar zum Neuen Testament*, Bd 1 (Leipzig: Evangelsiche Verlagsanstalt, 1998), 437. A. A. Hoekema, 『개혁주의 종말론』, 265-273; H. Bavinck, *Gereformeerde Dogmatiek*, 박태현 옮김, 『개혁교의학』(서울: 부흥과개혁사, 2011), 841-2. F. Chan and P. Sprinkle,, 『지옥은 없다?』, 96ff.

된 것이고, 치명적인 것이며, 그래서 결국 예수가 전한 사랑과 평화와 용서와 기쁨의 메시지를 왜곡하는 것"I. viii 이며 하나님의 사랑의 속성과도 어울리지 않는다고 그는 비판한다I. vii-viii. 사랑의 하나님이라면 어떻게 일생의 짧은 기간 동안의 행위믿음 때문에 영원한, 영원한 형벌에 처할 수 있겠는가 하는 것이다. 우선 이 생각부터 대처하고 지나가보자. 만일 하나님이 이렇게 하는 것이 불공평하면, 한 번 역으로 생각해보라. 그렇다면 왜 하나님은 인생의 그 짧은 기간의 행위를 기준으로 영원한 천국을 누리게 해주시는가? 그러므로 전자가 불공평하다면 후자도 불공평해야 마땅할 것이다. 또 역으로 후자가 마땅하다면, 전자도 마땅할 것이다. 짧은 삶의 행동으로 영원한 천국은 마땅하고, 영원한 지옥은 불공평하다면 그것은 논리적으로 합리적이지 않다.

그는 매우 색다른 주장을 펼친다. 탕자의 비유를 설명하면서 본래 은혜와 자비는 공정하지 않다는 것이다. 달리 말하자면, "공정하지 않은 것이 바로 은혜와 자비의 본질"I. 168 이라는 것이다. 탕자는 자격이 없지만 그를 위하여 아버지는 잔치를 베풀었고, 그것이 바로 불공정한 아버지의 세계라는 것이다I. 168. 이것을 우리의 논의에 대비시킨다면, 또 한 번의 기회를 얻을 수 없는 자가 다시 기회를 얻을 수 있는 것, 이것이 아버지의 불공정한 사랑이라는 것이다. 그러므로 전통적인 지옥관은 아버지의 사랑에 일치하지 않는다는 것이다. 즉 끊임없이 사랑하시며, 끊임없이 관계를 가지려고 하다가, 사람이 죽으면 믿지 않았다는 이유로 영원한 형벌에 처하는 하나님은 사악한 존재, 신실하지 못한 존재라고까지 그는 말한다I. 174. 그래서 그는 "하나님은 당신이 죽는 순간에 완전히 다른 분이 되시는가?"I. 174 라고 묻는다. 이것을 그는 "염소의 복음"I. 181 이라고 부른다. 그는 하나님을 벌주시는 하나님으로 이해한다면 하나님은 노예감독관이거나 폭력적인 하나님이 되며, 그 하나님은 평화를 주시는 분이 아니라 불안과 공포와 긴장과 스트레스를 주시는 하나님이 된다는 것이다 I. 181ff.. 하나님은 죄인을 벌하시며, 예수 그리스도는 우리의 죄에 대한 대가를 지불하신 분이라면, 그렇다면 결국 예수는 우리를 하나님으로부터 구원하시는 분이 되고 만다는 것이다 I. 182. 그의 논리는 지나친 비약이다. 하나님께 끝까지 저항하였음에도 불구하고 아무런 형벌 없이 용서하시는 하나님, 그리고 믿음 없는 죽음 이후에도 또 한 번의 기회를 주시는 하나님, 어떤 경우에도 처벌할 수 없는 하나님은 사랑의 하나님이 아니라 사랑의 포로이며 하나님 자신의 포로이다. 그렇게 이해한다면 그는 결코 자유를 상실한 하나님이 되며, 그의 사랑은 진정한 자발적 사랑이 아닐 것이다.

위트머는 벨이 주장한 하나님에 대해 강력하게 반론을 제기한다. 벨은 사랑과 거룩을 모순되는 개념으로 보았지만 위트머는 결코 대립되는 개념으로 보지 않고 서로를 보완하고 강화시키는 짝의 개념으로 본다. 그에 따르면, "거룩이 없는 사랑은 질퍽거리는 감성이며 사랑 없는 거룩은 율법적이 된다. 거룩은 사랑이 없으면 거룩하지 않으며, 사랑이 거룩이 없으면 그것은 사랑이 아니다" W. 17-8. 이런 관점 하에서 위트머는 벨을 다음과 같이 평한다. "벨은 하나님의 사랑을 강조했음에도 불구하고 하나님의 거룩성을 제대로 이해하지 못했기 때문에 오히려 하나님의 사랑을 하찮게 여기게 만들었고, 전적으로 거룩하지도, 전적으로 사랑이지도 못한 하나님을 우리에게 남겨놓았다" W. 18.

위트머는 벨의 하나님 이해를 염두에 두면서 다음과 같은 방법론적 사항에 주의해야 한다고 생각한다. 첫째, "하나님과 세계와의 관계를 설명하는 유비가 성서적" W. 125 이어야 한다는 것이다. 벨은 가족의 유비를 통하여 아버지 모습의 하나님을 설명하려 하였지만, 성경에는 결코 "하나님은 모든 사람의 아버지"라는 식의 설명이 나타나있지 않다는 것이다w. 125. 오히려 위트머는 가족의 유비보다 법정courtroom의 유비가 더 적절하다고 보고 있다w. 125f.. 둘째는 하나님을 이해할 때, 해석하기 어려운 본문이라 할지라도 성경의 모든 부분들을 종합적으로 고려하여 이해해야 한다는 것이다w. 126. 사실 위트머의 이러한 지적은 벨에게는 뼈아픈 지적이다. 벨은 자기 주장과 반대되는 많은 성경구절들, 예를 들어 믿음을 통한 구원, 그리고 하나님의 (영원한) 진노와 심판과 공의를 직접적으로 언급하는 구절들을 소홀히 하고 있기 때문이다. 셋째는 "성경의 분명한 가르침들을 감성적 호소로 대체해서는 안 된다"w. 126는 것이다. "지옥과 같은 성경의 개념들은 주관적 감정에 근거해서 해결하기에는 아주 중요한 질문들이기"w. 127 때문이다.

Ⅲ. 결론

지금까지 지옥과 관련한 롭 벨의 견해와 그에 대한 위트머의 비판을 살펴보았다. 벨은 보편주의적 관점에서, 위트머는 전통적 관점의 옹호자로서 지옥에 대해 진술하고 있다. 벨은 전통적 견해를 비판하면서 사랑이신 하나님이 인간의 실수와 잘못으로 영원하신 벌을 주실 수 없으며, 하나님의 심판이라 할지라도 그것은 영원한 형벌이 아니라 교육과 정화이며 죽음 이후에도 기회가 있을 수 있을 수 있다는 주장을 내세우고 있다. 지옥이란 죽음 이후의 영원한 분리와 고통의 장소가 아닌 지금의 현실적 고통일 뿐이다. 이처럼 그가 전통적 지옥을 부정하는 것은 한마디로 말하자면 하나님의 사랑 때문이다. 그래서 그는 사랑이 이긴다는 말로 그의 책을 마치고 있다. 이에 반하여 위트머는 철저히 전통적 입장의 지옥을 견지하며 벨의 신학적, 성서적 주장을 상세히 비판하고 있다. 그의 결론은 전통적이다. 필자는 여러 성서적 구절들이나 신학적 이유에 근거하여 지옥이 분명히 존재하며, 그 지옥은 영원한 형벌이라는 위트머의 견해에 동조한다.

그러나 전통적 입장인 "영원한 형벌로서의 지옥"을 인정할 때 몇 가지 주의해야 할 점이 있다. 첫째, 우선 "전통적"이라는 말에 있다. 전통적이라는 것은 그만큼 오래된 것이며, 검증된 것이며, 교회의 주 흐름이며, 공식적 고백이라는 의미를 담고 있다. 그러나 전통이 너무 오래되어 오늘의 현실에 맞지 않는다는 의미가 될 수도 있다. 그러므로 우리는 전통적 입장의 정신을 놓치지 않으면서 오늘에 되살리는 작업이 필요하다 하겠다. 둘째, 하나님의 사랑이 상실되고 역으로 하나님의 공의와 거룩만이 강조되어서는 안 된다는 점이다. 이것은 벨이 사랑만 강조하여 지옥을 부인하게 되는 것과 같은 또 다른 우를 범하게 된다. 공의가 없는 하나님 개념도 왜곡이지만, 사랑이 없는 하나님 개념도 그만큼 왜곡이다. 셋째, 지옥의 공포를 의도적, 사악한 이유로 악용해서는 안 된다는 것을 반드시 유념해야 할 것이다. 넷째, 지옥이 결과적으로 하나님을 거스른 자들에 대한 영원한 의식적 형벌이지만, 지옥의 존재이유가 다만 형벌만을 목적으로 하지는 않는다. 지옥은 하나님의 부정적 선교방식임을 인식하는 것이 좋을 것이다. 다시 말하자면 지옥이 있으므로 지옥에 가지 말 것을 권하는 하나님의 권고이다. 다섯째, 지옥을 인정한다고 해서, 구체적으로 지옥을 지구의 땅 속 어두운 어느 곳이라거나, 블랙홀이라거나, 우주의 어느 곳이라고 단정하는 것은 현명치 못한 일일 것이다. 다만 현실적인 인간 세상과는 다른 시공간, 다른 차원의 상태, 더 이상 기회가 주어지지 않는 운명을 지칭하는 것으로 받아들인다면 족할 것이다. 마지막으로, 교회는 전통적 지옥의 실재성과 영원성을 고수하면서도, 벨이 제시한 실존적, 사회구조적인 현실로서의 지옥의 개념도 수용하여 현실 속에 있는 문제들을 개혁하려는 자세를 가져야 할 것이다.

Chapter

5

Biblical Reformed Eschatology
The Doctrine of the Last Things

제 5장

만유구원론에 대한 비판적 고찰 (1)

— 만유구원론의 출발점과 성서적 근거에 대한 비판

이 장의 출처는 다음과 같다.
김도훈, "만유구원론에 대한 비판적 고찰(1),"
『장신논단』 30 (2008), 173-202.

Ⅰ. 서론

이 장은 만유구원론의 핵심주장들을 비판하고, 최후의 심판 이후의 단계는 영원한 천국, 영원한 지옥이라는 전통적 이중적 결과설을 변호하는데 그 목적이 있다. 역사는 과연 어떻게 끝날 것인가, 세계사의 종말은 무엇인가 하는 물음에 대하여 신학의 역사 속에는 보통 두 가지 답이 있어왔다. 심판의 이중결과설과 만유구원론[1]이 그것이다. 심판의 이중결과설은 최후의 심판 이후에 인간의 운명은 믿음에 따라 영생과 영멸이라는 이중적 결과로 나뉜다고 주장하는 이론이며, 만유구원론은 모든 사람뿐만 아니라 사탄들까지도 구원받는다고 하는 이론이다. 본 글은 전통적인 입장에서 만유구원론의 다양한 주장들을 정리하고 그들의 출발점과 성서적 근거와 신학적 근거들을 비판적으로 고찰하는데 그 목적이 있다.

만유구원론에 상응하는 여러 용어들이 있다. 오리겐이나 니싸의 그레고리 등의 고대교부들은 *αποκατστασις παντων* (restitutio omnium)이라는 용어를 사용하여 사탄을 포함한 "모든 피조물들의 원상태로의 회복"을 말하려고 하였다. 이레네우스는 세계총괄갱신recapitulatio mundi라는 용어를 사용하여 유사 내용을 담고자 하였다. 오늘날에 있어서도 만물의

1 만유구원론에 대하여, J. Moltmann, *Das Kommen Gottes*, 김균진 옮김, 『오시는 하나님』(서울: 대한기독교서회, 1997), 405-441. Moltmann의 이론에 대한 평가를 위해서는, 김명용, "몰트만의 종말론: 믿음 없이 죽은 자들에게도 희망이 있는가? 몰트만과 그의 신학. 희망과 희망 사이," 『조직신학논총』 12 (2005), 247-277; 김영한, "몰트만의 보편화해론에 대한 비판적 고찰," 『조직신학연구』 1 (2002), 119-135 참조할 것. M. Ludlow, *Universal Salvation. Eschatology in the Thought of Gregory of Nyssa and Karl Rahner* (Oxford: Oxford University Press, 2000); J. R. Sachs, "Current Eschatology: Universal Salvation and the Problem of Hell," *Theological Studies* 52 (1991), 227-254; H. Schwarz, *Eschatology* (Grand Rapids: Eerdmans 2000), 337-351.

회복론, 보편구원론, 만유화해론, 만인구원론 등의 여러 이름으로 불리고 있다. 그러나 엄격한 의미에서는 이 말들이 동일한 말은 아니다. 보편구원론universalism은 모든 사람들의 최종적 구원을 의미할 수도 있으나, 단순히 구원의 보편성만을 강조하여 역사의 종국에 만인이 구원받는다는 생각을 포함하지 않을 수도 있다. 달리 말하자면 단순히 구원이 이중예정과 같은 계획에 의하여 제한되어 있지 않고 모든 이들에게 열려 있다는 의미만을 가지고도 보편구원론이라고 부를 수 있다. 만유회복론은 오리겐의 생각을 잘 반영한 것이지만 만물의 회복이라는 의미가 재타락의 가능성을 가진 상태로의 회복을 의미할 수 있으므로 필자가 말하고자 하는 만유구원론과는 차이가 있다. 몰트만은 그의 책에서 "만물의 회복"Wiederbringung aller Dinge이라는 용어를 사용하였지만 오리겐의 의미로 사용하지 않은 것은 분명하다. 모든 사람들의 구원, 사탄이나 모든 불의한 자들의 구원을 의미하고 있다는 점에서 몰트만의 이론은 만유구원론이라 불리는 것이 적절할 것이다. 만유구원론은 단순히 인간만을 포함하는 만인구원론이라는 개념보다는 넓은 의미를 가지고 있다. 이 용어는 구원의 대상이 인간뿐만 아니라 인간이외의 피조물, 즉 자연 피조물도 포함한다는 의미를 담고 있다. 여기서 간과하지 말아야 할 것은 자연 피조물에 대한 종말적 구원의 문제이다. 하지만 이 글에서는 "역사의 종말에 모든 인간이 구원받는가"라는 문제에 집중하기 위하여 자연피조물의 회복에 관한 문제는 마지막 장으로 미루기로 한다.

그런데 이 두 이론과는 다른 제 3의 이론을 주장하려는 학자들이 나타났다. 존 스토트J. Stott를 위시한 최근의 학자들인데, 이들은 만유구원론도 부인하면서, 전통적인 이중결과설도 부인하는 자들이다. 이들을 멸절론자(혹은 조건적 불멸론자)라고 부른다. 멸절론에 따르면 최후의 심판 이후에는 만인이 구원을 받는 상태가 아니라 의인들만 영원한 안식의 세계로 들어가고 불의한 자들은 그 존재가 지옥과 함께 완전히 폐기되어 불의한 자들은 더 이상 (지옥에도) 존재하지 않는 상태가 영원히 지속된다는 것이다. 이 세 주장의 결정적 차이는 결국 최후의 심판 이후의 지옥의 영원성의 인정 여부이다. 지옥이 영원하지 않다는 관점에서는 만유구원론과 멸절론이, 모든 사람이 구원받는 것은 아니라는 관점에서는 이중결과설과 멸절론이 서로 일치하고 있다. 방금 말한 대로 만유구원론이나 멸절론은 결국 지옥은 영원하지 않다고 주장하는 공통점이 있다. 예수 그리스도의 최후의 심판 이후에는 지옥이 더 이상 존재하지 않는다는 것이다. 다만 차이가 있다면 멸절론은 최후의 심판의 순간에 지옥이 파괴됨과 동시에 거기에 있는 자들도 함께 멸절되어 그들의 존재가 폐기된다는 이론이다. 이들은 최후 심판 이후의 인간의 이중적 운명, 즉 영원한 천국과 영원한 지옥이라는 이중적 운명을 반대한다. 하나님은 사랑이시므로 지옥의 고통에 처해있는 사람들을 차마 보지 못하신다. 그래서 그는 지옥에 있는 사람들의 존재를 지옥과 함께 멸하셔서 더 이상 존재하지 않도록 멸절하신다. 그들의 존재는 그들의 기억과 의식과 자아와 몸과 영혼 등 모든 것이 지옥과 함께 사라지므로 그들은 더 이상 고통을 당하지 않는다. 본 글에서는 멸절론을 다루지 않고 만인구원론에 집중하려고 한다.[2]

만유구원론은 이미 고대교부들에게서 주장되던 이론이다. 알렉산드리아의 클레멘스나 암모니우스 삭카스Ammonius Saccas 등이 만물의 회복을 주장하였고 오리겐이나 니사의 그레고리에 이르러 좀 더 체계적으로 주장되기 시작하였다. 그러다가 어거스틴이나 콘스탄티노플 공의회에서 부인되고 이단으로 정죄되어 교회의 전면에서 사라지게 되었다.[3] 이후의 교회의 주 흐름은 심판의 이중결과 및 지옥의 영원성에 대한 옹호였다.[4] 잠재해 있던 만유구원론이 근대에 이르러 부활하기 시작하였다. 최근에는 여러 이유로[5] 만유구원론이 르네상스를 맞게 되었다.[6] 지옥은 영원하지 않으며 불의한 자들까지도 구원받는다는 만유구원론이 현재 확산되면서 전통적인 입장에 많은 질문을 던지고 있다. 그리고 교회는 혼란을 겪고 있다. 이런 도전에 직면하여 만유구원론이 무엇이며 과연 그 주장들이 성서적, 신학적으로 타당한 것인가를 논리적, 신학적, 성서적으로 평가하는 것이 이 글의 의도이다.

만유구원론은 지옥의 영원성, 믿음, 심판, 하나님의 속성, 성서주석, 십자가 등의 여러 문제들과 연결되어 있다. 만유구원론과 관련하여 다음과 같은 질문들을 제기해 볼 수 있다. 만유구원론의 논리와 출발점이 타당한가? 과연 모든 사람이 (불신자나 사탄까지도 포함하여) 구원을 얻는가?

2 멸절론과 전통적 견해 사이의 논쟁 및 지옥에 대한 견해에 대해서는 다음 문헌들을 참조할 것, E. W. Fudge and R. A. Peterson, *Two Views of Hell. A Biblical & Theological Dialogue* (Downers Grove, Illinois: IVP Academic, 2000); J. L. Kvanvig, *The Problem of Hell* (Oxford: Oxford University Press, 1993); Gregory A. Boyd, *Satan and the Problem of Evil* (Downers Grove, Illinois: IVP Academic, 2001); J. Walls, *Hell: The Logic of Damnation* (Notre Dame, Indiana: University of Notre Dame Press, 1992); D. J Powys, *Hell: A Hard Look at a Hard Question. The Fate of the Unrighteous in New Testament Thought* (Milton Keynes: Paternoster, 1997); E. Ellis, "New Testament Teaching on Hell," in *Eschatology in Bible and Theology*, eds. K. E. Brower and M. W. Elliott (Downers Grove, Illinois: IVP, 1997), 199-219; P. M. Head, "The Duration of Divine Judgement in the New Testament," in *Eschatology in Bible and Theology*, eds. K. E. Brower and M. W. Elliott (Downers Grove, Illinois: IVP, 1997), 221-227; T. Gray, "The Nature of Hell," in *Eschatology in Bible and Theology*, eds. K. E. Brower and M. W. Elliott (Downers Grove, Illinois: IVP, 1997), 231-241; J. Moltmann, "The Logic of Hell," in *God will be All in All. The Eschatology of J. Moltmann*, ed. R. Bauckam (London: T&T Clark, 1999), 43-47; E. W. Fudge, *The Fire that Consumes. The Biblical Case for Conditional Immortality* (Milton Keynes: Paternoster, 1994); W. Crockett (ed.), *Four Views on Hell* (Grand Rapids: Zondervan, 1996).

3 만유구원론의 역사는 J. Moltmann, 『오시는 하나님』, 409-414; M. Ludlow, *Universal Salvation. Eschatology in the Thought of Gregory of Nyssa and Karl Rahner* (Oxford: Oxford University Press, 2000), 1-18; David Hilborn, *Universalism and Evangelical Theology: A Historical Theological Perspective*, 김상훈 옮김, "보편구원론과 복음주의 신학: 역사 신학적 관점," 『성경과 신학』 39 (2006), 318-350; 김윤태, "현대 보편구원론(Modern Universalism)," 『조직신학연구』 4 (2004), 163-190.

4 어거스틴, 아퀴나스, 루터, 칼빈, 수많은 정통주의자들, 에드워즈(J. Edwards), 베르코프(L. Berhkof), 후크마(A. Hoekema), 부룬너(E. Brunner) 등이 그 이론을 대표한다.

5 여러 이유와 배경에 따라 만유구원론의 유형이 달라진다. 이에 대해서는, 김윤태, "현대보편구원론," 163-190 참조.

그들의 성서적 근거는 무엇인가? 지옥은 영원하지 않은가? 믿음은 구원에 아무런 결과를 미치지 못하는가? 최후의 심판은 이중적 결과를 낳는가? 즉 천국과 지옥의 운명으로 나뉘는가? 아니면 최후의 심판을 통하여 모든 존재가 구원받는가? 최후의 심판의 결과로 지옥에 간다면 그 지옥은 영원한가, 즉 지옥에서 영원히 형벌을 받으며 괴로워하는가? 아니면 천국은 영원하나 지옥은 파괴되면서 지옥에 처해졌던 존재들도 모두가 파괴되는가? 지옥의 모든 존재가 사라져서 그들의 고통이 그치는가? 지옥은 하나님의 통치영역 밖인가? 하나님은 정말 사랑의 속성만 가지고 계신 분인가? 그리스도의 십자가의 의미는 무엇인가? 이러한 질문들은 매우 흥미로운 질문들이지만 방대하고 답변하기 쉽지 않은 질문들이다. 이 글을 통하여 만유구원론이 제시하는 논리와 출발점 및 그들의 성서해석이 설득력이 부족하다는 것을 알게 될 것이다. 그래서 이 글이 오늘날 번져가고 있는 만유구원론의 불길을 막는데 어느 정도 기여하리라고 생각한다.

6 만유구원론을 부활시킨 대표적 인물들은 벵엘(A. Bengel), 슐라이어마허(F. Schleiermacher) 등이다. 웨팅어(F. Öttinger), 불룸하르트(Chr. Blumhardt), 발타잘(H. U. von Balthasar), 라너(K. Rahner), 틸리히(P. Tillich), 힉(J. Hick) 등도 만유구원론을 주장하였거나 그에 경도된 인물들이다. 몰트만은 만유구원론이라는 용어를 쓰지는 않았다. 그보다도 "만물의 회복" 혹은 "만유화해"라를 용어를 즐겨 사용하였다. 그는 "오늘 우리에게 그리스도는 누구신가?"라는 책에서 "나는 보편주의자가 아니지만 하나님은 보편주의자 일 수 있다"(176)라는 말로 만유구원론자라는 비판을 피해가려고 하였다. 칼 바르트는 그의 *KD II/2*에서 자신은 만유구원론자가 아님을 밝혔다. 하지만 그는 "나는 만인구원을 가르치지는 않지만, 그것을 가르치지 않는 것도 아니다"(J. Moltmann, *Wer ist Christus für uns heute?*, 이신건 옮김, 『오늘 우리에게 그리스도는 누구신가?』(서울: 대한기독교서회 1997), 176에서 재인용)라고 자신의 만유구원론과의 관계를 회피해나갔다. 하지만 몰트만이나 바르트는 만유구원론의 길을 연 사람임에는 분명하다. 복음주의자들 사이에도 보편구원을 옹호하는 사람들이 있다.

Ⅱ. 만유구원론의 출발점 및 기본논리에 대한 비판

1. 감성적 주장

만유구원론자들의 논리적 약점은 개인적 정서와 감정에 의존한다는 점이다. 그들은 선하시고 사랑이신 하나님이 죄인들을 영원한 저주에 빠뜨려 놓고 기뻐하실 수 있겠는가라는 생각에 젖어 있다. 멸절론자로 잘 알려져 있는 존 스토트J. Stott는 영원한 지옥에 대한 감정을 다음과 같이 표현한 바 있다: "나는 [지옥의 영원한 고통]에 대한 생각을 용납할 수 없다. 그리고 자신의 감정을 마비시키거나 힘들어 몸져눕지 않고서 사람들이 어떻게 그 이론을 받아들일 수 있는지 이해할 수 없다."[7] 이런 정서적 근거는 피터스T. Peters에게서도 찾아볼 수 있다: "천국이 하나님이 우리를 먼저 사랑하였듯이 순수하게 사랑하는 사람들로 가득 찼다고 상상해 보라. 또한 이 사랑이 넘치는 영혼들이 천국 너머 어딘가에 저주 받은 영혼들이 끊임없이 뜨겁게 타오르는 불 속에서 죽지도 않고 의식이 멀쩡히 살아있는 채로 고통을 받고 있는 지옥이 있음을 알았다고 상상해 보라. 천국에 있는 이들이 어떻게 느끼겠는가? 이들이 아픔을 함께 느끼는 사랑을 했다면, 이들은 저주 받은 이들의 아픔을 느끼게 될 것이다. 그러니 천국에 있는 이들은 지옥에 저주받은 이들의 고통이 끝나고, 저들의 영혼이 고뇌로부터 자유하기를 너무 열망한 나머지 자신들이 있는 천국이 오히려 비참하게 느껴질 것이다. 천국이 비참한 곳이 된다면 천

7 D. Edwards and J. Stott, *Evangelical Essentials: A liberal-Evangelical Dialogue*, quoted in K. E. Brower and M. W. Elliott (eds.), *Eschatology in Bible and Theology* (Downers Grove, Illinois: IVP, 1997), 233.

국이 더 이상 진정한 천국이 아닐 것이다."[8] 그린M. Green도 역시 "지옥에서는 버림받은 자들이 슬피 울며 이를 갈고 있는데 하늘에서는 구원받은 자들과 영원히 기뻐할 수 있는 하나님은 도대체 어떤 하나님인가? 그런 하나님은 성서에 계시된, 완전히 의로우시며 동시에 사랑이신 그런 하나님이 아니다"[9] 라고 단언한다.

이러한 생각들은 물론 하나님의 사랑이라는 생각에 근거한 것이지만 개인적 정서가 깊이 개입되어 있다. 신학적 논리를 전개하는 데 있어서 정서에 의존하는 것이 과연 정당한 논증 방식인가 생각해 볼 필요가 있다. 만일 정서적 질문이 타당하다고 한다면 반대의 관점에서도 정서적 질문이 가능하기 때문이다. 모든 사람들과 사탄들이 신자들과 함께 구원받는다고 생각해보라. 끝까지 하나님을 저주하고 복음에 저항한 자들이, 예수 그리스도를 믿는 사람들을 핍박하고 이 땅에서 그들로 하여금 지옥의 고통을 느끼게 한 자들이 같은 좌석에 앉아 식사를 하고 함께 손을 잡고 춤을 추며 사랑의 교제를 나눈다고 한다면 그것이 정당하겠는가? 순교자들이 그것을 정당하다고 생각하겠는가? 불의한 자들도 오히려 그러한 상황이 불의하다고 생각하지 않겠는가? 박해한 자와 박해 받은 자가 함께 있는 천국이 과연 천국이겠는가? 그곳은 천국이 아니라 불의를 정당화해 주는 곳이 아니겠는가? 만일 하나님이 그렇게 하신다면, "주께서 이같이 하사 의인을 악인과 함께 죽이심은 불가하오며 의인과 악인을 균등히 하심도 불가하니이다 세상을 심판하시는 이가 공의를 행하실 것이 아니니이까" 창 18:25 라는 아브라함의 질문에 하나님은 어떻게 답변하실

8 T. Peters, *God - The World's Future*, 이세형 옮김, 『하나님-세계의 미래』(서울: 컨콜디아사, 2006), 624.

9 M. Green, *Evangelism Through the Local Church*, quoted in K. E. Brower and M. W. Elliott (eds.), *Eschatology in Bible and Theology*, 234.

것인가? 필자가 이렇게 감성적인 질문을 하는 것은 필자의 논증을 감성에 의존하고자 함이 아니다. 오히려 감성에 의존해서는 안 된다는 것을 보여주기 위한 것이다.

2. 현실적 경험으로부터의 출발

이들의 또 하나의 출발점은 현실적 경험, 즉 "모든 사람이 구원받는 것이 진정한 기독교적 대안이 아니라면 예수 그리스도의 복음을 들어본 적이 없는 모든 사람들이 영원히 받는 의식적 고통은 어떤가?"[10]라는 질문이다. 그린M. Green에 의하면 "많은 열정적인 그리스도인들이 그런 견해[예수 믿지 않으면 영원한 지옥의 고통을 당한다는 견해]를 가지고 있지만 그것이 정말로 기독적인 것인지는 의심스럽다"[11]고 말한다. 테드 페터스도 이에 편승한다. 우리 상황에 적절하다고 여겨질 수 있는 진술이다. "사람들이 단순히 이슬람, 불교, 신도의 분위기에서 테어났기 때문에 예수를 주님이라고 고백하지 못한 사람들을 지옥에 보내는 것은 부당하고, 불공정하며, 우리가 예수 그리스도의 구원 사역을 통해 알게 된 자비의 하나님과는 어울리지 않는 것처럼 들린다. 이런 점들을 고려하고 보면 보편 구원 교리로 향해 나아가야 할 것이다."[12] 이러한 현실적 상황은 전통적인 구원관에 걸림돌이 될 수 있다. 하지만 성서를 해석할 때 지나치게 자신의 경험이나 상황, 집단적 상황 등을 성서 본문에 주입시켜서는 안 된다. 경험과 실존의 개입을 전혀 배제할 수는 없지만 위 경우는

10 위의 책, 234.

11 위의 책, 234.

12 T. Peters, 『하나님-세계의 미래』, 621.

과도하다고 볼 수밖에 없다. 현실적 경험이 기준이 되고 거기에 맞춰 성서를 해석해야 된다는 논리로 이어지기 때문이다. 우리는 논리적인가 아닌가 보다, 정서에 부합하는가 아닌가 보다, 경험적 설득력이 있는가 아닌가 보다, 상황을 합리화하는 신학인가 아닌가 보다, 성서적인가 아닌가를 먼저 기준으로 삼아야 할 것이다.

3. 전통적 입장은 헬라적 논리?

영원한 생명과 영원한 형벌, 천국과 지옥, 영생과 영멸 등, 최후의 심판 이후의 이중적 결과를 부인하면서 내세우는 논리는 이것이 성서적 사고가 아니라 헬라적 사고라는 것이다. 특히 플라톤 철학의 반영이라고 주장한다. 엘리스E. E. Ellis는 영원한 형벌에 대한 어거스틴 등의 전통적 주장은 인간에게는 사라질 수 없고, 중단할 수 없으며, 죽을 수 없는 그 무엇이 있다는 전제로부터 출발한 것이라고 비판하고 있다.[13] 여기서 '죽을 수 없는 그 무엇'은 헬라 사상, 좀 더 정확히 말하자면 플라톤의 영혼 불멸사상을 의미하는 것이다. 인간의 영혼은 죽을 수 없다는 사고 때문에 지옥의 영원성의 개념이 도출되었다는 것이다. 이것은 결국 무엇을 의미하는가? 영원불멸의 고통을 이야기하는 것은 성서를 헬라적으로 해석한 것이기 때문에 정당하지 않다는 것을 의미한다. 펏지E. Fudge는 이런 전통적인 생각을 이교도적인 것으로 묘사한다.[14] 하지만 전통적인 입장은 결코 영혼만이 영원토록 지옥의 고통을 느낀다고 말하지 않는다. 전통적

13 E. E. Ellis, *New Testament Teaching on Hell*, quoted in K. E. Brower and M. W. Elliott (eds.), *Eschatology in Bible and Theology*, 199, 215, 216.

14 E. W. Fudge and R. A. Peterson, *Two Views of Hell*, 22, 23, 35, 54, 62.

입장이 견지하고 있는 영원한 지옥의 고통은 분명 최후의 심판 이후의 사건이므로 몸을 포함한 전인의 고통을 말한다. 펏지나 엘리스는 전통적 종말론을 제대로 이해하지 못한 것이다.

그리고 여기서 필자는 신약성서가 헬라어로 쓰였음을 지적하고 싶다. 이방인이건 유대인이건 신약성서는 헬라어권의 독자를 염두에 둔 것이다. 언어와 사고와 문화는 매우 밀접한 관계가 있다. 성서가 헬라 사상과는 전혀 관계없이 오로지 유대적 사고만을 반영했다는 것은 이해하기 힘들다. 어느 한 사상이 주변의 영향 없이 순수하게 독립적으로 보존되기란 불가능하다. 많은 유대사상들이 이미 고대 근동이나 헬라 사상의 영향을 받은 것들이다. 만일 기독교 사상을 전개하거나 성서를 해석하는 데 있어서 유대 초기 사상만이 기준이 된다고 주장한다면 신, 구약에 나타난 부활사상, 메시아 사상, 종말 개념, 묵시 사상들을 부인하는 오류를 낳게 될 것이다. 구약도 마찬가지다. 구약에는 이미 고대 근동의 사상적 물줄기들이 야웨 신앙이라는 필터를 거쳐 흘러들어와 있다. 그러므로 성경은 유대적이냐 아니냐, 또는 헬라적이냐 히브리적이냐로 판단해서는 안 된다. 물론 히브리 사상이 더 성경에 근접한 사상이라고 할 수 있겠지만 그것만을 판단 기준으로 삼을 때는 매우 큰 어려움을 겪을 수밖에 없다. 성경 안에 포함되어 있다면 이미 그것은 성경적인 것이다.

영원한 지옥에 대한 개념이 헬라적이어서 비성서적 요소를 담고 있다고 주장한다면 역으로 만유구원론은 어떤지 생각해보자. 만유구원론 역시 헬라적이라면, 영원한 지옥 혹은 심판의 이중결과설이 헬라적이어서 타당성이 없다는 논리는 자동적으로 설득력을 잃을 것이며, 아울러 만유구원론도 그들의 논리대로 한다면 역시 설득력 없는 이론이 되고 말 것이다. 결론적으로 말하자면 만유구원론 역시 본격적인 신학화 작업은 헬라 사상의 마당 위에서 형성된 것이다. 만유구원론의 핵심 주창 인물은 위에서 말한 대로 오리겐Origen이다. 그를 전적인 유대 사상가라로 말할 사람은 아무도 없을 것이다. 그의 핵심저서인 "제일원리에 대하여"[15]는 플라톤, 스토아 등등의 많은 헬라사상들을 반영하고 있다. 그가 세계의 종말에 대해 사용한 용어는 헬라어로 "αποκαταστασις παντων"이다. 이것을 말 그대로 번역하면 "만물의 회복"restitutio omnium이다.[16] 그에 의하면 모든 것은 원상태로 회복된다. 처음과 시작은 서로 상응하기 때문이다.[17] 그는 세계의 종말 상태를 이야기 하면서 기독론적으로, 성서적으로 해결하려 하였으나 헬라적인 순환적 시간관을 벗어나지는 못하였다.[18] 고대 교회의 훌륭한 교부인 니싸의 그레고리Gregory of Nyssa는 하나님을 향

15 H. Görgemanns and H. Karpp (hg./übers.), *Origenis De Principiis Libri IV: Origenes Vier Bücher von den Prinzipien* (Darmstadt: Wissenschaftliche Buchgesellschaft, 1976) (이 책의 제목은 "시작에 대하여," "원리들에 대하여" 등 여러 다른 명칭으로 번역될 수 있지만 필자는 이렇게 번역하였다. 이하 DP로 약칭함).

16 DP, 318f. 오리겐의 선생은 암모니우스 삭가스(Ammonius Sakkas)이다. cf. DP, 4. 그는 모든 것이 마지막 단계에는 회복될 것이라고 주장하였다. 만물의 시작과 만물의 종말은 서로 상응하기 때문에 모든 것은 처음 상태, 즉 시작의 원상태로 돌아간다는 것이다. 이것은 헬라의 순환적 시간관을 반영한 것이다. 유대적 역사관은 순환적 역사관이 아니다. 오히려 직선적 역사관에 가깝다. 이런 삭가스의 순환적 시간관이 오리겐에 반영된 것은 분명하다. 이 순환적 역사관은 신학의 역사에 자주 등장하였다. 에리우게나(Johannes Scotus Eriugena. Cf. Zum Rückkehr bei Eriugena vgl. S. Gersh, "The Structure of the Return in Eriugena's Periphyseon," in *Begriff und Metapher. Sprachform des Denkens bei Eriugena*, ed. W. Beierwaltes (Heidelberg: Carl Winter Universitätsverlag, 1990), 108-125; U. Rudnick, *Das System des Johannes Scotus Eriugena: Eine theologisch-philosophische Studie zu seinem Werk* (Frankfurt a. M.: Peter Lang, 1990), 290ff.), 토마스 아퀴나스 (Cf. F. O'Rourke, *Pseudo-Dionysius and the Metaphysics of Aquinas* (Leiden/New York/Kln: Brill, 1992), 234-241; M. Seckler, *Das Heil in der Geschichte. Geschichtstheologisches Denken bei Thomas von Aquin* (München: Kösel, 1964), 49ff; J. A. Aertsen, "Natur, Mensch und der Kreislauf der Dinge bei Thomas von Aquin," in *Mensch und Natur im Mittelalter*, Miscellanea Medaevalia 21/1, eds. A. Zimmermann and A. Speer (Berlin/New York: Walter de Gruyer, 1991), 143-160; M-D. Chenu, "Der Plan der Summa", in *Thomas von Aquin I*, ed. K. Bernath (Darmstadt: Wissenschaftliche Buchgesellschaft, 1978), 173-195; W. J. Hankey, "Aquinas' First Principle. Being or Unity?," *Dionysius* 4 (1980), 133-172.) 등이 그들이다. 하나님은 만물의 시작과 끝이며, 근원인 동시에 목표이다. 만물이 하나님으로부터 나와서 하나님께로 돌아가며, 이 운동은 처음과 끝, 근원과 목표가 서로 상응하는 순환(circulatio)이다. 헬라적 순환적 시간관의 영향을 받은 만유구원론을 향하여 유대적 사고라고 말할 수 있겠는가.

17 만일 최종적 완성이 원상태로의 회복을 의미한다면 새로운 타락과 새로운 구원이라는 논리적 순환이 발생할 것이다. cf. H. Schwarz, *Eschatology*, 339f; J. Moltmann, 『오시는 하나님』, 450f.

18 DP, 217, 291. cf. M. Ludlow, *Universal Salvation*, 33.

한 영혼의 상승이라는 플라톤의 개념을 기독교적으로 재 표현한 오리겐의 영향을 아주 많이 받았다.[19] 그는 종말론에 있어서 오리겐과 아주 동일하지는 않지만 원상태로의 회복, 타락 이전의 상태로의 회복이라는 의미로 apokatastasis라는 용어를 사용하였다.[20] 만유회복설 혹은 만유구원론 역시 헬라사상의 영향을 받아 형성된 이론이다. 천당과 지옥이라는 이중적 결과에 대한 생각보다 오히려 더 헬라적이라고 말할 수 있다. 그러므로 지옥의 영원한 형벌을 헬라적이라고 배척하는 것은 만유구원론자들의 자기모순이다.

4. 현대 과학적 세계관이라는 기준

지옥을 부인하는 또 하나의 논리는 현대 과학적 세계상에 어울리지 않는다는 것이다. 이를 대표하는 신학자 중의 한 사람이 루돌프 불트만이다. 그는 "신약성서의 세계상은 신화적이다"[21]라는 매우 도발적인 문장으로 그의 글을 시작한다. 자신의 성서해석 방법론을 주장하기 위해 성경의 주요 내용들을 "신화적"이라 단정해 버린다. 그가 신화적 세계관이라 지칭한 성서의 세계관은 다음과 같다. "세계는 3층으로 꾸며진 것으로 간주된다. 가운데에 땅이 있고 위에는 하늘, 아래는 지하세계가 있다. 하늘은 신과 하늘의 인물들인 천사들의 거처이며, 지하세계는 지옥으로서 고통의 장소이다."[22] 이러한 세계관은 현대인들이 받아들일 수 없

19 위의 책, 37.

20 위의 책, 43.

21 R. Bultmann, "Neue Testament und Mythologie," *Kerygma und Mythos* I (1954), 15ff, 허혁 옮김, "신약성서와 신화,"『학문과 실존』II (서울: 성광문화사, 1981), 64-103, 64.

고 이런 세계관을 수용하도록 요구할 수도 없다는 것이다. "왜냐하면 학문적인 사유에서는 우주에서의 상上과 하下에 관한 논술이 모든 의미를 상실"[23]했을 뿐만 아니라 "전등과 라디오를 사용하며 병이 들었을 때 현대 의술과 병원을 이용하는"[24] 현대인들에게 지옥은 이해할 수 없는 것이 되기 때문이다. 그러므로 "세계경험과 세계지배는 과학과 기술을 통해 크게 발전해서 어떤 사람도 신약성서의 세계상을 진지하게 고수할 수 없게 되었으며, 이미 그것을 고수하고 있는 사람도 없다"[25]는 것이다. 이것은 철저히 과학을 판단의 기준으로 삼거나 인식의 표준으로 생각하는 모더니즘적 관점이다. 왜 우리는 모더니즘적 관점으로 인간과 세계를 바라보아야 하는가? 왜 과학이 성서를 해석하는데 렌즈가 되고 필터가 되어야 하는가? 물론 우리는 모든 과학을 배제하거나 무시할 필요는 없다. 그러나 우리는 분명히 인식해야 한다. 현대과학에 어긋난다고 비성서적이 되거나, 현대 정신에 일치한다고 하여 성서적이 되는 것은 아니라는 것을. 지옥에 대한 이해도 마찬가지다. 보편구원론적 경향을 보이는 페터스도 "오늘날 많은 사람들은 지옥 교리를 철저히 거부하고 보편적 구원을 주장한다. 그러나 그리스도교 교리가 단순히 근대정신에 맞지 않는다는 이유 때문에 거부되어서는 안 된다"[26]고 경계한다. 그렇다. 현대과학이 부정한다고 해서 성서가 전하는 지옥이 사라지는 것이 아니다. 현대에 어긋난다고 그 실재성을 부인한다면, 이성을 뛰어넘는 부활이나 묵시적 종말, 심지어 천국과 성육신 사건마저도 사라지거나 아니면, 그 실

22 위의 책, 64.

23 R. Bultmann, "Jesus Christus und die Mythologie," *Glauben und Verstehen* IV (1964), 144ff, 허혁 옮김, "예수 그리스도와 신화,"『학문과 실존』III (서울: 성광문화사, 1981), 221.

24 R. Bultmann, "신약성서와 신화," 67.

25 위의 책, 66.

26 T. Peters,『하나님-세계의 미래』, 574.

존적 의미만을 현대인들에게 전달해야 하는 딜레마에 빠지게 될 것이다. 설사 현대 정신에 어울리지 않아 지옥이 부정된다 하더라도 그 결론이 만인구원이어야 한다는 것은 논리의 비약이다.

Ⅲ. 만유구원론의 성서적 근거와 그 평가

1. 그리스도와 하나님의 통치 및 주권

우선 만유구원론자들이 선호하는 성경구절들을 인용해보자.[27] "우리는 그리스도 안에서 그의 은혜의 풍성함을 따라 그의 피로 말미암아 속량 곧 죄 사함을 받았느니라 이는 그가 모든 지혜와 총명을 우리에게 넘치게 하사 그 뜻의 비밀을 우리에게 알리신 것이요 그의 기뻐하심을 따라 그리스도 안에서 때가 찬 경륜을 위하여 예정하신 것이니 하늘에 있는 것이나 땅에 있는 것이 다 그리스도 안에서 통일되게 하려 하심이라"엡 1:7-10. "이러므로 하나님이 그를 지극히 높여 모든 이름 위에 뛰어난 이름을 주사 하늘에 있는 자들과 땅에 있는 자들과 땅 아래에 있는 자들로 모든 무릎을 예수의 이름에 꿇게 하시고 모든 입으로 예수 그리스도

27 J. Hick, *Death and Eternal Life* (London: Collins, 1976). 그가 제시하는 구절은 고전 15:22, 롬 5:18, 11:32, 엡 1:10, 딤후 2:4 등이다. 힉 뿐만 아니라 대부분의 만유구원론자들은 신약의 위 구절들에 의존하고 있다. 이것도 분명히 만유구원론을 주장하는 구절이라기보다는 그렇게 해석되는 구절이다. M. Ludlow, *Universal Salvation*, 13 역시 이 구절들이 명백한 만유구원론적 본문이 아니라 "설명을 요하는 어려운 구절"들이라고 말한다. 위 구절들은 해석 여하에 따라서는 오히려 심판의 이중결과설을 지지하는 구절로도 해석될 수 있다.

를 주라 시인하여 하나님 아버지께 영광을 돌리게 하셨느니라" 빌 2:9-11. 이들이 보다 더 핵심적으로 인용하는 구절은 고린도전서 15장 28절이다. "만물을 그에게 복종하게 하실 때에는 아들 자신도 그 때에 만물을 자기에게 복종하게 하신 이에게 복종하게 되리니 이는 하나님이 만유의 주로서 만유 안에 계시려 하심이라." 고린도전서 15장 24-26절 역시 유사한 내용으로서 그들이 선호하는 구절이다. "그 후에는 마지막이니 그가 모든 통치와 모든 권세와 능력을 멸하시고 나라를 아버지 하나님께 바칠 때라 그가 모든 원수를 그 발 아래에 둘 때까지 반드시 왕 노릇 하시리니 맨 나중에 멸망 받을 원수는 사망이니라."

이 구절들은 하나님의 통치와 주권에 관한 구절들이다. 즉 하나님의 우주적 통치, 만물의 통치를 말하는 구절들이다. 마지막 완성의 날에 최후의 심판을 통하여 하나님은 모든 것을 통치하시며, 하나님의 통치가 미치지 않는 곳이 없다는 의미다. 그날에는 땅에 있는 것이나 하늘에 있는 것이나 모든 것이 그리스도 안에 통일될 것이며 모든 것들이 예수의 이름에 무릎을 꿇고 복종할 것이다. 만유구원론자들의 문제는 여기까지가 아니라 지금부터 시작한다. 그들에게 있어서 지옥은 하나님의 사랑과도 충돌하지만 하나님의 만유의 통치개념과도 모순된다. 하나님의 만물의 통치는 지옥을 폐기하지 않고는 성립될 수 없기 때문이다. 왜 그런가? 그들은 지옥이 하나님이 다스리는 곳이 아니라 사탄의 통치 영역이라고 생각하기 때문이다. 만일 지옥이 존재한다면, 그것도 영원히 존재한다면, 그것은 하나님이 모든 것을 다스리는 만유의 주가 되지 못한다. 하나님 나라 밖에 사탄의 나라가 존재하는 셈이 된다. 어느 영역이라도 사탄이 통치하는 곳이 있다면 그것은 하나님의 최종적 승리가 아니라는 것이다. 페터스는 이와 같은 논리를 대변한다. "만일 하나님이 전능하시다면, 악의 힘은 궁극적 힘을 가지 수 없을 것이다. 지옥 또는 어둠의 세계가 악마의 지배를 대변하고 이 지배를 하나님을 대항해 서 있는 악한 왕국으로 이해한다면, 그 악마의 세계는 하나님 나라만큼 오래 지속될 수 없을 것이다. 지옥이 영원히 남아 있어야 한다면, 이는 하나님의 뜻이 아직 완전하게 이루어지지 않았으며, 하나님의 능력이 온전하지 않음을 항구적으로 상기시키는 것으로 남아있게 될 것이다."[28] 우선 우리는 이 구절들이 바울의 것임을 염두에 두어야 한다. 과연 바울의 전체의 행적과 메시지가 만유구원론적 주장을 대변하였는가라는 의문이 생길 수밖에 없기 때문이다.[29]

2. 지옥 — 하나님의 통치 영역이며 통치 방식

기독교 신학의 하나님은 편재하시는 하나님, 어디에나 계신 하나님이다. 부정할 수 없는 하나님의 속성이다. 그는 하늘에도 스올에도 계시는 하나님이시다시 139:8. 분명한 것은 임재하시고 통치하시는 행위는 한 하나님의 행위다. 현재하시는데 다스리지 않는 하나님을 우리는 상상할 수 없다. 이것은 최후의 심판 이후에도 마찬가지다. 그러므로 지옥도 역시 하나님의 통치영역이다. 만유구원론자들의 오류는 지옥이 하나님의 통치 영역 밖이라고 생각하는 점이다. 왜 지옥을 사탄의 영역, 사탄의 나라라고 말하는가? 이것은 잘못된 정의다. 최후의 심판 이전에 이 세계를 다스리시며 통치하시는 하나님이 왜 최후의 심판 이후에는 지옥을 통치

28 T. Peters, 『하나님-세계의 미래』, 622.

29 우선 간략하게 밝히고자 하는 것은 바울은 만유구원론자가 아니었다는 점이다. 그는 불의한 자들이나 사탄이나 적그리스도들의 구원을 말한 적이 없다. 그리고 나아가서 믿음 없는 화해, 믿음 없는 구원, 믿음 없는 칭의를 선포하지도 않았다.

하시지 못하는가? "또 내가 보매 천사가 무저갱의 열쇠와 큰 쇠사슬을 그의 손에 가지고 하늘로부터 내려와서 용을 잡으니 곧 옛 뱀이요 마귀요 사탄이라 잡아서 천 년 동안 결박하여" 계 20:1-2. "또 그들을 미혹하는 마귀가 불과 유황 못에 던져지니 거기는 그 짐승과 거짓 선지자도 있어 세세토록 밤낮 괴로움을 받으리라" 계 20:10. 성경은 무저갱을 결코 사탄이 승리한 영역이 아니다. 사탄이 다스리는 영역이 아니라 마귀와 거짓선지자들이 고통당하는 형벌의 공간이다. 오히려 성경은 지하의 세계도 하나님이 통치 영역으로 보고 있다. 무저갱의 열쇠를 가진 자는 사탄이 아닌 천사다. 그곳이 하나님의 주권이 지배하는 곳이 아니라면 어떻게 그가 불의한 자들이나 사탄을 불 못에 던질 수가 있으며 그들을 결박하여 무저갱에 가둘 수가 있겠는가? 슈바르츠는 "상상의 세계에서만 지옥이 사탄의 영역이다. 그러나 성서적 증언에 따르면, 반신적 세력조차도 하나님의 통제 하에 있다"[30]고 주장한다. 그러므로 지옥은 하나님의 통치가 미치지 못하는 부분이 아니라 오히려 그의 부정적인 통치의 영역이다. 하나님이 진노로서, 심판으로서, 공의로서 다스리는 곳이다.

모든 원수를 발아래 둔다는 것이 예수 그리스도의 보편적 통치권을 인정하는 것이지만 그러나 마귀도 구원 얻는다는 의미의 통치는 아니다. 만일에 지옥이 끝까지 사탄의 나라이며 사탄의 통치 영역이라면 지옥은 지옥이 아니라 그들의 안식처요 도피성이며 그들의 천국일 것이다. 지옥이 하나님의 통치 영역이기 때문에 거기 거하는 사탄에게는 영원한 벌이 되는 것이다. 사탄까지 구원해주시는 것이 하나님의 승리가 아니라 악을 결박하고 죽음을 죽음에 이르게 하는 것이 하나님의 승리이다. 이렇게 해야 하나님의 사랑은 물론 하나님의 공의의 속성까지 확보할 수

30 H. Schwarz, *Eschatology*, 402.

있다. 그러므로 "만유 안에 만유"는 하나님의 긍정적, 부정적 통치, 천국과 지옥의 통치, 사랑과 공의의 통치를 의미한다. 하나님이 천국은 사랑으로 통치하신다면, 지옥은 하나님이 공의로 통치하신다. 그런데 왜 지금은 공의의 하나님이자 사랑의 하나님이면서 최후의 심판 이후에는 사랑만의 하나님이 되는가? 공의는 사랑에 종속되는 속성인가? 왜 하나님은 무조건 용서해야 하고, 무조건 사랑해야 하는가? 슈바르츠의 말대로 지옥이 있다고 해서 하나님의 통치의 권위가 결코 손상되는 것이 아니다.[31] 하나님께 끝까지 저항함에도 불구하고, 믿지 아니하는 자들까지도 구원해야 하는 하나님이라면 오히려 그것이 하나님의 권위를 손상하는 것이다. 그러므로 "이미 구원받은 자와 저주받은 자들을 다스리시는 하나님은 새로운 세계에서 지옥과 모든 반신적 세력들에 대한 승리자가 되실 것이다. 이것이 하나님이 만유 안에 만유가 되실 것이라는 진술의 가장 심오한 의미이다."[32]

3. 예수 그리스도를 통한 하나님과의 화해

만유구원론자들이 즐겨 인용하는 구절이 골로새서 1장 20절이다. "그의 십자가의 피로 화평을 이루사 만물 곧 땅에 있는 것들이나 하늘에 있는 것들이 그로 말미암아 자기와 화목하게 되기를 기뻐하심이라." 이것은 만물의 화해를 의미하는 구절이다. 그리스도의 십자가로 말미암아 화해가 임하게 되었다. 그리고 화해의 영역이 단순히 인간뿐 아니라 전

31 위의 책, 346.
32 위의 책, 346f.

피조물의 영역에까지 이르고 있다. 만물τα παντα이 중성으로 쓰인 것으로 보아 보이지 않는 하늘에 있는 세력까지 포함한 것처럼 보인다.[33] 이 본문에서 분명 우주적 화해, 우주적 평화를 언급하고 있는 것은 사실이다. 문제는 이 본문이 만인구원 혹은 만유구원을 지지하는 본문인가 하는 것이다.[34] 결론부터 말하자면 이 본문 속에서는 불의한 자들, 끝까지 하나님께 저항하는 세력까지 구원받을 것이라는 언급은 어디에도 분명하게 드러나 있지 않다.

이 본문을 정확하게 이해하기 위해서는 골로새서 저작의 배경들을 알 필요가 있다. 골로새서의 곳곳에서 언급되고 있듯이 골로새 교회는 철학을 빙자한 혼합종교의 사상들로 인하여 어려움을 겪고 있었다. 무엇보다도 그들을 괴롭게 한 것은 천사 숭배 사상이었다. 천사들이야말로 이 세상의 지배세력이며 천사들에게 굴복해야 구원의 길에 이를 수 있다는 사상이었다. 더구나 자연 세계 속에는 악한 천사들이 작용하고 있으므로 이방 종교의 규정들을 준수함으로써 그들을 극복할 수 있다고 생각하였다.[35] 이런 상황 속에서 골로새서의 저자는 오직 예수 그리스도만이 구원의 중보자이며 창조의 중보자임을 강조하고자 하였다. "만물이 그에게서 창조되되 하늘과 땅에서 보이는 것들과 보이지 않는 것들과 혹은 왕권들이나 주권들이나 통치자들이나 권세들이나 만물이 다 그로 말미암고 그를 위하여 창조되었고 또한 그가 만물보다 먼저 계시고 만물이 그 안에 함께 섰느니라"골 1:16-18. 이런 배경을 고려해 볼 때, 골로새서 1

33 C. E Arnold, *The Colossian Syncretism*, WUNT 77 (Tübingen: J. C. B. Möhr, 1995), 266.

34 W. Wink, *Engaging the Powers* (Minneapolis: Fortress Press, 1992), 73-85.

35 Cf. C. E Arnold, *The Colossian Syncretism*; E. Schweizer, *Der Brief an die Kolosser*. EKK XII (Zürich: Benziger/Neukirchener, 1980), 100-104; J. Dunn, *The Epistles to the Colossians and to Philemon* (Grand Rapids, Mich.: William B. Eerdmans, 1996); M. Wolter, *Der Brief an die Kolosser*. Ökumenischer Taschenbuchkommentar zum Neuen Testament Bd. 12 (Gütersloh: Gütersloher Verlagshaus Gerd Mohn, 1993), 122-194.

장 20절은 결코 하나님의 적들까지 구원받았음을 입증하는 만유구원론적 본문이 아니다.

마지막으로 이 구절을 주석한 오브라이언의 말을 인용해 보려한다. "우주적 화목은 그 범위에 있어서 모든 것을 포함하는 '만물'과 관계가 있다. …… 그러나 이러한 세력들은 그들이 저항할 수 없는 하나의 세력에 자기들의 의지를 복종시키는 것으로 나타난다. …… 그것들이 화목 가운데 포함되기는 하지만, 그것들은 우주의 주님에게 기꺼이 항복하지 않는다. 마찬가지로 20절로부터 모든 죄인들이 그리스도의 죽음을 통하여 이루어진 화평을 거저 받아들인다고 가정할 수는 없다. …… 만물이 최후에는 함께 예수의 이름에 무릎을 꿇고 그분을 주님으로 인정하게 될지라도빌 2:10, ll 이러한 일이 모두에게 자원하여 이루어진다고 가정되지는 않는다. 찬양 다음에 이어지는 말씀이 암시하는 바와 같이골 1:21-23, 화평을 이루시는 그리스도의 사역의 중심 목적은 화목의 말씀을 듣고 그것을 기쁘게 받아들인 사람들과 관계가 있다. 20절은 모든 사람이 결국에는 하늘의 축복을 누릴 우주적 화목을 지적하고 있다고 주장하는 것은 부당한 가정이다"[36] 오브라이언의 말을 필자 나름대로 정리하자면 다음과 같다. a. 그리스도를 통한 화해 사건은 만물을 포함하는 우주적 사건이다. b. 모든 세력들이 주님께 복종하지만 그것은 자발적이 아니다. c. 그리스도의 화해 사역은 그것을 받아들이는 행위가 필요하다. d. 그러므로 그리스도의 화해 사건이 모든 사람들에게 자동적으로 임한다는 것은 이 본문의 의도가 아니다.

바울의 화해개념이 드러나 있는 고린도후서 5장 18-19절을 보자.

36 P. T. O'Brien, *Colossians, Philemon*, Word Biblical Commentary 44 (Waco, Tex.: Word, 1982), 57.

"모든 것이 하나님께로서 났으며 그가 그리스도로 말미암아 우리를 자기와 화목하게 하시고 또 우리에게 화목하게 하는 직분을 주셨으니 곧 하나님께서 그리스도 안에 계시사 세상을 자기와 화목하게 하시며 그들의 죄를 그들에게 돌리지 아니하시고 화목하게 하는 말씀을 우리에게 부탁하셨느니라" 여기서 바울은 하나님은 그리스도로 말미암아 우리를 자기와 화목하게 하셨다는 것을 분명한 어조로 설명하고 있다. 하나님이 예수 그리스도의 십자가의 사건을 통해 우리를 위하여 일으키신 화해 사역은 인간에게 있어서 놀라운 선물이요 은혜이다. 그러면 바울이 가지고 있는 화해 개념은 무엇인가? 바울의 화해 개념을 담고 있는 골로새서 1장 20절이나 로마서 11장 15절, 에베소서 2장과 함께 고려해볼 때 바울이 말하는 화해는 a. 하나님이 일으키시는 사건이요, b. 그리스도는 화해의 중보자이시며, c. 화해사건의 핵심은 그리스도의 십자가이며, d. 내용적으로는 개인과 하나님의 화해, 유대인과 이방인의 화해, 하나님과 피조물의 화해를 포함하고 있다.[37] 하지만 바울의 화해 개념 속에서 만유구원론자들이 말하는 화해의 개념은 찾기 힘들다. 바울은 객관적인 그리스도의 화해가, 믿음이라는 개인의 주관적인 응답이 없이도 모든 인간들에게 또는 적그리스도에게 주어진다고 보지 않았다. 바울은 그리스도의 십자가의 효력이 위대하며 그것은 인간에게 주어진 하나님의 최고의 선물임을 믿었다. 그러나 본문들을 잘 살펴보면 바울은 그리스도의 십자가의 효력이 인간의 저항에도 불구하고 모든 이들에게 기계적으로 주어지는 능력이라고 보았다는 증거는 그 어디에도 없다. 언제나 인간의 응답을 요구하는 것을 알 수 있다. 그는 단호한 어조로 "너희는 하나님과 화목하

37 J. Dunn, *The Theology of Paul The Apostle*, 박문재 옮김, 『바울신학』(고양: 크리스챤다이제스트, 2003), 335f.

라"라는 인간의 응답을 요구하고 있다. 그리스도의 화해 사역으로 구원이 모든 사람들에게 주어져 있다면 왜 다시 바울은 하나님과 화해하라고 힘주어 부탁했겠는가? 이것은 그리스도께서 객관적으로 이루어놓으신 화해의 사역을 수용하고 응답하라는 의미일 것이다.

바울은 로마서 8장 17-18절에서 "우리가 그와 함께 영광을 받기 위하여 고난도 함께 받아야 할 것"이라고 말하고 있다. 이것은 무엇을 의미하는가? 최종적 인간의 승리는 그리스도의 십자가와 인간의 응답, 그리스도의 고난과 인간의 참여, 이 이중적 행위가 수반되어야 한다는 것을 의미한다. 이와 함께 그리스도의 죽음과 부활이 가지는 최종적 결과를 드러내는 본문인 로마서 8장 31-39절을 주목해보자. 그 본문은 최후의 심판이 벌어질 천상의 법정을 묘사하고 있다. 이것을 던Dunn은 다음과 같이 설명하고 있다: "하나님의 택함 받은 자들에 대한 그 어떤 고발도 먹히지 않을 것이다. 그리스도의 죽음롬 8:32, 34과 부활8:34이 충분한 대답이 되기 때문이다. 사실 그 어느 것도 그리스도의 사랑롬 8:35, 그리스도 안에 있는 하나님의 사랑롬 8:39으로부터 택함 받은 자들을 끊어 놓을 수 없다. 그리스도의 죽음과 부활은, 그 어떤 천상의 권세라 할지라도 그리스도에게 속한 자들에 대한 지배력을 상실하였고 그들의 운명을 좌지우지할 수 없다는 것을 의미한다."[38] 그렇다. 하나님의 택함 받은 자들을, 그리스도의 사랑의 은총을 받아들여 하나님의 제안을 자신에게 실현시킨 자들을 결코 하나님의 사랑으로부터 끊어낼 수 없다. 던이 말한 대로 복음에는 "하나님의 사랑과 하나님을 향한 사랑"이 동시에 포함되어 있다.[39] 결국 바울은 그리스도의 십자가의 피로 이뤄진 화해를 받아들이는

38 위의 책, 337.
39 위의 책, 669.

것이 필요하다는 것을 강조하고 있다. 바울의 전체 사상을 고찰하는 것은 여기서 멈추고자 한다. 이어서 설명될 로마서 5장18절을 살피면서 바울의 로마서 전체의 사상을 다시 한 번 언급하고자 한다. 미리 말하자면 여기서도 인간의 믿음 없는 구원과 화해를 바울은 말하지 않았다는 점이다. 이처럼 인간의 응답을 강조하는 바울이 위의 본문에서는 만유구원론을 주장했다는 것은 바울 사상을 전체적으로 고려하지 않은 해석이라고 생각할 수밖에 없다.

결론적으로, 불의한 자들까지도 구원받는다는 생각을 바울로부터 끌어낼 수 없는 것만은 분명하다. 바울은 그리스도의 죽음과 부활을 통한 하나님의 사랑에 감격했고 그것을 모든 사람들에게 선포하려 했던 사도이지만, 그러나 믿음 없이도 얻을 수 있는 구원을 선포한 사도는 아니다.

4. 아담과 그리스도

고린도전서 15장 21-25절과 로마서 5장 18-19절은 아담과 그리스도와의 관계에 관한 구절로서 만유구원론의 대표적 구절로 주장되는 구절이다.[40] 먼저 고린도전서의 말씀을 생각해보자. "사망이 한 사람으로 말미암았으니 죽은 자의 부활도 한 사람으로 말미암는도다 아담 안에서 모든 사람이 죽은 것 같이 그리스도 안에서 모든 사람이 삶을 얻으리라 그러나 각각 자기 차례대로 되리니 먼저는 첫 열매인 그리스도요 다음에는 그가 강림하실 때에 그리스도에게 속한 자요 그 후에는 마지막이니."

40 J. Moltmann, 『오시는 하나님』, 416.

여기서 우리가 무시하지 말아야 할 것은 말세에 모든 사람이 기계적으로 구원 얻는다는 것이 아니다. 모든 사람이 삶을 얻는 것은 이미 그리스도에게서 성취되었다. 그리고 마지막 날 예수 그리스도께서 강림하실 때에는 "그리스도에게 속한 자"가 삶을 얻는다는 것이다. 그리스도에게 속하지 않은 자, 그리스도의 구원의 은총에 저항하는 자도 삶을 얻는다는 언급은 전혀 없다는 것을 염두에 두고 이 구절을 해석해야 할 것이다.

로마서 5장 18-19절은 아담으로 인하여 죄가 이 땅에 들어왔고 예수그리스도로 인하여 모든 사람이 의롭게 되었음을 말한다. 이것은 어느 다른 구절보다 그리스도를 통한 보편적 구원을 잘 선포하는 것 같다. "한 사람의 범죄로 말미암아 사망이 그 한 사람을 통하여 왕 노릇 하였은즉 더욱 은혜와 의의 선물을 넘치게 받는 자들은 한 분 예수 그리스도를 통하여 생명 안에서 왕 노릇 하리로다 그런즉 한 범죄로 많은 사람이 정죄에 이른 것 같이 한 의로운 행위로 말미암아 많은모든 사람이 의롭다 하심을 받아 생명에 이르렀느니라 한 사람이 순종하지 아니함으로 많은 사람이 죄인 된 것 같이 한 사람이 순종하심으로 많은모든 사람이 의인이 되리라" 이 본문은 어떤 의미를 담고 있으며 어떻게 해석되어야 하는가? 일견 이 구절은 만유구원론을 절대적으로 지지하는 구절로 보인다. 아담으로 인하여 모든 사람이 멸망에 이르게 되었다면, 마찬가지 논리로, 예수 한 사람으로 인하여 모든 사람이 영생에 이르게 되었다고 말할 수 있기 때문이다. 그런데 바울은 정말로 그런 의도를 가지고 있었는가?

로마서 전체의 맥락으로 돌아가 보자. 로마서 전체는 믿음으로 의롭게 되는 것을 말하고 있다. 로마서의 서두에서 바울은 믿어 순종하여 하나님의 사랑하심을 입고 성도로 부르심을 입은 로마에 있는 모든 자에게 쓰고 있음을 밝히고 있다롬 1:7. 바울은 복음을 위하여 부르심을 받은 자로 자신을 지칭하고 있다. 그 복음은 바로 예수 그리스도이다. 이 복음은 "모든 믿는 자에게 구원을 주시는 하나님의 능력"롬 1:16이다. 바울의 복음은 보편적 복음이다. 유대인들뿐만 아니라 이방인들도 하나님의 구원으로 초대하는 복음이다. 복음의 보편성을 강조하는 바울이 생각하는 불의한 자들의 운명은 어떠한가? "불의로 진리를 막는 사람들의 모든 경건하지 않음과 불의에 대하여 하늘로부터" 하나님의 진노가 나타날 것임을 천명하고 있다. "이런 일을 행하는 자에게 하나님의 심판이 진리대로 되는 줄 우리가 아노라. 이런 일을 행하는 자를 판단하고도 같은 일을 행하는 사람아, 네가 하나님의 심판을 피할 줄로 생각하느냐. 혹 네가 하나님의 인자하심이 너를 인도하여 회개하게 하심을 알지 못하여 그의 인자하심과 용납하심과 길이 참으심이 풍성함을 멸시하느냐 다만 네 고집과 회개하지 아니한 마음을 따라 진노의 날 곧 하나님의 의로우신 심판이 나타나는 그 날에 임할 진노를 네게 쌓는도다. 하나님께서 각 사람에게 그 행한 대로 보응하시되 참고 선을 행하여 영광과 존귀와 썩지 아니함을 구하는 자에게는 영생으로 하시고 오직 당을 지어 진리를 따르지 아니하고 불의를 따르는 자에게는 진노와 분노로 하시리라"롬 2:2-8. 그는 이어서 "곧 예수 그리스도를 믿음으로 말미암아 모든 믿는 자에게 미치는 하나님의 의"롬 3:22는 차별이 없음을 말하고 있다. 하나님의 의는 모든 믿는 자들에게 차별이 없는 것이다. 무차별적인 하나님의 의가 아니라 "예수 믿는 자를 의롭다"롬 3:26하신다. 그 의는 "예수 우리 주를 죽은 자 가운데서 살리신 이를 믿는 자"롬 4:24에게 임한다. 이런 맥락 속에서 바울은 우리의 토론의 본문인 로마서 5장에 이른다.

5장을 논하기 전에 5장 이후의 맥락도 살펴보자. 로마서 8장 1절은 모든 사람이 아니라 그리스도 안에 있는 자에게 결코 정죄함이 없음을 말하고 있다. 더구나 8장 29-30절은 전통적인 예정론을 지지하는 것처럼 보이는 내용을 포함하고 있다. "하나님이 미리 아신 자들을 또한 그

아들의 형상을 본받게 하기 위하여 미리 정하셨으니 이는 그로 많은 형제 중에서 맏아들이 되게 하려 하심이니라 또 미리 정하신 그들을 또한 부르시고 부르신 그들을 또한 의롭다 하시고 의롭다 하신 그들을 또한 영화롭게 하셨느니라" 롬 8:29-30. 이 구절이 하나님의 부름과 선택에 의해 의로움과 영화가 온다는 것을 말하고 있는 것을 볼 때, 바울의 사상 속에서 예수를 믿지 않는 모든 자들도 구원을 얻는다는 만유구원론을 읽어내는 것은 불가능하리라고 생각한다. 로마서 10장 1-21절은 좀 더 구체적으로 설명하고 있다. "그리스도는 모든 믿는 자에게 의를 이루기 위하여 율법의 마침"이 되셨다. 바울에 의하면 "네 입으로 예수를 주로 시인하며 또 하나님께서 그를 죽은 자 가운데서 살리신 것을 네 마음에 믿으면" 구원을 받는다. "사람이 마음으로 믿어 의에 이르고 입으로 시인하여" 구원에 이르게 된다. 이어서 그는 믿음을 통한 구원을 역으로 설명한다. "믿지 아니하는 이를 어찌 부르리요 듣지도 못한 이를 어찌 믿으리요 전파하는 자가 없이 어찌 들으리요."

전체적으로 바울의 생각을 요약하자면 이렇다. 그는 이방인의 사도로서 그리스도의 복음이 이방인에게도 열려 있음을 말하였다. 복음의 보편성을 주장한 것이다. 그러나 그가 모든 사람이 구원 얻는다고 말한 것은 아니다. 예수 그리스도로 말미암아 삶이 모든 사람에게 열려져 있음을 말하였다. 로마서 11장 32절에서 "하나님이 모든 사람에게 긍휼을 베풀려 하심이라"라고 말한 것은 모든 사람에게 기계적으로 구원이 주어져 있음을 말한 것은 아니다.

로마서 이외의 본문에서도 바울은 믿음에 의한 구원, 복종하지 않는 자들의 영원한 멸망을 이야기 했다. "너희로 환난을 받게 하는 자들에게는 환난으로 갚으시고 환난을 받는 너희에게는 우리와 함께 안식으로 갚으시는 것이 하나님의 공의시니 주 예수께서 자기의 능력의 천사들과 함께 하늘로부터 불꽃 가운데에 나타나실 때에 하나님을 모르는 자들과 우리 주 예수의 복음에 복종하지 않는 자들에게 형벌을 내리시리니 이런 자들은 주의 얼굴과 그의 힘의 영광을 떠나 영원한 멸망의 형벌을 받으리로다"살후 1:6-9. "이는 우리가 다 반드시 그리스도의 심판대 앞에 나타나게 되어 각각 선악간에 그 몸으로 행한 것을 따라 받으려 함이라"고후 5:10. "육체의 일은 분명하니 곧 음행과 더러운 것과 호색과 우상 숭배와 주술과 원수 맺는 것과 분쟁과 시기와 분냄과 당 짓는 것과 분열함과 이단과 투기와 술 취함과 방탕함과 또 그와 같은 것들이라 전에 너희에게 경계한 것 같이 경계하노니 이런 일을 하는 자들은 하나님의 나라를 유업으로 받지 못할 것이요"갈 5:19-21.

로마서뿐만 아니라 바울의 다른 서신들의 정신을 고려해 볼 때 로마서 5장의 아담-그리스도의 본문을 만유구원론을 주장하는 본문으로 읽을 수 없다는 것이 분명해진다. 5장의 서두는 로마의 그리스도인들을 생각하면서 "우리"라는 표현을 사용하고 있다. 서두만이 아니라 거의 모든 구절에 "우리"라는 단어가 등장한다. 그때의 "우리"는 예수 그리스도를 믿는 믿음으로 하나님의 은총에 의하여 이미 구원 얻은 자들이다. 즉 예수 그리스도의 순종을 통한 하나님의 구원과 은혜의 선물이 모든 사람들에게 열려져 있으나 궁극적으로 왕 노릇하는 자들은 "은혜와 의의 선물을 넘치게 받은 자"롬 5:17이다.[41] 화해와 관련한 슈툴마허의 주석을 좀 더 소개해보면 다음과 같다. "하나님의 은혜는 그 자체의 다스림으로 말미암아, 사망 안에서 나타나는 죄의 다스림[왕노릇]을 능가하였으며, 그

41 P. Stuhlmacher, *Der Brief an die Römer*, NTD 6, 장흥길 옮김, 『로마서 주석』(서울: 장로회신학대학교 출판부, 1998), 158: "그리스도의 순종은 모든 사람에게 의를 개설한다. 이는 죄인들이 예수 그리스도를 믿는 한, 의로우신 하나님 아들의 대속적인 죽음이 율법의 저주로부터 모든 죄인들을 자유롭게 하기 때문이다."

것도 예수의 죽으심과 부활하심을 통하여 *믿는 자들에게* 선물로 주어지고 영생으로 인도하는 의로 말미암아 그러하였다. *예수를 화해자와 주님으로 믿는 그리스도인들은 화해함을 받았고* 하나님의 은혜의 통치 아래서 있다."[42] 따라서 5장을 단순히 불의한 자들도 구원 얻을 것이라는 식의 해석은 본문의 전후 맥락을 고려하지 않은 해석이라 생각된다.

5. 새 창조: "보라 내가 만물을 새롭게 하노라"

몰트만은 최후의 심판 이후에 "모든 죄인, 악한 자들과 폭력을 행사는 자들, 살인자들과 사탄의 자식들, 모든 마귀와 타락한 천사들이 하나님의 심판 속에서 해방되며, 그들의 치명적인 사멸에서 변화됨으로써 그들의 참된 피조물적 본질로 구원을 받는다"[43]고 희망한다.[44] 그가 이렇게 주장하는 성서적 근거는 요한계시록 21장 5절이다. "보라 내가 만물을 새롭게 하노라." 몰트만에 의하면 모든 심판은 잠정적인 것이다. 만물을 새롭게 하시는 하나님의 새 창조야말로 하나님의 목표이고 하나님의

42 위의 책, 159 (이탤릭체는 필자의 강조임).

43 J. Moltmann, 『오시는 하나님』, 441.

44 몰트만 자신은 한국 강연에서 만인구원론자가 아님을 거듭 밝힌 바 있다. 그리고 그의 책에서 만물의 회복을 "희망의 고백"이라고 주장한다. (J. Moltmann, 『오늘 우리에게 그리스도는 누구신가?』, 176). 모든 사람들이 결국 구원받기를 희망한다는 말이다. 같은 책에서 그는 다음과 같이 고백한다. "나는 만인구원을 설교하지 않는다. 나는 모든 사람들에게 그리스도의 십자가 안에서 일어난 화해를 설교한다. 나는 모든 사람들이 구원 받을 것이라고 선포하지 않는다. 하지만 나는 모든 사람이 구원 받을 때까지 복음이 선포될 것임을 믿는다. … 모든 사람들 초대받고 있고, 아무도 배제되어 있지도 않다. 이를 거부하는 사람들에게도 초대는 여전히 유효하다. 왜냐하면 이 초대는 하나님으로부터 나오기 때문이다"(J. Moltmann, 『오늘 우리에게 그리스도는 누구신가?』, 177). 만인구원이 아니라 하나님의 초대의 보편성을 의미하는 것이라면 문제 될 것은 없으나, 그래도 사탄까지도 구원받기를 희망하는 것은, 하나님께 끝까지 저항하는 세력에게 임할 하나님의 분노나 영원한 지옥을 인정하는 성경의 정신에는 멀리 떠나있다고 말할 수 있을 것이다.

최종적 선포이다. 최후의 심판은 새 창조의 전 단계일 뿐이다.[45]

그런데 이 말씀이 정말 사탄까지도 포함한 모든 사람의 구원을 선언하고 있는가? 결론적으로 말하자면 이 말씀이 하나님의 놀라우신 새 창조를 의미하는 것은 옳지만 만유의 구원을 포함하고 있는 것은 아니다. 본문의 전후 맥락을 살피면서 정리해보자. 이 구절 앞에 있는 구절들은 더 이상 슬픔과 고통과 죽음이 없는 새로운 창조의 비전을 제시한다. 그런데 그 새 창조의 복이 누구에게 임하고 있는가? 하나님께 저항하던 자들이 아니라 하나님 때문에 고통당하고 눈물 흘리던 자들에게 임하고 있다. 아울러 만물을 새롭게 하신다는 구절 바로 뒤이어서 나오는 구절을 보자 "또 내게 말씀하시되 이루었도다 나는 알파와 오메가요 처음과 마지막이라 내가 생명수 샘물을 목마른 자에게 값없이 주리니 이기는 자는 이것들을 상속으로 받으리라 나는 그의 하나님이 되고 그는 내 아들이 되리라 그러나 두려워하는 자들과 믿지 아니하는 자들과 흉악한 자들과 살인자들과 음행하는 자들과 점술가들과 우상 숭배자들과 거짓말하는 모든 자들은 불과 유황으로 타는 못에 던져지리니 이것이 둘째 사망이라"계 21:6-8. 이 구절에 의하면 분명히 새 창조의 복은 "이기는 자"의 상속이다. 모든 자들의 상속이 아니다. 사탄의 상속은 더더구나 아니다. 마지막 절에 의하면 모든 불의한 자들은 "불과 유황으로 타는 못"에 던져지고 있지 않은가. 그들은 하나님이 만물을 새롭게 하는 순간에, 이전의 고통이 지나가는 순간에 새로움과 위로의 은총을 입는 것이 아니라 불못에 던져진다. 모든 사람들이 최후의 심판의 순간에 정화되어 구원에 이르게 될 것이라는 생각은 적절한 생각이 아니다. 오히려 최후의 심판

45 J. Moltmann, 『오시는 하나님』, 418; J. Moltmann, 『오늘 우리에게 그리스도는 누구신가?』 161-181.

을 통하여 믿지 아니하는 자들, 거짓말하는 자들은 사망에 처해지고 있다. 만일 요한계시록의 저자가 21장 5절을 서술하면서 사탄을 포함한 만인의 회복을 의도하였다면, 뒤이어 나오는 구절들에서 심판의 결과로서의 사망이나 불 못, 생명책에 기록된 자들만의 구원, 행위에 따른 상벌 등을 언급했겠는가.[46] 더구나 바벨론이나 용과 옛 뱀 등으로 비유된 불경건한 자들과 악의 세력들에 의해 박해받고 순교하는 상황 속에서, 최종적으로는 하나님이 승리하시며 "이기는 자"에게 새 하늘과 새 땅이 예비되어 있다는 희망의 메시지로 그리스도인들에게 희망과 용기를 주고자 했던 요한의 의도를 생각한다면, "만물을 새롭게 하신다"는 하나님의 선포는 악의 패배와 하나님의 최종적 승리를 통한 새 창조를 의미하는 것이지 결코 불의한 자들과 사탄의 구원을 포함하는 선포라고 해석할 수 없을 것이다.

Ⅳ. 결론

지금까지 만유구원론의 출발점과 성서적 근거들을 살펴보았다. 그들의 출발점은 문제 제기로서는 적절한 것 같지만 그러나 그들의 이론을 지탱하기에는 설득력이 없음을 보았다. 그들의 성서주석이나 해석도 마찬가지다. 그들이 제시한 성경구절들은 만유구원론을 말하고 있지 않거나 오히려 전통적인 입장에서 재해석해야 할 본문들이다. 성서를 해석할

46 계 20:15; 21:27; 22:7, 11-12, 15, 19.

때는 전체적으로 살펴야 한다. 그러나 그들은 본문의 정확한 맥락이나 정신을 고려하지 않고 단편적으로 주석하고 임의적으로 결론을 내린 흔적이 역력하다.

이 글에서 만유구원론에 대한 최종 결론을 내리기는 조금 성급하다고 생각한다. 왜냐하면 서론에서 제기한 질문에 다 답변하지 못하였기 때문이다. 만유구원론의 핵심 신학적인 문제와 전통적인 입장에 대한 변호가 미뤄졌기 때문이다. 그러므로 만유구원론을 종합적으로 평가하는 것도 다음으로 미루고자 한다. 그러나 이 글에서 의도했던 그들의 성서적 근거에 대한 평가는 충분히 이뤄졌다고 생각한다. 한 가지 부기하고자 하는 것은 새로운 이론이나 유명학자의 견해에 대해서는 무비판적으로 수용하고자 하는 경향이 있다는 것이다. 논리적으로 설득력이 있는 것처럼 보이는 주장이나 이론들도 조금만 더 세밀하게 연구해보면 그 근거가 많이 부족함을 느낄 수 있을 것이다. 이 글은 만유구원론의 논리와 출발점과 성서적 근거가 설득력이 없음을 입증하려 한 것이지만, 어느 하나의 새로운 주장에 대한 연구 태도가 어떠해야 하는가를 보여주는 부가적인 공헌도 있다고 생각한다.

남아 있는 문제, 즉 다음에 연구할 문제들을 다시 한 번 언급하고 본 글을 마치고자 한다. 지옥은 영원한가? 믿음은 구원에 아무런 결과를 미치지 못하는가? 최후의 심판은 이중적 결과를 낳는가? 즉 천국과 지옥의 운명으로 나뉘는가? 지옥의 모든 존재가 사라져서 그들의 고통이 그치는가? 하나님은 정말 사랑의 속성만 가지고 계신 분인가? 그리스도의 십자가의 의미는 무엇인가? 이 모든 것에 대해 성경은 무엇이라고 말하는가?

Chapter

6

Biblical Reformed Eschatology

The Doctrine of the Last Things

제 6장

만유구원론에 대한 비판적 고찰 (2)

— 만유구원론의 신학적 근거에 대한 비판적 평가

이 장의 출처는 다음과 같다.
김도훈, "만유구원론에 대한 비판적 고찰: 몰트만의 만물의 회복에 대한 이론을 중심으로," 『한국조직신학논총』 22 (2008. 12), 69-105.

Ⅰ. 서론

역사의 최후의 순간에 인간의 운명은 어떻게 될 것인가? 이 질문에 대해 교회는 예수 그리스도를 믿지 않는 사람들, 불의한 자들은 영원한 멸망에 처해지며, 믿는 자들은 영원한 생명을 소유한다고 답변해 왔다.[1] 최후의 심판 이후 인간의 운명은 이중적으로 나눠져 그 상태가 영원히 지속된다는 것이다. 사실상 이 견해는 어거스틴 이래로 인간의 최종적 구원에 관한 교회의 주 사상이지만 답변하기 어려운 문제들이 내포되어 있다. 그 문제들은 이와 같은 것이다. 믿음으로 구원받는다면 일찍 죽은 영아들이나 복음을 전혀 듣지 못한 사람의 운명은 어떻게 되는가? 사랑이 본질이신 하나님께서 영원한 지옥의 고통을 허락하실 수 있는가? 하늘과 땅과 지옥이라는 성경의 세계관이 과연 현대 세계관에 맞는 것인가? "만일 하나님이 마지막에 인류의 다수를 저주하고 단지 소수만을 구원한다면, 무엇 때문에 하나님은 인간을 창조하였는가? 하나님은 자기 자신을 증오하는 일 없이, 그 자신의 피조물들을 증오할 수 있는가? 열락과 저주가 인간의 믿음과 의에 의존한다면, 하나님은 그의 판단을 인간의 의지에 의존하도록 만들며, 이리하여 사실상 자기 자신을 불필요하게 만들지 않는가?"[2] 전통신학에 이런 질문을 제기하면서 신학의 마당에 등

1 라테란 공의회 문서, 슈말칼덴 신조, 아우구스부르크 신조, 벨기에 신조, 웨스트민스터 신앙고백서, 제2스위스 신조 등의 교회의 공식문서들과 어거스틴, 아퀴나스, 루터, 칼빈, 정통주의자들, 에드워즈(J. Edwards), 베르코프(L. Berhkof), 후크마(A. Hoekema), 복음주의자들 등, 교회의 주요 사상가들이 영원한 이중적 운명이라는 심판의 이중결과설을 선언하거나 지지하고 있다.

2 J. Moltmann, *Das Kommen Gottes*, 김균진 옮김, 『오시는 하나님』(서울: 대한기독교서회, 1997), 414 (이하 KG로 약칭한다).

장한 것이 바로 만유구원론이다. 만유구원론은 이미 어거스틴 이전의 고대 교부들에게서 주장되던 이론이다. 알렉산드리아의 클레멘스나 암모니우스 삭가스 등이 만물의 회복을 주장하였고 오리겐[3]이나 니싸의 그레고리[4]에 이르러 좀 더 체계적으로 주장되기 시작하였다. 그 후 어거스틴에 의해, 그리고 콘스탄티노플 공의회에서 부인되고 이단으로 정죄되어 교회의 전면에서 사라지게 되었다.[5] 잠재해 있던 만유구원론이 근대에 이르러 부활하기 시작하면서 최근에는 여러 이유로[6] 활발하게 논의되기에 이르렀다.[7]

간단히 정의하자면, 만유구원론은 모든 사람이 최종적으로 구원받는다는 이론이다. 일견 매우 단순해 보이는 이론이지만 좀 더 상세히 살펴보면 "모든 만유구원론자들에게 공통적인 생각은 최종적으로 모든 사람들이 구원받을 것이라는 신념뿐"[8]이라고 할 만큼 구체적인 논점과 동

3 H. Görgemanns and H. Karpp(hg./übers.), *Origenis De Principiis Libri IV: Origenes Vier Bücher von den Prinzipien*. Texte zur Forschung Bd. 24 (Darmstadt: Wissenschaftliche Buchgesellschaft, 1976).

4 M. Ludlow, *Universal Salvation. Eschatology in the Thought of Gregory of Nyssa and Karl Rahner* (Oxford: Oxford University Press, 2000).

5 만유구원론의 역사는 *KG*, 409-414; M. Ludlow, *Universal Salvation*, 1-18; David Hilborn, "Universalism and Evangelical Theology: A Historical Theological Perspective," 김상훈 옮김, "보편구원론과 복음주의 신학: 역사 신학적 관점,"『성경과 신학』39 (2006), 318-350; 김윤태, "현대보편구원론"(Modern Universalism),『조직신학연구』4 (2004), 163-190 참조.

6 여러 이유와 배경에 따라 만유구원론의 유형이 달라진다. 이에 대해서는, 김윤태, "현대보편구원론," 163-190 참조.

7 만유구원론을 부활시킨 대표적 인물들은 벵엘(A. Bengel), 슐라이어마허(F. Schleiermacher) 등이다. 웨팅어(F. Öttinger), 블룸하르트(Chr. Blumhardt), 발타잘(H. U. von Balthasar), 라너(K. Rahner), 틸리히(P. Tillich), 힉(J. Hick), 몰트만(J. Moltmann) 등도 만유구원론을 주장하였거나 그에 경도된 인물들이다. 만유구원론에 대하여, *KG*, 405-441. J. R. Sachs, "Current Eschatology: Universal Salvation and the Problem of Hell," *Theological Studies* 52 (1991), 227-254; H. Schwarz, *Eschatology* (Grand Rapids, Mich.: Eerdmans, 2000), 337-351; J. Christine Janowski, *Allerlösung. Annäherungen an eine entdualisierte Eschatologie*, Neukirchener Beiträge zur Systematische Theologie, Bd. 23´/1, 23/2 (Neukirchen-Vluyen: Neukirchener, 2000); 김균진,『기독교조직신학』V (서울: 연세대학교출판부, 1999), 375-402; 김도훈, "만유구원론의 비판적 고찰. 만유구원론의 출발점과 성경적 근거에 대한 비판,"『장신논단』30 (2007), 173-200.

기와 형태는 다양하다. 그러므로 만유구원론의 모든 논점을 총체적으로 연구한다는 것은 쉽지 않은 일이다. 따라서 이 글에서는 만유구원론의 다양한 논점들을 다 다루지 않고 만유구원론의 신학적 핵심 논점을 비판적으로 고찰하는 것에 제한하고자 한다. 몰트만을 선정한 이유는, 그는 영향력 있는 신학자일 뿐만 아니라 이 문제를 그의 저서에서 심도 있게 논의한 학자이기 때문이다. 또한 그의 책이 던지는 인간의 최종적 구원에 대한 담론은 최후 심판 이후의 인간의 이중적 운명에 익숙한 한국교회나 신학계에 많은 토론과 논쟁을 불러일으키고 있으며, 또한 앞으로도 그러할 것이기 때문이다.[9] 이런 상황 속에서 그의 만유구원론을 성서적으로, 신학적으로 연구하고 평가하는 것은 의미있는 일일 것이다.

몰트만은 "만물의 회복"을 다루는 항목에서 최후의 심판에 대한 교회의 전통적 견해를 평가하는 것으로 시작한다. 그리고 만유화해론이 최근 신학계에 활발하게 논의되고 있음을 소개하면서 자신의 성서적, 신학적 논리를 제시한다. 그가 소개하는 만유구원론의 신학적 논리는 첫째, 하나님은 사랑이시므로 인간을 영원히 저주하시지 않는다는 것, 둘째, 구원은 인간의 결단인 믿음에 달려 있는 것이 아니라, 인간의 믿음과는 관계없는 전적인 하나님의 은혜이며 하나님의 주도적 결단이라는 것, 셋째, 최후의 심판은 천당과 지옥이라는 이중적 결과를 가져오는 것이 아니라 만물을 새롭게 하시는 하나님의 의라는 것, 넷째, 그리스도의 십자

8 R. J. Bauckham, "Universalism: A Historical Survey," quoted in I. J. Packers, "Universalism: Will Everyone be Ultimately Saved," in *Hell Under Fire*, eds. C. W. Morgan and R. A. Peterson (Grand Rapids: Zondervan, 2004), 172.

9 Moltmann의 만유구원론에 대한 연구와 평가를 위해서는, 김명용, "몰트만과 그의 신학: 희망과 희망 사이: 몰트만의 종말론: 믿음 없이 죽은 자들에게도 희망이 있는가?," 『조직신학논총』 12 (2005), 247-277; 김명용, "몰트만의 만유구원론과 구원론의 새로운 지평," 『장신논단』 16 (2000), 269-297; 김영한, "몰트만의 보편화해론에 대한 비판적 고찰," 『조직신학연구』 1 (2002), 119-135; 최태영, "몰트만의 만유구원론에 대한 통전적 이해," 『조직신학논총』 22 (2008), 107-135. 참조할 것.

가의 효력이 모든 악의 세력보다 종국적으로 더 위대하기 때문에, 악(영원한 지옥)의 최종적 승리는 결코 있을 수 없으며, 지옥은 그리스도께서 십자가에 달리셔서 지옥의 경험을 몸소 겪으셨기 때문에 지옥이 파괴되었다는 것 등이다.[10] 이런 논의 끝에 그는 "모든 죄인, 악한 자들과 폭력을 행하는 자들, 살인자들과 사탄의 자식들, 모든 마귀와 타락한 천사들이 하나님의 심판 속에서 해방되며, 그들의 치명적인 사멸에서 변화됨으로써 그들의 참된 피조물적 본질로 구원을 받는다. 하나님은 자기 자신에게 신실하시며, 그가 한 때 창조하였고 긍정한 것을 포기하지 않으며 상실되도록 내버려두지 않기 때문이다. '최후의 심판'은 위협이 아니라 그리스도의 진리 안에서 인간에서 선포될 수 있는 가장 놀라운 것이다. …… 모든 사물의 회복은 …… 회복시키시는 하나님의 심판과, 새로운 생명으로 일으키는 하나님 나라라는 두 가지 면을 가지고 있다"[11]고 결론 내린다.

하나님은 어떤 분이신가 하는 하나님의 속성의 문제, 인간의 최종적 구원에 믿음이 어떤 연관성을 가지는가 하는 복음과 믿음, 구원과 믿음의 문제, 최후의 심판은 이중적 결과인가 아니면 만물의 회복인가 하는 최후의 심판의 성격과 결과의 문제, 그로 인한 지옥의 영원성에 관한 문제 등은 만유구원론자들과 전통적 견해를 가진 사람들과의 핵심 논쟁점들이다. 본 글은 만유구원론자들이 제기하고 나름의 결론을 내린 이 문제들, 그리고 그런 주장으로 인하여 파생되는 문제들을 비판적으로 연구하고 평가하는 것을 그 목적으로 한다.

10 *KG*, 405-441.
11 *KG*, 441.

Ⅱ. 본질이 사랑뿐이신 하나님?

위에서도 언급했듯이 그린M. Green은 "지옥에서는 버림받은 자들이 슬피 울며 이를 갈고 있는데 하늘에서는 구원받은 자들과 영원히 기뻐할 수 있는 하나님은 도대체 어떤 하나님인가? 그런 하나님은 성서에 계시된, 완전히 의로우시며 동시에 사랑이신 그런 하나님이 아니다"[12] 라고 단언한다. 그린의 질문은 만유구원론자들이 전통적 주장을 비판하면서 묻는 질문을 그대로 대변한다. 하나님은 사랑이신데 어떻게 자기가 만든 인간들에게 영원한 고통을 주실 수 있는가라는 질문이다. 이 질문에는 인간의 영원한 고통의 상징인 영원한 지옥에 대한 회의가 내포되어 있다.

몰트만뿐만 아니라 만유구원론자들의 핵심적 논거는 하나님의 사랑에 대한 확신이다. 하나님은 사랑이시다. 이것은 성경이 증언하는 바이며, 부인할 수 없는 신학적 명제이다. 여기서 우리가 먼저 질문하고자 하는 것은 성경이 하나님의 사랑을 말하면서 모든 사람의 구원으로 결론짓고 있는가 하는 것이다. 하나님은 그리스도를 통하여 그의 사랑을 인간에게 확증하셨다. 어떤 것도 "우리를 우리 주 그리스도 예수 안에 있는 하나님의 사랑에서" 끊을 수 없다롬 8:31-39. 그러나 분명한 것은 여기서 "우리"는 불의한 자들을 포함한 모든 사람들이 아니라는 점이다. 이 구절에서 "우리"는 "예수 그리스도의 것으로 부름 받은 자"롬 1:6, "성도로 부르심을 받은 모든 자"롬 1:7들을 의미한다. 불의한 자들은 오히려 하나

12 M. Green, "Evangelism Through the Local Church," quoted in K. Brower and M. Elliot (eds.), *Eschatology in Bible and Theology: Evangelical Essays at the Dawn of a New Millenium* (Illinois: Intervarsity Press, 1997), 234.

님의 진노 아래 있을 뿐이다롬 1:18-3:20. 최후의 심판 때 모든 믿는 자들을 그리스도의 사랑에서 끊으려고 하는 "사탄과 소위 형벌의 천사"들은 구원이나 사랑의 대상이 아니라 "십자가에 못 박히시고 하나님에 의해 다시 사신 그리스도를 반대하는 자들이다."[13] 바울은 결코 하나님의 사랑의 대상에 불의한 자들이나 사탄을 포함시키지 않고 있음을 기억해야 할 것이다. "하나님이 세상을 이처럼 사랑하셨다"는 요한복음의 구절도 마찬가지다. 몰트만은 이 구절을 만유구원론의 입증구절로 사용하고 있지만,[14] 그것은 바로 앞에 나오는 "믿는 자 마다 영생을 얻게 하려 하심이라"요 3:15라는 구절과 "하나님이 세상을 사랑하셨다"는 말 바로 뒤이어 나오는 "믿지 아니하는 자는 하나님의 독생자의 이름을 믿지 아니하므로 벌써 심판을 받은 것이니라"요 3:18는 구절을 애써 무시해버린 결과다. 예수 그리스도의 십자가는 우리를 위한 아픔인 동시에 하나님의 아픔이다. 우리를 향한 하나님의 엄청난 사랑의 고통이다. 그러므로 믿고 받아들이는 자에게 그것은 하나님의 은혜와 선물이 될 것이지만, 끝까지 저항하는 자들에게는 그것이 하나님의 공의로운 심판이 될 것이다.

몰트만 역시 "지옥의 불"을 인정한다. 만인구원과 지옥의 불은 서로 모순되는 것 같지만 그는 지옥의 불을 인정함으로써 오히려 성경의 전통을 무시하지 않고 있다는 인상을 주려고 애쓴다. 그는 지옥의 불을 영원한 형벌의 불이 아니라 교육의 불, 정화의 불, 교정의 불로 해석한다.[15] 하나님은 사랑의 하나님이므로 불의한 자들을 영원한 불 속에 가두

13 P. Stuhlmacher, *Der Brief an die Römer*, NTD 6, 장흥길 옮김, 『로마서 주석』(서울: 장로회신학대학교출판부, 2002), 242. (이하 BR로 약칭).

14 *KG*, 423.

15 위의 책, 418.

는 것이 아니라, 그들을 정화시켜 구원하시고자 한다는 것이다.[16] 이것은 논리적으로 타당하지 않다. 만일 하나님이 사랑이고 선하신 분이어서 지옥의 영원한 고통을 즐기시는 분이 아니라면, 논리적으로 지금의 한시적인 고통도 즐기시는 하나님이어서는 안 된다. 현세의 고통 역시 즐거운 고통이 아니라 지옥의 고통이기 때문에, 인간의 고통을 일시적으로라도 허용하는 하나님은 사랑의 하나님이 아닐 것이다. 하나님은 사랑이기 때문에 영원한 지옥의 고통을 부정한다면, 과거나 현재나 앞으로나 최후의 순간에나 이 세상에는 어떤 고통도 있어서는 안 된다. 지금 이 순간의 고통은 허용하시면서 최후의 순간에는 고통과 지옥이 없다는 것은 하나님의 속성의 모순이 되기 때문이다.

몰트만은 어거스틴의 말을 빌려 "하나님은 죄인을 미워하는 것이 아니라 죄를 미워하며, 그는 죄를 사랑하는 것이 아니라 죄인을 사랑한다"[17]고 말한다. 이것은 하나님이 "죄를 인격으로부터 분리시키며, 죄를 심판하며, 죄인의 인격을 자유롭게"[18]하시는 분이라는 것을 말하고자 함이다. 하나님은 죄를 미워하시고 인간은 사랑하신다는 것은 분명하다. 그럼에도 불구하고 주목해야 할 것은 죄에 대가는 언제나 인간에게 내려졌다는 것이다. 죄와 죄인을 분리하는 것은 이론적으로나 가능한 일이다. 하나님이 죄와 죄인을 분리대응하시는 분이라면, 왜 그는 죄의 대가를 언제나 죄 자체가 아닌 죄인된 인간에게 요구하셨는가? 하나님은 속성상 인간을 영원히 미워할 수 없고 증오할 수 없는 분이라면, 그는 논리상 악도 영원히 미워할 수 없다. 그에게는 저주의 행위 자체가 불가능하기 때문이다. 그렇다고 해서 필자가 하나님의 진노와 저주를 강조하려는

16 위의 책, 418.
17 위의 책, 420.
18 위의 책, 420.

것은 아니다. 다만 하나님의 사랑은 인간의 응답을 요구하시며, 그의 사랑에 끝까지 저항하는 자들은 구원에서 제외될 수밖에 없음을 말하고자 함이다.

하나님의 사랑의 본질 때문에 인간의 응답과 상관없이 모든 사람을, 즉 하나님을 거부하였던 사람까지 구원한다고 한다면, 그 하나님은 자신의 속성에 메여있는 분이 된다. 즉 자유 없는 사랑, 자발적인 사랑이 아니라 어쩔 수 없는 사랑, 자신에게 자신을 강제하는 사랑이라는 말이다. 다시 말해서 하나님은 인간을 사랑해서라기보다는 자신이 사랑이기 때문에 인간을 구원하는 것이 된다. 그의 사랑의 대상은 인간이 아니라 자신이 되어버린다. 그렇다면 그의 사랑은 결국 자기연민이며 자기 동정일 뿐이다. 십자가는 결국 자신의 만족을 채우기 위한 것 되고 말 것이다. 만유구원론자들이 주장하는 십자가는 사랑의 속성의 필연적 결과이며 십자가는 하나님의 사랑으로 인해 필연적으로 나타날 수밖에 없는 하나님의 운명일 뿐이지, 인간을 위한 것이 아니다. 그리스도의 십자가의 고난 안에 나타난 하나님의 사랑은 어쩔 수 없이 당하는 고난이 아니라 자유의 사랑이며, 사랑의 자유이다. 만일 예수 그리스도의 십자가에 나타난 하나님의 엄청난 희생과 사랑에 대한 응답이 없이도 모든 사람을 구원하신다면, 그것은 하나님의 모든 속성을 하나님의 사랑의 속성 하나로 해소시키는 것이 될 것이다. 본질이 사랑뿐이신 하나님은 자유 없는 사랑만의 하나님이 될 것이다.

Ⅲ. 최후의 심판과 만유구원론

성경은 하나님의 사랑과 동시에 하나님의 심판, 하나님의 진노에 대하여 풍부하게 언급하고 있다. 신학의 역사를 보면 교회는 최후의 심판에 대해 부정적 인식을 심어 주었다.[19] 그로 인하여 어떻게 사랑이신 하나님이 저주하시며 지옥의 고통을 즐길 수 있는가라는 감상적 질문을 던지게 하였다. 그러나 심판과 지옥의 공포를 악용하거나 오용하였다는 것 때문에 하나님의 심판의 개념과 지옥의 실재성이 부인되어서는 안 되며, 또한 만유구원론으로 가서도 안 된다.

최후의 심판에 대하여 다양하게 언급할 수 있지만 이 글에서는 만유구원론과의 연관성 속에서만 논하고자 한다. 몰트만은 최후의 심판을 "복수하는 의 곧 그의 것을 그에게 돌려주는 의, 악한 사람들에게는 악한 것을, 선한 사람들에게는 선한 것을 돌려주는 의가 아니라, 법을 세우며 회복하고 의롭게 하는 예수 그리스도의 아버지 되신 아브라함의 하나님의 의"[20]로 규정하고 있다. 몰트만에게 있어서 최후의 심판은 영원한 죽음의 벌의 선고가 아니라 "영원한 하나님의 나라를 건설하기 위한 모든 사물의 회복"[21]이다. 그는 스툴마허P. Stuhlmacher의 연구의 결론을 인용하여 "최후심판은 그 자체에 목적을 가진 것이 아니라 심판의 행위를 넘어서는 긍정적 목적을 가지고 있으며 이스라엘은 그의 억압자들로부터 구원받아야 하며, 죽음은 폐기되어야 하며, 메시야적 구원의 공동체가 세워져야 한다는 것, …… 하나님의 복수 행위가 아니라 사건 곧 모든 악의

19 위의 책, 405ff.
20 위의 책, 432.
21 위의 책, 433.

세력에 대칭하여 구원을 세우는 하나님의 의의 궁극적 관철이 기다려지는 사건이라는 것이다"[22]라고 말한다. 뮐링M. Muhüling도 이와 유사하게 "야웨의 심판하는 행위는 그의 구원하는 행위로도 이해되어질 수 있다. 왜냐하면 히브리어의 schaphath는 '심판하다'와 동시에 '구원하다'로 해석될 수 있기 때문이다. 그러므로 무엇보다도 야웨는 심판하신 후에 구원하시거나 심판하는 대신에 구원하시기도 할 뿐만 아니라, 구원하시면서 심판하신다는 것을 주목해야 할 것이다"[23]라고 말한다. 이 진술들에는 심판의 긍정적 측면이 잘 드러나 있다. 사실상 만유구원론자들이 말하고 싶은 것이 바로 이것이다. 그들에게는 최후의 심판 이후에는 결코 영원한 형벌이나 영원한 지옥이 존재하지 않으며, 하나님의 회복과 구원행위로서의 심판만 있을 뿐이다. 지옥의 불이 있다 하여도 그것은 "정화의 불"이거나 "교육을 위한 벌"일 뿐이다[24]. 그들에 있어서 최후의 심판은 최종적인 것이 아니라 모든 만물을 새롭게 하는 하나님의 최종적 행위 이전의 행위일 뿐이다. 몰트만은 미카엘리스W. Michaelis의 말을 빌려 다음과 같이 결론 내린다. "심판과 멸망과 '영원한 죽음'에 대하여 진술된 것은 마지막 시간적이고 시대적인 것을 의미하며 '영원한' 것을 의미하지 않는다. 왜냐하면 멸망은 종말론적으로 마지막 이전의 것으로서 마지막의 것의 지평 속에 있기 때문이다. '보라 내가 모든 것을 새롭게 하노라' 이것이 마지막의 것이다. …… 만물의 화해가 하나님의 구원계획의 마지막 목적에 대하여 성서가 우리에게 주는 유일한 정보이다."[25] 지금까지

22 위의 책, 433.

23 M. Mühling, *Grundinformation Eschatologie. Systematische Theologie aus der Perspektive der Hoffnung* (Göttingen: Vandenhoeck & Ruprecht, 2007), 264.

24 *KG*, 418

25 W. Michaelis, *Die Versöhnung des Alls*, *KG*, 419에서 재인용.

말한 것을 간단히 요약하자면 a. 지옥은 영원하지 않으며 b. 하나님의 최종적 선언은 이중심판이 아니라 만물의 화해이며, c. 성경은 오로지 이것만을 말하고 있다는 것이다.

나아가서 몰트만은 "심판이 무엇이며, 심판자가 누구이며, 심판을 집행하는 의는 어떤 것인가? …… 예수가 심판자라면, 그는 그 자신이 계시한 것과 병든 사람들과 죄인들을 용납하는 법과는 다른 의에 따라 심판할 수 있는가? 최후 심판 때 사용되는 의는 법을 세우고 구원하는 하나님의 의, 율법과 예언자들이 증언하는 의, 사도바울이 그의 복음에서 선포한 칭의의 의와는 다른 의일 수 있는가?"[26]라고 물으면서 만유구원론의 타당성을 입증하려고 한다.[27] 결국 그는 블룸하르트의 글을 인용하여 "예수는 심판할 수 있지만, 저주할 수는 없다"[28]고 답변한다. 이제 이와 관련하여 몇 가지 질문을 던지면서 만유구원론을 평가해보려 한다.

첫째, 그리스도의 심판은 만유의 회복인가? 우선 예수 그리스도의 심판은 몰트만이 말한 대로 모든 것을 바로 세우는 하나님의 의의 심판인 것은 분명하다. 그러나 의의 심판이 단순히 모든 것을 회복시키는 의는 아니다. 성경의 어느 곳에도 그리스도의 심판이 모든 사람들을 구원하는 심판으로 말한 곳이 없다. 하나님의 심판은 모든 악의 세력들까지도 구원하는 의가 아니라 스툴마허의 말대로 "모든 악의 세력에 대칭하여"[29] 나타나는 의이다. 바울은 종말의 때에 불의한 자들에 대한 심판을 분명히 언급하였을 뿐만 아니라 그리스도의 심판대 앞에 섰을 때 선악간

26 *KG*, 408.

27 그러나 이런 질문 자체가 만유구원론의 설득력을 입증해 주지는 못한다. 왜냐하면 이 질문은 심판의 이중결과설을 변호하면서도 동일하게 사용할 수 있는 질문이기 때문이다.

28 *KG*, 440.

29 P. Stuhlmacher, *Biblische Theologie des Neuen Testaments, Bd* 1. *Grundlegung: von Jesus zu Paulus* (Göttingen: Vandenhoeck & Ruprecht, 1997), 309 (이하 BT로 약함).

의 행위에 따라 심판을 받는다고 선언하고 있다 고후 5:10. 위에 언급한대로 몰트만은 스툴마허의 연구를 빌려 최후 심판은 구원을 세우는 하나님의 의라고 정의하면서 만유구원론을 입증하려 하였지만, 오히려 스툴마허 자신은 "바울이 예수를 메시야적 세계 심판자로서 거듭 언급하고 있는 것을 보면, 종말의 때에 모든 인간들과 모든 피조물들이 하나님과 연합하는, 우주적 만유구원을 그가 기대하고 있었다고 볼 수 없다 …… 최후의 심판 때 들리어 올리신 그리스도를 믿고 그를 자기의 변호인으로 삼은 자만이 하나님의 심판대 앞에 설 수 있다. 그와 반대로 믿음이 없는 자들과 하나님의 적들은 멸망의 위협에 놓이게 된다"[30]고 결론 내리고 있다.

둘째, 최후의 심판은 희망인가? 최후의 심판은 위협이 아니라 인간에게 선포될 수 있는 가장 놀라운 것임에는 틀림없다. 그러나 그것은 '그리스도를 믿는 믿음을 가지고 있는 자들에게' 놀라운 것이고 희망적인 것이며 최종적인 선언이다. 다시 말하자면, 모든 그리스도 안에 있는 자들에게는 최후의 심판의 날이 위협이 날이 아니라 해방의 날이며 구원의 날이며 영원한 안식의 시작이다. 불의한 자들이나 마귀나 타락한 천사들이나 살인자들이나 사탄의 자식들에게도 해당되는 말이 아니다. 그들에게는 영원한 형벌만 있을 뿐이다. 성경은 불의한 자들의 심판을 분명히 말하고 있다. 최후의 심판의 순간에 예수 그리스도는 심판대에 앉아 양과 염소를 나눌 것임을 분명이 선언하고 있다. 모든 것의 회복이 아니라 나눔과 분리의 순간이다.

셋째, 심판의 결과는 영원한 이중적 운명이 아니라 만물의 회복 즉, 만물의 새 창조인가? 그러나 만물의 새 창조를 입증한다는 구절을 주목

30 위의 책, 309

해보면, 사탄까지도 포함하는 모든 인간의 구원을 결코 말하고 있지 않다. 오히려 그 반대다. 왜냐하면 "보라 내가 만물을 새롭게 하노라"라는 하나님의 선언 이후에 "두려워하는 자들과 믿지 아니하는 자들과 흉악한 자들과 살인자들과 음행하는 자들과 점술가들과 우상 숭배자들과 거짓말하는 모든 자들은 불과 유황으로 타는 못에 던져지리니 이것이 둘째 사망이라" 계 21:7-8라고 말하고 있기 때문이다. 그들은 하나님이 만물을 새롭게 하는 순간에 새로움과 위로의 은총을 입는 것이 아니라 불 못에 던져진다. 그러므로 모든 사람들이 최후의 심판의 순간에 정화되어 구원에 이르게 될 것이라는 생각은 적절한 생각이 아니다. 오히려 최후의 심판을 통하여 믿지 아니하는 자들, 거짓말하는 자들 사망에 처해지고 있지 않은가. 만일 요한계시록의 저자가 21장 5절을 서술하면서 사탄을 포함한 만인의 회복을 의도하였다면, 뒤이어 나오는 구절들에서 심판의 결과로서의 사망이나 불 못, 생명책에 기록된 자들만의 구원, 행위에 따른 상벌 등을 결코 언급하지 않았을 것이다.[31] 더구나 바벨론이나 용과 옛뱀 등으로 비유된 불경건한 자들과 악의 세력들에 의해 박해받고 순교 당하는 상황 속에서, 최종적으로는 하나님이 승리하시며 "이기는 자"에게 새 하늘과 새 땅이 예비 되어 있다는 희망의 메시지로 그리스도인들에게 희망과 용기를 주고자 했던 요한의 의도를 생각한다면, "만물을 새롭게 하신다"는 하나님의 선포는 하나님께 저항하는 자들의 영원한 패배와 하나님의 최종적 승리를 통한 새창조를 의미하는 것이지, 결코 불의한 자들과 사탄의 구원을 포함하는 선포라고 해석할 수 없을 것이다. 그러므로 그리스도를 통한 하나님의 종말적 계시는 그리스도 밖에 있는 불의한 자들에게는 하나님의 진노가 있음을, 그리스도 안에서 의로운 자들에게

31 계 20:15, 21:27, 22:7, 11, 12, 15, 19.

는 영원한 안식이 있음을 드러내시는 하나님의 계시 행위이다.[32]

넷째, 만일 최후의 심판이 하나님의 무조건적인 용서의 사랑이라면 인간의 죄에 대한 그의 진노는 어디에 있는가? 성경은 분명히 종말의 때에 나타날 불의한 자에 대한 하나님의 진노를 선언한다. “이런 일을 행하는 자를 판단하고도 같은 일을 행하는 사람아, 네가 하나님의 심판을 피할 줄로 생각하느냐 혹 네가 하나님의 인자하심이 너를 인도하여 회개하게 하심을 알지 못하여 그의 인자하심과 용납하심과 길이 참으심이 풍성함을 멸시하느냐 다만 네 고집과 회개하지 아니한 마음을 따라 진노의 날 곧 하나님의 의로우신 심판이 나타나는 그 날에 임할 진노를 네게 쌓는도다 하나님께서 각 사람에게 그 행한 대로 보응하시되 참고 선을 행하여 영광과 존귀와 썩지 아니함을 구하는 자에게는 영생으로 하시고 오직 당을 지어 진리를 따르지 아니하고 불의를 따르는 자에게는 진노와 분노로 하시리라”롬 2:2-8. 이 본문에 의하면, 진노의 날, 불의한 자들에 대한 하나님의 진노는 단순히 일시적인 진노가 아니라 영원한 진노다. 영원한 생명과 하나님의 진노를 대칭시켜서 말하고 있기 때문이다.[33]

다섯째, 행위에 따른 심판은 만유구원론을 부정하지 않는가? 행위에 따른 심판은 사실상 성경에 더 이상 변명할 수 없을 만큼 분명히 언급되어 있다.[34] 몇 부분만 인용하고자 한다. “하나님은 모든 행위와 모든 은밀한 일을 선악 간에 심판하시리라”전 12:14. “이제 내가 속히 분을 네게 쏟고 내 진노를 네게 이루어서 네 행위대로 너를 심판하여 네 모든 가증한

32 T. Peters, *God - The World's Future*, 이세형 옮김, 『하나님-세계의 미래』(서울: 컨콜디아사, 2006), 561.

33 *BR*, 82: “바울은 예언서에서 ‘하나님의 날’로 명명된 이날을 초기 유대교 묵시와 함께 진노의 날이요 하나님의 의로운 심판이 나타나는 계시의 날로 일컬었다. 이날에는 어떤 회개도, 어떤 기도도, 어떤 중보기도도, 조상들이나 예언자나 의인의 어떤 변호도 더 이상 무엇으로 받아들여지지 않는다. 그때에는 단지 사악한 자들에 대한 멸망의 심판과 의로운 자에 대한 정의의 판결만이 남아 있을 것이다.”

일을 네게 보응하되"겔 7:8. "이는 우리가 다 반드시 그리스도의 심판대 앞에 드러나 각각 선악 간에 그 몸으로 행한 것을 따라 받으려 함이라"고후 5:10. "또 내가 보니 죽은 자들이 무론 대소하고 그 보좌 앞에 섰는데 책들이 펴 있고 또 다른 책이 펴졌으니 곧 생명책이라 죽은 자들이 자기 행위를 따라 책들에 기록된 대로 심판을 받으니 바다가 그 가운데서 죽은 자들을 내어 주고 또 사망과 음부도 그 가운데서 죽은 자들을 내어 주매 각 사람이 자기의 행위대로 심판을 받고"계 20:12-13. 이 구절들에 보듯이 "행위대로의 심판"은 신학적으로 많은 논란을 불러일으킬 수 있음에도 불구하고 분명히 만유구원론의 주장을 반박하는 증거로 작용한다.

여섯째, 그리스도의 십자가는 인간의 믿음의 응답 없이도 타당한 구원의 객관적 증거인가? 최후의 심판의 기준으로서 예수 그리스도의 십자가를 세운 것은 몰트만의 장점이다. "그리스도를 지나서, 그리스도와 상관없이 어느 누구도, 어떤 것도 하나님 나라를 상속으로 받을 수 없다."[35] 예수 그리스도는 십자가에서 우리에 대한 하나님의 사랑을 확증하셨다. 루터와 칼빈이 말했듯이, 그는 이미 십자가에서 지옥의 경험을 하셨다. "그리스도는 그의 고난과 죽음 속에서 세계의 화해를 위하여 하나

34 U. Wilckens, *Der Brief an die Römer (Röm 1-5)*, EKK VI"/1 (Neukirchen-Vluyn: Neukirchener Verlag, 1978), 127-131; 142-146 참조. 믿음에 따른 심판이냐 아니면 행위에 따른 심판이냐의 논란에도 불구하고 분명한 것은 심판은 인간의 (믿음의) 행위와 관계가 있다는 것이다. 이외에도 겔 33:20: "내가 너희의 각기 행한 대로 심판하리라 하시니라." 겔 36:19: "그들을 그 행위대로 심판하여 각국에 흩으며 열방에 헤쳤더니." 겔 39:21: "내가 내 영광을 열국 중에 나타내어 열국으로 나의 행한 심판과 내가 그 위에 나타낸 권능을 보게 하리니" 마 12:36: "내가 너희에게 이르노니 사람이 무슨 무익한 말을 하든지 심판 날에 이에 대하여 심문을 받으리니" 약 2:13: "긍휼을 행하지 아니하는 자에게는 긍휼 없는 심판이 있으리라 긍휼은 심판을 이기고 자랑하느니라." U. Wilckens, *Der Brief an die Römer*, 129는 하나님의 심판은 "복수하는 심판이 아니라 인간의 행위에 따르는, 인간의 행위에 상응하는 멸망의 운명을 종말의 때에 실행하는 것으로 이해되고 있다"고 말한다. 심지어 그는 "바울의 복음은 그 핵심에 있어서는 결코 행위-적대적인 것은 아니다. 바울이 선포하고 또 요구하는 믿음은 모든 인간 행동의 원천적 부정을 포함하는 것은 아니다"(145)라고 말한다.

35 *BT*, 309.

님의 버림받은 상태의 참되고 총체적인 지옥을 당하였으며 우리를 위하여 죄의 참되고 총체적인 저주를 경험하였다."[36] 그러므로 "만유화해에 대한 희망의 참된 기독교적 근거는 십자가 신학이며, 십자가 신학의 유일한 실제적인 귀결은 모든 사물의 회복"[37]이다. 이에 대해 우리는 그에게 이런 질문들을 제기해 볼 수 있을 것이다. 과연 성경은 믿음 없는 그리스도의 십자가의 구원을 말하고 있는가? 만일 객관적 사건으로서의 십자가에서 예수 그리스도가 이미 지옥을 경험하시고 지옥에 승리하시고 지옥을 파괴하셨다면 그는 왜 심판하시는가? 예수의 십자가 사건으로 이미 모든 피조물들이 하나님과 화해되었고 구원되었다면 최후의 심판은 왜 필요한 것인가? 그리고 최후의 심판에서 다시 회복하시는 심판을 행하실 필요가 있는가? 이 질문을 던지는 것은 예수 그리스도의 효력 자체와 은총성을 시비하려는 것이 아니다. 오히려, 그리스도의 십자가는 그분의 지옥체험에 비유할 수 있을 만큼 엄청나게 큰 고통이었기 때문에, 우리는 그분의 고난을 통한 용서와 사랑과 희생과 화해에 참여해야 하며, 그분의 사역에 응답해야 한다는 것을 말하고자 함이다. 십자가의 사건이 엄청나기 때문에 모든 사람들의 응답이 필요 없는 것이 아니라 오히려 그렇기 때문에 믿음의 응답과 순종이 필요한 것이다.

일곱째, 몰트만이 말하는 "그리스도의 지옥여행"은 성경에서 언급하고 있는 지옥의 실재성과 영원성을 부인하는 결과를 가져오지 않는가? 몰트만은 지옥을 그리스도의 십자가의 실존적 경험으로 해소시키고 있다. 몰트만은, 그리스도는 "지옥을 열기 위하여 지옥의 고통을 당하셨다. …… 그리스도는 지옥으로부터 나왔기 때문에, 지옥의 문들이 열렸

36 *KG*, 433.
37 위의 책, 433.

으며 그것의 담이 무너졌다. 그의 고난을 통하여 그리스도는 지옥을 파괴하였다"[38]고 말한다. 몰트만이 말하는 지옥의 파괴는 역사의 종말에 일어날 사건이 아니라 예수의 십자가에서 이미 일어난 사건이다. 몰트만에 따르면 실존적 지옥이 실재적 지옥이다. 그것은 성경이 말하는 어떤 영역과 세계로서의 실재하는 지옥이 아니라 십자가의 고난이라는 상징적 지옥일 뿐이다. 만일 그렇게 본다면 예수 그리스도의 지옥의 경험은 우리의 이 고난의 현실에 대한 답일 수 있을 것이다. 그는 우리의 죄로 인한 우리의 지옥의 고통을 그는 대신 담당하셨기 때문이다. 그러나 지옥의 실존성이 지옥의 실재성의 부인으로 이어져서는 안 된다. 성경은 분명히 지옥의 실재성과 영원성을 언급하고 있기 때문이다. 칼빈이 루터의 사상을 받아들여 그리스도의 실존적 지옥체험을 받아들였다고 할 수 있지만 그럼에도 불구하고 그는 영원한 지옥과 형벌을 결코 부정하지 않았다.[39] 지옥의 실존성과 실재성, 그리고 영원성은 동시에 담보되어야 한다.

여덟째, 성경은 심판의 결과로 인한 인간의 이중적 운명에 대한 사상들을 담고 있는가? 여기에서는 만유구원론을 부정하는, 최후의 심판의 이중결과를 언급하는 성경구절들을 언급하고자 한다. 이사야는 "새 하늘과 새 땅"이라는 영원한 하나님의 나라를 선포함과 동시에 "패역한

38 위의 책, 439.

39 H. Quistorp, *Calvins Doctrine of the Last Things*, 이희숙 옮김, 『칼빈의 종말론』(서울: 성광문화사, 1986), 204ff. 그리스도의 심판에 관한 칼빈의 가르침은 "타락 전에 존재했던 사물들의 완전한 상태의 회복(αποκαταστασις παντων)을 주장하는 가설을 배제한다. 그에게 있어서 최후의 심판 전이나 후에나 보편적 구원의 가능성은 전혀 없다. '그들이 그리스도를 볼 수 없는 동안 그의 나라를 멸시하였던 반항자들을 그가 그의 재림시에 분쇄할 것이기 때문이다.' 하나님의 은혜는 확실히 모든 사람들에게 주어졌다. 그러나 모든 사람들이 예외 없이 다 구원받을 것이라고 상상하는 것은 대단히 어리석다. '그리스도를 통한 하나님의 나라의 완성은 사탄과 그의 추종자들이 최후에는 구원을 받을 것이라는 것을 의미하지 않는다.' '하나님이 만유의 주로서 만유 안에 계시려 하심이라는 것으로부터 마귀와 모든 경건치 않은 불신자들도 최후에는 구원을 받게 될 것이라'고 우리는 추론할 수 없다. … 그리스도의 원수들은 영원한 형벌을 받도록 운명이 결정되었다는 것을 의미한다"(H. Quistorp, 『칼빈의 종말론』, 267-8).

자"들에 대한 형벌을 언급하고 있다사 66:18-24. 다니엘 12장 1-4절은 "책에 기록된 자의 구원"을 말한다. 이것은 모든 사람들의 구원이 아니다. 그리고 이어서 분명히 "영생과 영원한 부끄러움"이라는 이중적 구조를 제시하고 있다. 바울의 고전적 본문인 고린도후서 5장 역시 우리가 그리스도의 심판대 앞에서 선악 간에 그 몸으로 행한 것에 따라 심판받을 것임을 언급하고 있다. 심판의 날에 "선한 일을 행한 자는 생명의 부활로, 악한 일을 행한 자는 심판의 부활로" 나올 것이다. 그것이 아버지의 뜻이다요 5:29-30; 행 24:15. 마가복음 9장 43-49절은 영생과 지옥을 분명한 어조로 대비시키고 있다. 누가복음 16장 23절에 의하면 부자는 "지옥과 고통"에 떨어지고, 나사로는 "아브라함의 품"에 안겨진다. 무엇보다도 마태복음 25장 31-46절은 슬기로운 처녀들과 어리석은 처녀들 대하여 말하면서 인자의 이중적 세계 심판의 비전을 제시한다. 세계 심판자는 그의 왼편에 있는 사람들에게 다음같이 말한다: "저주받은 자들아, 내게서 떠나서 악마와 그 부하들을 가두려고 준비한 영원한 불 속으로 들어가라." 그리고 세계 심판자는 그의 오른 편에 있는 사람들에게 그는 말한다: "와서 창세 때부터 너희를 위하여 예비한 이 나라를 차지하라." 46절에는 영생과 영벌을 이중적으로 대비하여 언급하고 있다. "그들은 영벌에, 의인들은 영생에 들어가리라 하시니라." 계시록에도 만유구원보다 심판의 이중 결과가 기록되어 있다. "죽은 자들이 자기 행위를 따라 책들에 기록된 대로 심판을 받으니 바다가 그 가운데서 죽은 자들을 내어주고 또 사망과 음부도 그 가운데서 죽은 자들을 내어주며 각 사람이 자기의 행위대로 심판을 받고 사망과 음부도 불못에 던지우니 이것은 둘째 사망 곧 불못이라 누구든지 생명책에 기록되지 못한 자는 불못에 던지우더라"계 20:13-15. 만물의 새창조가 언급되어 있는 — 그래서 만유구원론자들의 증거구절이라고 주장되는 — 요한계시록 21장도 분명히 불의한 자들의 분리를 통한 새 창조를 말하고 있다. "또 내게 말씀하시되 이루었도다 나는 알파와 오메가요 처음과 마지막이라 내가 생명수 샘물을 목마른 자에게 값없이 주리니 이기는 자는 이것들을 상속으로 받으리라 나는 그의 하나님이 되고 그는 내 아들이 되리라 그러나 두려워하는 자들과 믿지 아니하는 자들과 흉악한 자들과 살인자들과 음행하는 자들과 점술가들과 우상 숭배자들과 거짓말하는 모든 자들은 불과 유황으로 타는 못에 던져지리니 이것이 둘째 사망이라" 계 21: 6-8.

아홉째, 지옥은 끝이 있는가? 위에 언급한 성경 구절들에 의하면 어느 구절에도 불의한 자들, 사탄까지도 구원받는다는 언급이 없다. 오히려 그들은 지옥의 불에 처해진다는 언급을 분명히 하고 있다. 만일 지옥이라는 개념이 고대 신화적 세계상이라 하여 부인된다면 같은 논리로 하나님의 존재방식이라고 할 수 있는 하늘도 역시 부정되고 말 것이다. 꺼지지 않는 불, 구더기, 벌레 등 지옥을 상징하는 요소들이 아무리 현대적인 세계관에 맞지 않는다 하더라도 지옥 자체가 부정되는 것은 아니다. 이에 대하여 몰트만이나 만유구원론자들은 지옥의 영원성을 부정함으로써 대응하고자 한다. 왜냐하면 지옥의 영원성이 부정되어야 만유구원론이 성립될 수 있기 때문이다. 만유구원론자들은 성경에 나타난 영원 αιωνιος의 개념을 절대적이고 무시간적 의미의 영원으로 해석하지 않고 "시대적이며, 긴 시간적 혹은 마지막 시간적"[40]으로 해석하여 결국 지옥은 끝이 있다고 생각한다. 그러나 그들이 "끝이 있는 긴 시간"으로 해석하는 마태복음 25장 31-46절의 "αιωνιος"는 끝이 없는 무한한 시간으로 해석되어야 마땅할 것이다. 만일 지옥이 끝이 있다면 그의 대칭되는 개념인 영생도 끝이 있을 것이기 때문이다. 영벌과 영생에 포함되어 있는

40 *KG*, 418.

동일한 "αιωνιος"를 서로 다르게 해석할 수 있다고 하나 이것은 지나치게 자의적이다. "영생과 영벌"은 결코 하나님이나 세상과 같은 전혀 다른 차원의 개념이 아니라 짝을 이루고 있는 대칭개념이므로, 영생은 영원한 것으로, 영벌은 끝이 있는 것으로 해석하는 것은 적절한 해석이 아니다. 이 본문은 결국 심판의 이중적인 결과뿐만 아니라 그 결과의 영원성을 선언하는 본문이다.[41]

결론적으로 말하자면 최후의 심판의 결과는 하나님의 의의 심판이며, 구원에 대한 선언이지만 믿지 않는 자들까지도 포함되는 것은 분명 아니라는 점이다. 최후의 심판은 "예수 그리스도 안에서 우리에게 베푸신 하나님의 은혜에 대한 응답"[42]에 대한 판단이기 때문이다. 이 응답을 우리는 믿음이라 부른다. 믿음 없는 구원이 과연 성경이 증언하는 구원인가? 이에 대해서는 다음 항에서 논하기로 한다.

41 U. Luz, *Das Evangelium nach Matthäus (Mt 18-25)* (Neukirchen-Vluyn: Neukirchener Verlag, 1997), 541; E. Schweizer, *Das Evangelium nach Matthäus*, 한국신학연구소 옮김, 『국제성서주석: 마태오복음』(서울: 한국신학연구소, 1982), 503; H. Balz, "αιωνιος", in *Exegetical Dictionary of the New Testament* vol. 1, eds. H. Balz and G. Schneider (Grand Rapids: William B. Eerdmans, 1990), 46ff; W. Wiefel, *Das Evangelium nach Matthäus, Theologischer Handkommentar zum Neuen Testament*, Bd 1 (Leipzig: Evangelsiche Verlagsanstalt, 1998), 437; A. A. Hoekema, *The Bible and the Future* (Grand Rapids: William B. Eerdmans, 1979), 265-273. M. Stuart는 "우리는 끝없는 지옥의 신비를 인정하든지 아니면 천국의 영원한 행복을 포기하든지 해야 할 것이다"라고 말한다 (M. Stuart, *Exegetical Essays on Several Words Relating to Future Punishment* (Philadelphia: Presbyterian Publication Commitee, 1867), 62, quoted in C. W. Morgan and R. A. Peterson (eds.), *Hell under Fire* (Grand Rapids: Zondervan, 2004), 76). 마태복음 25장에 사용된 αιωνιος는 구약의 올람(מלוע)에 해당되는 용어이다. 이 말을 몰트만은 long duration, 즉 "오랫동안, 그러나 끝이 있는"으로 해석하지만 반드시 "오랫동안"으로만 쓰이는 것은 아니다. 구약의 "영원한 이름,"(출 3:15) "영원한 하나님"(창 21:33)에 올람이라는 말이 언급되어 있고 하나님의 속성의 영원성에 올람이 사용되기도 한다. 영원한 사랑(왕상 10:9), 영원한 영광(시 104:31), 하나님의 영원한 통치(출 15:18), 영원한 계약(창 9:16; 17:7, 13, 19) 영원한 하나님의 말씀(사 40:8) 등, 즉 한계가 있을 수 없는, 말그대로의 "영원한"의 의미로 사용되고 있다.

42 H. Schwarz, *Eschatology*, 391.

IV. 믿음과 구원의 관계

믿음과 구원의 관계는 만유구원론자들에게 있어서 핵심적인 논쟁 사항이다. 몰트만 역시 "모든 사람들이 어떻든 구원받는다면 왜 내가 믿어야 하는가"라는, 만유구원론을 향한 비판적 물음을 잘 알고 있어서 그것에 대하여 해명하려고 한다. 그러므로 믿음과 구원의 관계, 믿음과 복음의 관계의 문제는 만유구원론을 다루면서 언급하지 않으면 안 되는 핵심적인 신학논리다.

만유구원론의 문제 중 하나는 구원을 위한 믿음의 필요성을 제거한다는 점이다.[43] 믿음은 하나님이 우리를 구원하셨다는 것에 대한 확신이지 구원의 조건이 되는 것은 아니라는 것이 그들의 주장이다. 만유구원론은 구원에 관한 "하나님의 결단과 인간의 결단"[44]을 구분한다. 그리고 인간의 자기결정인 믿음과 관계없이 전적인 하나님의 결단에 의하여 모든 사람들이 구원받는다고 주장한다.[45] 믿음이 구원의 전제조건이 된다면 결국 인간의 최종적 구원은 하나님의 은혜와 결단이 아니라 인간의 자기결정이며, 인간은 결국 자기 스스로를 구원하는 구원의 주체가 된다는 것이다.[46] 결국 만유구원론은 "하나님에 대한 무한한 신뢰"[47]이며, 영원한 천국과 영원한 지옥을 인정하는 심판의 이중결과설은 "인간의 놀

43 *KG*, 420ff. 이에 대한 비판으로서 최태영, "몰트만의 만유구원론에 대한 통전적 이해," 118 각주 참조.

44 *KG*, 422.

45 위의 책, 423.

46 위의 책, 422.

47 위의 책, 422.

라운 자기 신뢰"[48]를 의미하게 된다. 몰트만의 말을 직접 인용해보자. "멸망에서 구원으로의 위대한 전환은 골고다에서 일어났으며, 우리의 신앙의 결단이나 전향의 시간에 비로 일어나는 것이 아니다. 신앙은 이 전환의 인격적 경험이요, 수납이지 이 전환 자체가 아니다. 나의 신앙이 나에게 구원을 마련하는 것이 아니라 구원이 나에게 신앙을 마련한다. 열락이나 멸망이 인간의 신앙이나 불신앙의 귀결이라면, 하나님은 불필요할 것이며 '행위-결과의 연관성과 카르마의 법칙만으로 연관성을 회복하기에 족할 것이다. 영원과의 관계에서 인간 자신이 그의 행복에 대한 대장장이요, 그 자신의 무덤을 파는 사람이라면 인간이 그 자신의 하나님일 것이다."[49] 그러므로 몰트만은 당연히 구원을 하나님이 인간에게 제시하는 하나의 선물로 간주하고, 그 선물에 대해 믿음으로 응답하는 자에게 구원이 실현된다는 "제안과 수용"의 도식을 거부한다.[50] 그가 이 도식을 거부하는 이유는 이 도식은 "하나님과 인간을 동일한 차원에서 보는 것"이며, "하나님을 인간으로 만들며 인간을 하나님으로 만드는 것을 뜻"[51]하는 것이기 때문이다. 이 도식을 몰트만은 "하나님을 '모든 사물의 지구촌적 시장화'로 등장한 이 사회의 종교적 슈퍼마켓에 진열된 싸구려 상품의 공급자"[52]로 만드는 슬로건에 불과하다고 비판한다. 그렇다면 결국 "'손님'이 하나님의 '왕'"[53]이 되어버린다는 것이다. 그래서 몰트만은 자신 있게 다음과 같이 선언한다. "하나님이 인간과 그의 구원에 대한 결단

48 위의 책, 422.
49 위의 책, 423.
50 위의 책, 424.
51 위의 책, 424.
52 위의 책, 424.
53 위의 책, 424.

을 내리며, 그렇지 않고서는 어떠한 구원의 확실성도 없다."[54]

진정으로 믿음은 구원과 아무런 관계가 없는 것인가? 스트레커G. Strecker는 오히려 몰트만이 신랄하게 비판하는 도식이 오히려 성서적임을 주장하고 있다. 그는 믿음을 "'무엇을 얻으려고 노력하는 것'이며 제안에 관심을 갖고 동시에 그 제안을 받아들이는 것"[55]이라고 정의한다. 그에 의하면 믿음은 "인간의 공정이 아니라 하나님의 은총에 대한 신뢰"[56]다. 다른 말로 하자면 "믿음은 말씀의 제안에 열려있는 행위이고, 그러므로 믿음은 인간의 구원의 실현을 위한 '전제조건'conditio sine qua non이며, 믿음은 인간의 행위로서 구원의 유일한 선조건"[57]이다.

"절대적인 하나님의 은총과 하나님 자신의 결단"으로서의 구원에 대한 주장은 구원의 주도권을 하나님에게 부여한다는 점에서는 장점을 가지고 있지만, 구원과 믿음의 관계를 어떻게 설정해야 하는지는 다시 한 번 깊이 숙고해보아야 한다. 왜냐하면 "믿음에 의한 칭의" 뿐만 아니라 "믿음에 의한 구원"사상이 성경에 잘 드러나 있어서 인간의 믿음 없는 하나님의 결단만을 통한 구원에 망설임 없이 동의하기 어렵기 때문이다. 믿음이 인간의 결단이며 응답임에는 틀림없다. 그러나 여기서 믿음 그 자체로서 구원을 위해 충분하다고 주장하려는 것은 결코 아니다. 믿음은 예수 그리스도를 통하여 구원을 일으키시는 하나님에 대한 믿음이지 그 외의 다른 믿음이 아니다. 만유구원론자들은 인간의 믿음의 행위를 강조한다면 결국 구원에 있어서 하나님이 불필요해지며, 하나님의 역

54 위의 책, 423.

55 G. Strecker, *Theologie des Neuen Testaments* (Berlin/New York: W. de Gruyter, 1996), 186.

56 위의 책,

57 위의 책, 187. 역시 J. Gnilka, *Theologie des Neuen des Testaments* (Frieiburg/Basel/Wien: Herder, 1994), 86ff 참조.

할이 부정되어진다고 말하지만 그것은 적절한 평가가 아니다. 예수 그리스도를 통한 하나님의 객관적 화해 행위는 전적으로 하나님의 은혜며 하나님의 주권적 행위지, 인간의 결단으로 일으킬 수 있는 사건이 아니다. 예를 들어 그리스도의 성육신과 십자가와 부활 사건은 전적으로 하나님이 일으킨 구원사건이지 인간이 일으킨 사건이 아니다. 그러므로 우리는 구원행위에 있어서 하나님의 주도권과 은혜를 인정할 수밖에 없다. 그러나 하나님이 일으키신 객관적 화해와 구원의 사건은 그리스도를 믿는 믿음을 통하여 개인들에게 구체화되며 실현된다. 모든 사람들에게 선물과 은혜가 되시는 그리스도의 십자가에 대한 응답인 믿음이 개개인에게 필요하다.

바울신학에 과연 "믿음 없는 모든 사람의 구원," 즉 만유구원론적 사상이 포함되어 있는가를 살펴보는 것은 만유구원론이 성서적으로 성립할 수 있는가를 결정하는 중요한 문제이다. 왜냐하면 몰트만 뿐만 아니라 만유구원론자들은 그들의 입증구절들을 거의 모두 바울에게서 가져오고 있기 때문이다.[58] 슈툴마허P. Stuhlmacher에 의하면 복음과 칭의와 믿음은 바울 선교 신학의 핵심요소이다.[59] 이 세 요소는 바울이 전해야할 구원을 공동으로 구성하고 있는 요소이다. 바울에 의하면, 복음은 "예수 그리스도 안에 나타난 하나님의 궁극적 구원 의지"[60]다. 복음의 내용은 "하나님에 의해 보냄을 받으시고, 십자가의 죽음을 감당하셨으며, 하나

58 만유구원론자들이 즐겨 인용하는 구절은 엡 1:10, 골 1:20, 빌 2:10-11, 고전 15:22-28, 롬 5:18; 11:32 그리고 계 21:5 등이다. 그러나 본문들의 전체적 맥락이나 바울의 의도를 고려한다면 만유구원론을 대표하는 구절이라고 보기 어렵다.

59 *BT*, 312

60 위의 책, 315.

님에 의해 들리어 올리신 그리스도"[61]다. 그것은 "인간의 중재에 의해 나타나는 것이 아니며 예수 그리스도의 나타나심을 통해 하나님에 의해 직접적으로 계시된 것"[62]이며, 그래서 근본적으로 "믿음이나 구원지식보다 앞서는 것"[63]이다. 나아가서 그는 복음을 "화목[화해]하게 하는 말씀"고후 5:19이라고 부르면서 복음의 보편성을 강조하고 있다. 또한 그는 하나님의 의δικαιοσυνε θεου를 강조하면서 "하나님의 구원을 만드시고 온전한 질서를 창조하시는 하나님의 의지"[64]라고 해석한다. 지금까지 언급한 것을 기초로 판단한다면 바울은 복음의 보편성과 하나님의 결단을 강조함으로써 만유구원론적 입장을 옹호하는 것처럼 보인다. 그러나 바울이 만유구원론적 입장을 지지했다고 주장하려면 그가 "믿음을 통한 구원"이나 "믿음에 의한 칭의"를 부정했다는 것이 입증되어야 한다. 여기서의 논점은 바로 믿음에 관한 것이다. 그러므로 우리의 논의를 위하여 이렇게 질문해 볼 수 있을 것이다. 복음이나 칭의, 의와 같은 중요한 개념들이 바울에게 있어서 믿음과 아무런 상관없이 나타나고 있는가? 다시 말하자면 무조건적인 하나님의 은총이기 때문에 인간의 믿음이 필요 없다고 바울은 말하고 있는가?

미리 말하자면, 바울은 만유구원론자가 아니다. 거듭 말하지만, 그는 하나님의 의와 복음과 칭의를 언제나 믿음과 연관시키고 있기 때문이다. 그는 진정으로 복음을 사랑한 믿음의 사도이다. 바울은 그리스도의

61 위의 책, 317. "예수 그리스도의 종 바울은 사도로 부르심을 받아 하나님의 복음을 위하여 택정함을 입었으니 이 복음은 하나님이 선지자들을 통하여 그의 아들에 관하여 성경에 미리 약속하신 것이라 그의 아들에 관하여 말하면 육신으로는 다윗의 혈통에서 나셨고 성결의 영으로는 죽은 자들 가운데서 부활하사 능력으로 하나님의 아들로 선포되셨으니 곧 우리 주 예수 그리스도시니라"(롬 1:1-4). 또한 고전 1:18-25; 2:2; 15:1-5; 고후 4:4-6; 5:18-21; 롬 1:1-5, 16-17; 3:21-26; 10:16; 15:16-19 참조할 것.

62 위의 책, 313. 갈 1:11-23; 고후 4:1-4; 롬 1:1-5.

63 위의 책, 313. 고전 2:6-8; 롬 5:6-8; 16:25-26.

64 위의 책, 328.

십자가로 말미암은 하나님의 구원행위를 선포하였으며, 그것을 믿을 것을 요청하고 그것을 믿는 자에게 생명이 주어진다는 것을 선포하였다.[65] 그는 로마서를 쓰는 목적은 복음 선포이며 그 복음은 "모든 믿는 자에게 구원을 주시는 하나님의 능력"롬 1:16이 된다고 밝히고 있다. 로마서의 서두에서 바울은 "믿어 순종하여" "하나님의 사랑하심을 입고 성도로 부르심을 입은" 로마에 있는 모든 자에게 쓰고 있음을 밝히고 있다. 바울의 복음은 보편적 복음이다. 유대인들 뿐만 아니라 이방인들도 하나님의 구원으로 초대하는 복음이다. 복음의 보편성을 강조하는 바울이 생각하는 불의한 자들의 운명은 어떠한가? 그는 믿음 없이도 무조건적으로 구원 얻을 것이라는 의미의 만유구원을 말하고 있지 않다. 오히려 그는 "불의로 진리를 막는 사람들의 모든 경건하지 않음과 불의에 대하여 하늘로부터" 하나님의 진노가 나타날 것임을 천명하고 있다롬 2:2-8.

바울은 의라는 개념 역시 믿음과 연결되어 있음을 단호한 어조로 말하고 있다. 그는 "곧 예수 그리스도를 믿음으로 말미암아 모든 믿는 자에게 미치는 하나님의 의"롬 3:22는 차별이 없음을 말하고 있다. 그것은 단순히 무차별적인 하나님의 의가 아니라 "예수 믿는 자를 의롭다"롬 3:26고 하시는 의이다.[66] 그 의는 "예수 우리 주를 죽은 자 가운데서 살리신 이를 믿는 자"롬 4:24에게 임한다. 바울에게 있어서 중요한 또 하나의 개념은 바로 칭의이다. 그에 의하면 칭의는 "자신을 하나님 앞에서 '경건하지 않은 자'롬 4:5로, 즉 하나님의 뜻에 거슬러 대항한 범죄자로 인식하며, 이런 인

65 *BR*, 57.

66 갈 2:16; 롬 3:22, 26; 빌 3:9 등에 나오는 "πιστις χριστου"(문자적으로 번역하면, 그리스도의 믿음)은 해석의 논란이 많은 구절이다. 그리스도가 소유하신 믿음인가, 아니면 그리스를 믿는 믿음인가하는 문제이다. 필자는 *BT*, 344; J. D. Dunn, 『바울신학』, 524ff; U. Wilckens, *Der Brief an die Römer (Röm 1-5)*, 188, 198의 연구에 동의하여 "그리스도를 믿는 믿음"으로 해석하고자 한다.

식 아래 예수 그리스도를 자신의 화해자와 주님으로 믿는 모든 자들에게" 주어지는 "하나님의 약속"이다.[67] "바울에 의하면 그런 믿음이 칭의의 유일한 근거이다."[68] 믿음은 "그리스도 안에 나타난 하나님의 구원 행동을 인정"하는 것이며, "예수를 주와 구원자로 고백하는 신앙고백과 회개와 새로운 순종을 한 동일한 삶의 행위 안에 포함하는 것"이기 때문이다.[69] 그러므로 인간의 행위인 믿음이 구원과 아무 관계 없는 것이 아니다. 오히려 믿음은 "예수 그리스도의 십자가와 부활에 근거한 구원하는 믿음"이다.[70]

혹자는 위에서 언급한 본문이 종말적 구원을 지칭하는 본문이 아니므로, 최후의 심판 이후의 하나님의 구원 사건에 적용할 수 없다고 반문할지 모른다. 그렇다면 다시 바울로 돌아가 보기로 한다. 과연 바울은 최후의 심판에서는 모든 피조물들이 구원 얻기 때문에 믿음이 필요 없다고 말하고 있는가? 오히려 바울은 분명히 종말적 사건 속에서도 믿음이나 그에 따르는 인간의 행위가 필요하다고 말한다. 그는 불의한 자들의 구원을 말하지 않는다. 오히려 그는 "심판이 나타나는 날에" "불의를 따르는 자"에게 내리실 하나님의 심판과 "진노와 분노"롬 2장를 말하고 있다.[71] 그는 또한 "우리가 다 반드시 그리스도의 심판대 앞에" 서서 "선악간에 그 몸으로 행한 것을 따라" 심판을 받는다고 말한다고후 5:10. 이 본문

67 *BR*, 119.

68 위의 책, 119.

69 위의 책, 119.

70 O. Michel, "Faith," in *Dictionary of the New Testament Theology*, vol. 1, ed. C. Brown (Grand Rapids: Zondervan, 1986), 601.

71 참조, *BT*, 340: "바울의 칭의론은 단순한 은총론이 아니라, 칭의론이 극히 심각한 반대면 - 하나님 앞에서 그리스도를 믿는 믿음으로 살지 않고, 그래서 최후의 심판 때 그리스도의 변호를 기대할 수 없는 자는 하나님의 심판대 앞에서 견딜 수 없을 것이라는 점 - 을 가지고 있다는 점에서 궁극적으로 법정적 의미로 생각되고 있다."

들은 종말적 구원을 지칭하는 본문이다. 바울에 따르면, 이 심판 앞에서 그리스도 안에 있는 자만이 정죄함으로부터 벗어날 수 있다롬 8:1. 바울에게 있어서 그리스도 안에 있다는 것은 복음으로서의 그리스도 십자가를 받아들이는 것을 의미한다. 그는 로마서 8장 31-39절에서도 칭의와 종말을 연결시키고 있다. 이 본문은 "최후의 심판이 벌어질 천상의 법정"[72]을 묘사하고 있다. 이것을 던Dunn은 다음과 같이 설명하고 있다: "*하나님의 택함 받은 자들*에 대한 그 어떤 고발도 먹히지 않을 것이다. 그리스도의 죽음8:32, 34과 부활8:34이 충분한 대답이 되기 때문이다. 사실 그 어느 것도 그리스도의 사랑8:35, 그리스도 안에 있는 하나님의 사랑8:39으로부터 [모든 사람이 아닌] *택함 받은 자들*을 끊어 놓을 수 없다. 그리스도의 죽음과 부활은, 그 어떤 천상의 권세라 할지라도 *그리스도에게 속한 자들*에 대한 지배력을 상실하였고 그들의 운명을 좌지우지할 수 없다는 것을 의미한다."[73]

이어서 바울은 로마서 10장 1-21절에서 믿음에 대하여 좀 더 구체적으로 설명하고 있다. 그 본문에 의하면 "그리스도는 모든 믿는 자에게 의를 이루기 위하여 율법의 마침"이 되셨다. 바울에 의하면 "네 입으로 예수를 주로 시인하며 또 하나님께서 그를 죽은 자 가운데서 살리신 것을 네 마음에 믿으면" 구원을 받는다. "사람이 마음으로 믿어 의에 이르고 입으로 시인하여" 구원에 이르게 된다. "믿지 아니하는 이를 어찌 부르리요 듣지도 못한 이를 어찌 믿으리요 전파하는 자가 없이 어찌 들으리요"롬 10:1-21.

72 J. D. Dunn, 『바울신학』, 337.

73 J. D. Dunn, 위의 책, 337 (인용 중 흘림체는 Dunn의 강조가 아니라 필자의 강조임). *BT*, 340 역시 바울의 칭의론은 단순히 현재적 칭의만을 의미하는 것이 아니라 종말론과 밀접히 연관되어 있다고 본다.

지금까지 본대로, 구원이나 칭의를 수용하는 믿음이 필요하다는 사실에 대한 성경적 근거가 충분히 제시되었으리라 생각한다.[74] 분명한 것은 믿음을 통한 칭의와 구원이다. 믿음 없는 칭의는 없다. 중요한 것은 무엇에 대한 믿음인가 하는 것이다. 이미 드러난 대로 그리스도에 대한 믿음이다. 지금까지 말한 것을 근거로 바울 사상의 핵심을 두 가지로 요약한다면 다음과 같이 정리할 수 있을 것이다. "첫째는 복음은 죄 및 죄의 세력을 단번에 처리해 버린 하나님의 의의 표현으로서 그리스도의 죽음과 부활을 중심으로 한다는 것이다. 둘째는 이제 하나님의 구원하시는 의를 얻을 수 있는 수단은 이 그리스도를 믿는 것이다."[75]

몰트만이 주장하는 바는 바로 믿음은 인간의 행위이며, 인간의 결단이며 그러므로 인간의 구원자는 인간이라고 주장한다. 그러나 바울은 율법에 의한 의와 자력에 의한 의를, 믿음에 의한 의와 철저히 구분하고 있다는 사실을 염두에 두어야 한다. 바울은 믿음을 단순히 인간의 결단이라거나 인간의 행위라는 규정 자체를 거부하고 있다.[76] 로마서 3장

74 지금까지 이 논증을 거의 바울의 로마서에 의존하였으나 로마서 이외의 구절에서도 마찬가지다. 믿음 없이도 구원 얻을 수 있다고 직접적으로 주장된 곳은 없다. 그러나 믿음에 의한 구원은 그 증거를 많이 찾아낼 수 있다. 몇몇 구절만 인용해본다. "너희가 만일 내가 전한 그 말을 굳게 지키고 헛되이 믿지 아니하였으면 그로 말미암아 구원을 받으리라"(고전 15:2). "너희는 그 은혜에 의하여 믿음으로 말미암아 구원을 받았으니 이것은 너희에게서 난 것이 아니요 하나님의 선물이라"(엡 2:8). "이는 그를 믿는 자마다 영생을 얻게 하려 하심이니라 하나님이 세상을 이처럼 사랑하사 독생자를 주셨으니 이는 그를 믿는 자마다 멸망하지 않고 영생을 얻게 하려 하심이라 하나님이 그 아들을 세상에 보내신 것은 세상을 심판하려 하심이 아니요 그로 말미암아 세상이 구원을 받게 하려 하심이라 그를 믿는 자는 심판을 받지 아니하는 것이요 믿지 아니하는 자는 하나님의 독생자의 이름을 믿지 아니하므로 벌써 심판을 받은 것이니라"(요 3:15-18) "아들을 믿는 자에게는 영생이 있고 아들에게 순종하지 아니하는 자는 영생을 보지 못하고 도리어 하나님의 진노가 그 위에 머물러 있느니라"(요 3:36). "너희로 환난을 받게 하는 자들에게는 환난으로 갚으시고 환난을 받는 너희에게는 우리와 함께 안식으로 갚으시는 것이 하나님의 공의시니 주 예수께서 자기의 능력의 천사들과 함께 하늘로부터 불꽃 가운데에 나타나실 때에 하나님을 모르는 자들과 우리 주 예수의 복음에 복종하지 않는 자들에게 형벌을 내리시리니 이런 자들은 주의 얼굴과 그의 힘의 영광을 떠나 영원한 멸망의 형벌을 받으리로다"(살후 1:6-9). "그러나 성경이 모든 것을 죄 아래 가두었으니 이는 예수 그리스도를 믿음으로 말미암은 약속을 믿는 자들에게 주려 함이니라 … 너희가 다 믿음으로 말미암아 그리스도 예수 안에서 하나님의 아들이 되었으니"(갈 3:22-26).

75 J. D. Dunn, 『바울신학』, 532.

27-8은 "그런즉 자랑할 데가 어디냐 있을 수가 없느니라 무슨 법으로냐 행위로냐 아니라 오직 믿음의 법으로니라 그러므로 사람이 의롭다 하심을 얻는 것은 율법의 행위에 있지 않고 믿음으로 되는 줄 우리가 인정하노라"라고 말하고 있다. 로마서 9장 30-32절도 이 논증을 되풀이 하고 있다. 이스라엘은 "믿음을 의지하지 않고 행위를 의지"롬 9:32했기 때문에 의를 얻지 못하였다는 것이다. 바울은 믿음과 인간의 자력에 의한 의를 구분하고 있다는 것이다. 이어지는 내용도 마찬가지다. 이스라엘은 "하나님의 의를 모르고 자기 의를 세우려고 힘써 하나님의 의에 복종하지"롬 10:3 않아 구원받지 못한 것이다. 이어 바울은 "그리스도는 모든 믿는 자에게 의를 이루신다"롬 10:4고 말한다. 이것을 그는 "믿음으로 말미암는 의"롬 10:6라고 부른다. 여기서 알 수 있는 바울의 생각은 무엇인가? 그것은 바로 자기 의와 믿음의 구분이다. "자기 의"란 자신의 노력에 의하여 얻어지는, 그리스도 없는 의이다. "믿음의 의"는 결코 구원이 자신으로부터 나온다고 생각하는 "자기 의"가 아니다. 그런데 몰트만이 믿음을 마치 자신의 의와 결단과 동일시하여 인간의 믿음으로 구원 얻는 것이 아니라고 주장하는 것은 바울의 생각과는 거리가 먼 생각이다. 그러므로 우리는 믿음을 단순히 자기 행위, 자기의 결단이라는 생각에서 벗어나야 한다. 구원과 칭의는 그리스도를 믿는 믿음으로부터 오는 하나님의 선물이다. 인간은 결코 하나님 앞에서 자신의 의를 주장할 수 없다. 자신의 의로 구원받는 것이 아니다. 하나님의 놀라우신 사랑의 제안에 응답할 뿐이다. 이것이 믿음이다. 그러므로 불의한 자들까지도 구원받는다는 생각을 바울에게서 끌어낼 수 없는 것은 분명하다.[77] 바울은 그리스도의 죽음과 부활을 통한 하나님의 사랑에 감격했고 그것을 모든 사람들에게 선

76 J. D. Dunn, 『바울신학』, 490-513.

포하려 했던 사도이지만, 그러나 인간의 믿음 없이도 얻을 수 있는 구원을 선포한 사도는 아니다.

만일 믿음 없는 종말적 구원이 옳다면, 우리는 이렇게 질문할 수 있다. 왜 하나님은 강제적으로 불의한 자들까지도 구원하는가? 왜 마지막에는 지옥을 허용하지 않으시는가? 그리고 지금은 악을 허용하시거나 인간의 자유의지의 사용을 허락하시는 하나님이 최후의 순간에는 왜 강제적으로 구원하시는가? 현재에 요구되는 믿음을 통한 구원이 왜 종말에는 요구되지 않는가? 현재의 하나님과 미래의 하나님 사이의 요구가 다르다면 결국 하나님에게 충돌이 일어나지 않는가? 이런 질문들에 대해 답변하기 매우 어려운 이론이 바로 만유구원론이다. 불신자들, 하나님에게 끝까지 저항한 자들, 예수 그리스도의 십자가를 결코 인정하지 않은 사람들, 심지어 악의 근원이며 예수 그리스도의 십자가를 무력화시키기 위해 최후의 순간까지 저항한 사탄까지도 구원하시는 하나님이라면 지금도 그러해야 하며, 지금의 악한 자들에 대해서도 진노해서는 안 된다. 그들의 논리대로 하자면 사탄도 궁극적 구원의 대상이며 사랑의 대상이 될 것이기 때문이다.

77 W. G. Kümmel, *Die Theologie des Neuen Testaments nach seinen Hauptzeugen Jesus-Paulus-Johannes*, 박창건 옮김, 『신약성서신학』(서울: 성광문화사, 1989), 288ff. "하나님께서는 예수 그리스도 안에서 그가 준 구원을 거절하거나 진지하게 받아들이지 않는 그런 사람들을 버리실 것이라는 사실 오직 그것만이 그에게 중요한 점이다." … 바울이 "예외 없이 모든 인간에게 적용되는 하나님의 자비를 거의 생각할 수 없었을 것이라는 점을 부정하기는 어려울 것이다. 그것은 우리가 멸망과 신의 진노에 관해서 말하고 있는 위에서 언급된 바울의 본문들을 함께 파악할 때에야 비로소 바르게 인정된다. 그러므로 우리는 바울이 … 하나님께서는 결국 예외 없이 모든 사람에게 자비를 베푸실 것이라고 가르쳤다고는 말할 수 없을 것이다." Cf. *BT*, 309; M. Theobald, *Studien zum Römerbrief*, WUNT 136 (Tübingen: Mohr Siebeck, 2001), 99; D. Migliore, *Faith Seeking Understanding. An Introduction to Christian Theology*, 장경철 옮김, 『기독교조직신학개론』(서울: 한국장로교출판사, 1994), 124.

V. 결론

이 글이 관심 가졌던 모든 질문을 한 질문으로 총괄한다면, 그것은 "모든 사람이 구원받는가" 하는 것이었다. 나아가서 이 글은 "모든 사람들이 구원받는가"라는 질문에서 파생되는 질문들도 함께 다루고자 하였다. 그 질문은 다음과 같은 질문들이다. 모든 사람들이, 심지어 사탄까지도 회복되고 구원 받는다면 과연 믿는다는 것의 의미는 무엇이며, 선교해야할 이유는 무엇이며, 예수 그리스도의 십자가는 어떤 의미를 가지고 있을까? 왜 바울은 수많은 고난과 죽음의 위기 속에서도 굴하지 않고 그리스도의 복음을 전하려고 했을까? 복음 때문에 고난당하고 순교를 감내하며, 예수의 재림을 기다리던 초기의 그리스도인들에게 희망을 주기 위해 붓을 들었던 요한이 전하려고 했던 것이 사탄과 불의한 자들까지도 구원하시는 하나님의 모습인가? 모든 사람이 구원받는다면 하나님의 승리는 도대체 무엇에 대한 승리인가? 실체 없는 추상적 악에 대한 승리가 진정한 승리인가? 이 질문들은 서론적 문제 제기의 질문이 아니라 이 글의 결론과 요약을 대신하는 중요한 질문이다.

필자는 만유구원론자들이 가지고 있는 만유구원론적 내용들을 비판적으로 평가하였다. 이것을 요약한다면 다음과 같다. 첫째, 그들은 믿음과 구원의 관계를 논하면서 하나님의 결단과 인간의 결단 사이에서 인간의 결단은 버리고 하나님의 결단만을 취하였다. 구원은 오로지 하나님의 결단이라는 신학적 논리를 제시하는데 집중한 나머지 믿음과 구원의 관계를 언급하는 수많은 성경의 구절들을 간과하였다. 둘째, 하나님의 사랑을 강조한 나머지 하나님의 자유와 공의를 희생시켰다고 할 수 있다. 셋째, 최후의 심판에서 희망을 이야기한 것은 장점이지만 성서가 분명하게 언급하고 있는 최후의 심판 이후의 인간의 운명의 이중 구조, 영원한 지옥, 하나님의 종말적 영원한 진노의 문제를 충분히 해명하지 못하였다. 넷째, 지옥도 하나님의 통치 영역이라는 것을 이해하지 못하였으며, 지옥의 궁극적 실재성을 드러내지 못하였다. 다섯째, 앞에서 언급한 바 있지만, 전체적으로 그는 성경을 본문의 맥락이나 바울 등 저자들의 전체적 의도를 고려하지 않고 자의적으로 해석하였다. 예를 들어, "하나님이 세상을 이처럼 사랑하사"를 강조한 나머지 그 전후로 등장하는 믿는 자가 구원 얻을 것이라는 구절, 그리고 "만물을 새롭게 하노라"라는 구절을 고려하면서 바로 그 다음에 등장하는 구원의 예외조건을 언급하는 구절들을 포함하지 않는 등 엄밀한 성서해석을 시도하지 않았다. 무엇보다도 그의 만유구원론의 가장 큰 약점은 신학적 논리에 있다기보다 성경적 증거의 빈약성에 있다고 할 것이다.[78] 이런 약점들에 대해 이 글은 충분히 지적했으며, 또 만유구원론의 논점을 반박할 수 있는 증거를 제공했다고 생각한다. 그러나 이 글이 만유구원론의 모든 문제를 해결했다고 생각하는 것은 결코 아니다. 마치 지옥이 없는 것처럼 살아가는 그리스도인들의 삶의 분위기 속에서, 지옥이 사라졌음에도 아무도 눈치 채지 못하는 신학과 교회의 분위기 속에서[79], 만유구원론의 르네상스라는 현대신학의 분위기 속에서, 만유구원론을 평가해 볼 수 있는 장을 마련한 것으로 이 글은 어느 정도 일정 역할을 했다고 생각한다.

다시 처음 질문으로 돌아가 보자. 역사의 최후의 순간에 인간의 운명은 어떻게 될 것인가? 우리의 답은 만유구원이 아니라 하나님의 의의

78 김명용, "몰트만의 만유구원론과 구원론의 새로운 지평," 『장신논단』 16 (2000), 294; 김도훈, "만유구원론의 비판적 고찰," 『장신논단』 30 (2007), 173-200은 이를 잘 지적하였다.

79 C. W. Morgan and R. A. Peterson (eds.), *Hell under Fire* (Grand Rapids: Zondervan, 2004), 16-40.

심판 이후에 예수 그리스도를 통한 하나님의 의를 믿는 자들의 영원한 생명이다. "하나님의 장막이 사람들과 함께 있으매 하나님이 그들과 함께 계시리니 그들은 하나님의 백성이 되고 하나님은 친히 그들과 함께 계셔서 모든 눈물을 닦아 주시니 다시는 사망이 없고 애통하는 것이나 곡하는 것이나 아픈 것이 다시 있지 아니하리니", "다시 밤이 없겠고 등불과 햇빛이 쓸데없으니 이는 주 하나님이 그들에게 비치심이라 그들이 세세토록 왕노릇하리로다"계 21:3-4; 22:5. 그러면 그리스도의 십자가를 통해 나타난 하나님의 은혜를 조롱하며 "끝까지 하나님의 사랑과 용서의 제안을 거부하고 스스로 지옥의 심판에 머물고자 하는 인간"[80]은 어떻게 될 것인가? 그들에게는 하나님의 영원한 버림이 있을 것이다. 하나님의 통치 밖이 아닌, 하나님의 부정적 통치 방식인 지옥의 고통을 영원히 경험하게 될 것이다.

그럼에도 몰트만은 최후의 심판, 천당과 지옥, 믿음과 구원의 관계, 그리스도의 십자가의 효력 등을 심도 있게 자신의 입장에서 논의함으로 인해, 전통적 종말론으로 하여금 이 문제들을 다시 한 번 깊이 생각하게 하는 기회를 제공하였다고 생각한다. 몰트만이 제기한 문제를 염두에 두면서, 인간의 최종적 구원에 대해 우리는 다음 몇 가지 사항을 주의하여야 할 것이다. 첫째, 영생과 영벌을 동등한 가치로 생각해서는 안 된다는 점이다. 하나님이 먼저 우리와 화해를 일으키시고 모든 사람들이 구원받기를 그는 원하셔서 오래 참으시고 인내하시기 때문이다. 밀리오리D. Migliore가 말한대로, "만약에 누군가가 종말에 은혜의 공동체로부터 제외된다면 그것은 그들이 창세 전부터 버림받았기 때문이 아니라 그들이 계속

80 김균진, 『기독교조직신학 V』, 400.

해서 하나님의 은혜를 거부했기 때문이다."[81] 둘째, 천국과 지옥, 영생과 영벌, 이것의 의미는 둘 다 모든 사람이 구원받기를 원하시는 하나님의 은혜에의 초대이다. 전자는 하나님의 긍정적 방식의 선교이며, 후자는 하나님의 부정적 방식의 선교이다. 그러나 이것은 또한 역사의 '마감' too late 에 대한 안내이기도 하다.[82] 셋째, 지옥의 실재성과 영원성을 지지한다고 해서 과거 중세교회처럼 지옥의 공포를 의도적으로 조장해서는 안 될 것이다. 넷째, 마찬가지로 최후의 심판을 인정하되 모든 것을 그의 뜻에 따라 바르게 하시는 하나님의 승리와 영광의 사건으로 이해해야 한다. 최후의 심판이 그리스도를 믿고 고백하는 자들에게도 공포와 율법이 되어서는 안 된다. 다섯째, 최후의 심판은 다름 아닌 그리스도를 믿는 자에게 희망적 사건이 되기 때문에 이 땅에서의 그리스도인들의 믿음을 더욱 성숙시킬 수 있는 방향으로 교육되어야 한다. 여섯째, 믿음으로 구원 받는다는 것을 강조하면서도 그 믿음이 섣불리 자기 의가 되도록 해서는 안 된다. 그리스도를 믿는 믿음으로 구원받는 것 역시 신앙 고백적으로 생각해보면 하나님의 은혜 안에 있는 믿음이기 때문이다.

우리가 전해야 할 것은 무엇이며 우리는 무엇 때문에 부름을 받았는가? 복음이다. 우리는 복음을 전해야 하며, 그 복음을 위해 부름 받았다. 그러나 그 복음은 "믿음과 관계없는 불의한 자들까지의 구원"을 의미하는 복음이 아니라, 그리스도를 믿는 믿음으로 의롭게 되며, 그리스도를 통하여 "모든 믿는 자에게 구원을 주시는 하나님의 능력" 롬 1:16 으로서의 복음이다.

81 D. Migliore, *Faith Seeking Understanding: An Introduction to Christian Theology*, 장경철 옮김, 『기독교조직신학개론』(서울: 한국장로교출판사, 1994), 124.

82 H. Schwarz, *Eschaology*, 346f.

Chapter

7

Biblical Reformed Eschatology
The Doctrine of the Last Things

제 7장

자연/세계의 완성으로서 새 창조

— 생태학적-우주적 종말론

이 장의 내용은 김도훈, "생태학적 종말론," 『하나님의 나라, 역사 그리고 신학 - 이형기교수회갑기념논문집』(2004), 702-728을 다소 수정·보완한 것임. 김도훈, 『생태신학과 생태영성』(서울: 장로회신학대학교출판부, 2009), 237-262에도 약간의 수정을 거쳐 게재됨. 이 글의 각주의 일부는 위의 책 여러 곳에 분산되어 실렸음을 밝힌다.

Ⅰ. 우주적-생태적 종말론으로서의 기독교종말론

— 기독교종말론은 우주적-생태학적 종말론이며 자연의 희망론이다 —

이 글에서 필자가 의도하는 것은 자연 피조물을 종말론적 논의의 대상으로 회복시켜 이와 관련되는 주제들을 살피고자 하는 것이다. 이것을 필자는 생태학적 혹은 우주적 종말론이라 부르고자 한다. 우주적-생태적 종말론을 다른 말로 말하자면 자연 혹은 세계의 종말론이라 부를 수 있을 것이다. 기독교 종말론은 단순히 마지막 사건만을 다루는 것이 아니라 오히려 새로운 시작을 말한다. 새로운 시작은 곧 희망이다. 그러므로 기독교 종말론은 희망론이요 생태적-우주적 종말론은 자연의 희망론이다. 이처럼 종말론적 차원에서 자연의 의미를 밝혀보고자 하는 것이 이 글의 목적이요 의도이다.[1]

전통적인 종말론의 주 관심은 자연이 아니라 인간이었고 역사였다. 역사와 개별자의 종말은 오직 인간에 국한되어 있었다. 개인의 죽음과 함께 무슨 일이 일어나는가? 역사의 종말은 어떻게 될 것인가? 즉 천년왕국은 있는가? 있다면 언제 일어날 것인가? 죽은 자의 부활은 언제 나타나는 사건인가? 이 모든 질문들이 인간과 역사에 집중되어 있었다. 인간 이외의 피조물의 부활, 새 창조, 완성은 종말론의 핵심 주제가 아니었다. 우리와 함께 살아가고 있는 이웃으로서 자연은 어떤 상태에 이르게 될 것인가는 도무지 관심 밖이었다. 바르트와 브룬너의 자연신학 논쟁이 있었으나 그것은 자연 피조물에 대한 신학적 논쟁이 아니라 "하나님 인식의 문제"[2]를 둘러싼 논쟁이었다. 종말론적 신학을 본격적으로 시작한

몰트만도 크게 예외는 아니었다. 희망의 종말론으로 그의 신학을 시작했다고 볼 수 있는 몰트만 역시 그의 『희망의 신학』*Theologie der Hoffnung*에서는 자연의 종말론을 다루지 않았다. 역사와 인간의 희망의 종말론을 다루었을 뿐이다. 보다 정확히 말한다면 종말론의 근거와 의미를 밝히려고 하였다. 희망의 신학의 역사 집중적 상황을 그는 다음과 같이 고백하고 있다. "나의 '희망의 신학'은, 그 당시의 역사의 경험, 그리스도교적 역사 이해와 역사적 실천과 관련을 맺으면서, 나의 전제들과 가능성의 틀 안에서 이러한 일을 해내었다. …… 그러나 자연철학이나 자연과학과 관련된 창조론의 분야는 아직까지 새롭게 형성되지 않았다. 에른스트 블로흐가 기꺼이 받아들였던 '우주적 종말론'이 필요하다고 언급한 것 외에는 '희망의 신학'에서는 그것이 별로 나타나지 않는다. 그 당시의 나는 묵시적 종말론에 나타난 '우주의 역사화'를 생각했다. 나는 하늘과 땅의 새

1 물론 성경 자체는 자연이라는 말을 사용하지 않는다. 자연이라는 용어는 헬라 철학으로부터 유래한 것이다. 그 때의 자연은 자신의 존재 원인을 자기 스스로에게 가지고 있는 존재라는 뜻이다. 성서에서는 이런 의미의 자연은 결코 존재하지 않는다. 성서는 모든 것을 하나님의 창조로 말하고 있다. 다시 말하면 모든 것은 스스로 존재하고 있는 것이 아니라 그 존재의 원인을 철저히 하나님에게 둔다는 말이다. 모든 것은 하나님의 피조물이다. 그러므로 기독교 신학에 있어서 보다 더 정확한 용어는 자연이라기보다는 창조라는 용어이다. 그래서 서구 신학에서는 창조라는 단어가 자연 대신에 사용되기도 한다. 그러나 여기서 주의해야 할 것은 자연을 창조라고 말할 수는 있으나 역으로 창조를 자연과 동일시해서는 안 된다는 점이다. 왜냐하면 창조는 상당히 넓은 의미로 사용되어지고 있기 때문이다. 창조는 하나님의 창조(만듦) 행위 자체와 그 행위의 결과까지 포함한다. 그러므로 창조에는 자연만 포함하는 것이 아니라 인간과 인간의 역사까지 포함한다. 그리고 창조라고 할 때에는, 시간의 관점에서, 태초의 창조를 의미하는 원창조(creatio originalis), 흔히 섭리라 불리는 계속적 창조(creatio continua), 창조의 완성이라 칭하는 종말적 새창조(creatio nova)의 전 과정을 의미하기도 한다. 그리고 신학에 있어서 자연의 개념을 인간과 대칭시킬 수도 있으며, 초자연과 대칭시켜 사용하기도 한다. 자연과 인간, 자연과 초자연의 용례에서 두 자연은 정확하게 동일한 의미를 가지고 있다고 볼 수 없다. 또 어떤 경우에는 우주 전체를 의미하기도 하며 다소 좁은 의미로는 인간을 둘러싸고 있는 환경을 의미하기도 한다. 이처럼 자연은 다양한 의미로 사용되어지고 있음을 염두에 둘 필요가 있다. 여기서 사용되고 있는 자연은 우선적으로 하나님의 피조물로서, 인간 혹은 역사와 대칭되어 사용되는 개념이라고 볼 수 있다. 자연보다 피조물이라는 용어가 보다 더 정확하고 성서적 어의를 담은 개념이지만 언어 관습 상 자연이라는 말을 사용하였다. 그리고 종종 피조물이라는 말도 혼용하였다. 엄격히 말하면 서로 구분되는 개념이지만 여기서는 동일한 의미로 사용하였음을 밝혀둔다.

2 J. Moltmann, *Gott in der Schöpfung*, 김균진 옮김, 『창조 안에 계신 하나님』(서울: 한국신학연구소, 1986), 9.

창조, 즉 요한계시록 21장으로부터 창조론을 구성하려고 했고, 일반적으로 그렇듯이, 더 이상 창세기 1장으로부터 창조론을 구성하려고 하지 않았다. 1964년에는 '생태학적 위기'가 아직 내 의식 속에 들어와 있지 않았다. 그 당시에 우리는 여전히 역사의 충격 때문에 더 경악하였고, 그 가능성에 더 사로잡혔다. 1985년에 이르러서야 나는 1964년 이래로 내게 절박한 것으로 느껴지던 창조론을 출간할 수 있었다."[3] 『희망의 신학』 13판 서문에서도 동일한 고백을 하고 있다. "자연철학과 자연과학과 관련성을 맺는 창조론은 "희망의 신학"이 새로운 신학적 구조물을 세웠던 영역은 아니었다. 인간 실존의 실존주의적 역사성을 극복하기 위해 우리가 그 당시에 중점적으로 다루었던 내용은 정치적, 사회적, 경제적 관점에서 본 세계의 역사였으며, 지구 생태계와 인간의 몸의 구조는 아니었다. 이런 영역은 1960년대에 "떼이야르"Teilhard의 추종자들과 과정신학자들이 차지하고 있었다. 1972년 이후부터 비로소 지구 생태계의 위기는 나의 의식 속으로 들어왔으며, 나는 강의와 세미나 중에 "희망의 신학"으로부터 새로운 창조론을 전개하려고 시도하였다. 하지만 이 작업은 내가 삼위일체론과 더 넓은 미지의 분야인 성령론을 발견한 다음에야 비로소 이루어졌다. 1985년의 기포드 강연Gifford-Lecture과 1985년의 책 『창조 세계 안에 계신 하나님』에서 나는 희망의 신학을 지구, 몸과 감각 세계로 넓혀나갈 수 있었다. 이를 위해 나는 생태학적 논의와 여성신학으로부터 많은 것을 배웠다."[4]

판넨베르크의 신학으로 인하여 역사가 신학의 지평에 본격적으로 들어오게 된 것은 주지의 사실이다. 그에 의하면 신학의 가장 포괄적인

3 J. Moltmann, *In der Geschichte der dreieinigen Gottes*, 이신건 옮김, 『삼위일체와 하나님의 역사』(서울: 대한기독교서회, 1998), 336.

4 J. Moltmann, *Theologie der Hoffnung*, 13판 서문 참조.

지평은 바로 역사이다. 인간과 함께 하시는 하나님의 역사, 그 역사의 틀 속에서만 모든 신학적 질문과 대답은 의미가 있을 뿐이다. 그래서 그는 역사를 단순히 역사성으로 해소시켜버린 불트만과 고가르텐의 실존 신학을 비판하고, 또 역사를 초 역사로 파악한 켈러와 바르트의 역사관 역시 비판한다. 그의 초기의 모든 신학적 관심은 이미 그의 명제에서도 보듯이 역사였다.[5] 하나님의 계시 역시 역사로 나타난다고 보았다. 1970년 그는 "자연의 신학을 향하여" 라는 책을 펴냈지만 그것은 자연 자체에 대한 신학적 탐구를 주제로 한 책이라기보다는 자연과학과 신학의 대화에 중심을 둔 책이었다. 이처럼 바르트, 불트만, 고가르텐 등의 20세기 초반의 신학이 발견하지 못한 역사를 몰트만과 판넨베르크가 발견하였다는 점에서 신학에 그들이 기여한 바가 적지 않다고 할 수 있다. 그럼에도 불구하고 6-70년대까지의 그들의 신학적 의식 속에 자연이 자리할 여유는 없었던 것처럼 보인다.

하지만 1970년대 말 이후로 자연에 대한 관심이 엄청나게 증가하였다.[6] 그것은 신학 내적인 이유보다는 환경위기, 자연파괴라는 신학 외적인 이유에서였다. 외부로부터 오는 질문 즉 환경 위기에 대하여 신학은 자연 자체의 의미와 자연이 인간에게 주는 의미에 대하여 진지하게 사고하기 시작하였다. 그럼에도 필자가 지적하고자 하는 것은 최근에 등장한 자연에 대한 수많은 연구들 중에서 종말론적 관점을 가지고 자연을 탐구하려 한 노력은 아직도 많이 보이지 않는다는 점이다. 우리는 인간의 종말뿐 아니라 자연의 종말에 대해서도 깊은 관심을 가져야 한다. 기독교의 하나님은 단순히 인간만의 하나님이 아니다. 전 우주의 창조자이

5 W. Pannenberg, "Heilsgeschehen und Geschichte," *Grundfragen systematischer Theologie* (Göttingen: Vandenhoeck & Ruprecht, 1967), 22.

시며 보이는 것과 보이지 않는 모든 것의 창조자이시다. 그 창조주 하나님이 곧 구속주 하나님이시며 또한 새 창조의 하나님이다. 그는 자연을 창조하시는 분이신 동시에 자연을 완성하시는 하나님이시다. 자연의 종말론에 관심을 가져야 할 이유가 바로 여기에 있다.

몰트만이 고백한대로 기독교 신학은 곧 종말론이다. 기독교 종말론은 기독교 신학의 부록이 아니다. 기독교의 한 요소도 아니다. 그것은 기독교 신앙의 매개이며, 희망이고, 모든 것이 그에 의존하여 있는 열쇠이다.[7] 종말론이야말로 모든 기독교선포와 실존과 전 교회를 좌우하는 것이다. 기독교 신학의 전 문제를 총괄하는 단 하나의 질문이 있다면 그것은 미래에 대한 질문이며 종말에 대한 질문이다.[8] 전적으로 옳은 말이다. 그러나 그 종말론의 대상이 누구이며 또 무엇인가라는 질문을 던질 때는 달라진다. 위에서 말한 대로 기독교 전통은 자연의 종말론을 말하는데 매우 인색해 왔다. 모든 것이 인간에 집중되어 있었다. "우리가 무엇을

6 K. Tanner는 그의 소논문에서 이런 현상을 "창조신앙의 르네상스"로 부르고 있다. K. Tanner, "Die Renaissance des Schöpfungsglaubens," in *Natur=Schöpfung. Theologische Annäherungen und Fragen*, eds. W. Schoberth and E. Ratz (München: Evang. Presseverb. für Bayern, 1991), 40-55. "자연은 현재 가장 빈번히 인용되어지고, 불려지고 주제화 되어지고 있는 본질이다"라고 뵈메는 말하면서 모든 사회 영역에서 나타나고 있는 자연에 대한 관심의 급증을 인정하고 있다. G. Boehme, "Was ist Natur? Charaktere der Natur aus der modernen Naturwissenschaft," in *Natürlich Natur* (Frankfurt a. Main: Suhrkamp, 1992), 56-76; 56. 1990년 독일 개신교 학회와 다름슈타트 공대가 주최한 심포지움의 주제도 "우리는 어떤 자연을 원하는가, 우리는 어떤 자연을 가지고 있는가?"였다. 1993년 슈트트가르트에서 열린 한 심포지움에서 자연과학, 의학, 철학, 사회과학, 정치학 그리고 문화 등 전 분야의 학자들이 토론을 벌였던 주제가 "Natur im Kopf"였다. 그 외에도 1970년대 이후 각종 신학자들의 토론, 교회 회의들, WCC 총회, Green Church운동, 각 학문 분야에서의 논의 및 보고서, 정치적, 사회적 운동 및 토론 등을 살펴보면 자연에 대한 관심이 매우 높아진 것을 알 수 있다. 독일 교회(Verantwortung wahrnehmen für die Schöpfung, 1985), 독일의 신학자들, 에큐메니칼 영역에서, 영국성공회와 가톨릭 신학계(1972, 77, 78, 80, 90년에 발표된 교황의 친서, 담화문 등 참조)에서, 동방교회에서, 아시아의 신학자들 사이에서, 그리고 미국의 개신교 신학자들 사이에서 창조신학과 자연신학의 질문, 그리고 자연에 대한 질문이 그 중요성을 얻게 되었고 많은 연구들과 선언문들이 쏟아져 나왔다.

7 J. Moltmann, *Theologie der Hoffnung* (München: Chr. Kaiser Verlag, 1964), 22.

8 위의 책, 22.

희망할 수 있는가?"라는 질문의 "우리"는 단순히 인간이었다. 그렇다면 우리는 다음과 같이 질문할 수 있을 것이다. 피조물은 아무런 희망이 없으며, 다만 무로 돌아가야 할 존재일 뿐인가? 바울은 분명한 어조로 피조물이 무엇을 기다리는가에 대한 답을 제시해 주었다. "피조물이 고대하는 바는 하나님의 아들들이 나타나는 것이니 피조물이 허무한 데 굴복하는 것은 자기 뜻이 아니요 오직 굴복하게 하시는 이로 말미암음이라 그 바라는 것은 피조물도 썩어짐의 종노릇 한 데서 해방되어 하나님의 자녀들의 영광의 자유에 이르는 것이니라 피조물이 다 이제까지 함께 탄식하며 함께 고통을 겪고 있는 것을 우리가 아느니라"롬 8:19-22. 그러므로 자연 피조물 역시 궁극적 종말과 해방을 기다린다는 점에서 기독교 종말론은 자연 피조물의 희망론이다.

생태학적 종말론에 관심을 가져야 하는 또 하나의 이유는 종말론 전승 속에 나타난 자연 무시와 경시는 곧 이 땅에서의 삶의 태도와 실천에 결정적인 영향을 주기 때문이다. 오늘날의 환경 파괴의 신학적 대안이 될 수 있는 종말론은 실존적, 역사적 종말론이 아니라 자연 피조물의 종말론이다. 이것을 우리는 생태적 종말론이라 부른다. 이것은 결코 실존적 종말론, 역사적 종말론과 대립되는 것이 아니다. 종말론적 사유의 대상을 인간과 역사뿐 아니라 자연으로 확장시키는 것이다. 그러므로 이

9 생태학적 종말론과 함께 제기될 수 있는 질문은 바로 과학적 종말론이다. 자연의 종말은 현재 신학의 관심분야 일뿐 아니라 과학의 관심분야가 될 수도 있기 때문이다. 지금 종말론이라는 주제를 가지고 신학과 자연과학과의 대화가 진행되고 있다. 그러나 여기서는 다루지 않는다. 과학적 종말론에 대해서는 다음의 문헌들을 참조할 것. M. Welker and J. Polkinghorne (eds.), *The End of the World and the Ends of God: Science and Theology on Eschatology* (Harrisburg, Pa.: Trinity Press International, 2000); E. C. Lucas, "Science, Wisdom, Eschatology and the Cosmic Christ," in *Eschatology in Bible and Theology. Evangelical Essays at the Dawn of a New Millenium*, eds. K. E. Brower and M. W. Elliot (Downers Grove, Ill.: InterVarsity Press, 1997), 279-297; W. H. Klink, "Ecology and Eschatology: Science and Theological Modeling," *Zygon* vol. 29, no. 4 (1994), 529-545.

글은 생태학적 종말론을 위 두 종말론과 대립시키고자 하는 것이 아니라 보완 확대하고자 함이다.[9]

Ⅱ. 새 창조의 전제로서 첫 창조

— 창조는 하나님 나라의 영광을 목표로 하며 새 창조의 전제이다. 그러므로 창조는 종말론적 개념이다 —

칼 바르트는 방대한 양의 창조론을 저술하였다. 이에 대해 리드케G. Liedke는 바르트의 창조론은 "자연 없는 창조"라고 평가한다.[10] 그의 방대한 창조론에는 자연이 없다. 왜냐하면 성서의 창조론은 자연의 존재와 생성 이유를 말하려고 한 것이 아니라 모든 것의 창조주는 하나님이라는 신앙고백을 전달하려고 한 책이라고, 즉 "창조론은 믿음의 조항"[11]이라고 믿었기 때문이다. 그것은 『교회교의학』 III/2(창조론)에서도 잘 드러난다. 그의 『교회교의학』 III/2의 전체 제목은 "피조물"이다. 그러나 여기서 주목할 것은 그가 피조물이라고 할 때 구체적으로 무엇을 의미하느냐 하는 것이다. 그에 의하면 피조물은 곧 인간이다. 교의학의 한 주제로서 인간§43, 하나님의 피조물로서의 인간§44, 하나님의 언약의 파트너로서 결단 속에 있는 인간§45, 영과 육으로 된 인간§46, 시간 속의 인간§47, 이 다섯 소주제를 보면 이것을 분명히 알 수 있다. 피조물이라는 항목에서

10 G. Liedke, *Im Bauch des Fisches: Ökologische Theologie* (Stuttgart/Berlin: Kreuz-Verlag, 1984), 72ff.

11 K. Barth, *Kirchliche Dogmatik*, III/1 (Zürich: Theologischer Verlag), 13. (이하 KD로 약칭)

다루는 주제는 오직 인간이다. 피조물의 총체에 관한 전 성서적 진술의 목표는 다만 인간일 뿐이라는[12] 그의 교회교의학 III/1의 논지를 여기서 좀 더 구체적으로 설명하고 있다. 그러므로 그는, 교의학은 우주론에 대한 어떤 과제도 갖지 않으며 다만 인간에 관한 교리일 뿐이라고 항변한다.[13] 피조물에 대한 신학적 이론은 피조물론이 아니라 실제로 인간학이며, 그러므로 신학은 동시에 인간 중심적이다라고 자신 있게 그는 선언한다.[14] 그러면 세계는 바르트에 있어서 무엇인가? 그것은 다만 그리스도를 통한 하나님의 구원 드라마의 무대요, 배경이고 장소일 뿐이다.[15] 그의 말을 들어보자. "피조된 우주는 …… 하나님의 위대한 은혜의 행위들과 구원의 행위들의 무대다. 이런 의도 속에서 그것은 하나님의 봉사자요, 하나님의 도구이며, 하나님의 재료이다. …… 무대는 위에서 공연되는 일의 주체일 수 없다. 그것은 공연을 단지 외적으로 가능하게 할 수 있을 뿐이다."[16]

이제 우리는 질문해보자. 성서는 자연에 대하여 아무것도 서술하지 않는가? 오직 인간의 구원과 해방만을 다룬 인간 중심적인 책인가? 성경은 자연 피조물에 대한 신학적 질문을 던질 수 있는 근거를 전혀 제시하지 않고 있는가? 하나님의 구속의 드라마에는 인간만 포함하는가? 답은 간단하다. 성서는 결코 자연 없는 창조를 말하지 않는다. 창조는 이미 자연을 포함한다. 물론 이것은 바르트도 부정하지 않는다. 문제는, 바르트가 주장하듯, 피조물 혹은 세계는 하나님의 구원드라마에 참여하지 못하

12 *KD* III/1, 18.
13 *KD* III/2, 13.
14 위의 책, 2, 12.
15 *KD*, IV/3, 154f.
16 *KD*, II/3, 55.

고 다만 무대나 극장에 불과한가 하는 것이다. 성경은 하나님의 창조와 복의 대상에 자연피조물을 포함시킬 뿐 아니라, 중요하게도 자연 피조물도 인간의 타락의 영향 하에 있음을 묘사하고 있다. 첫 번째 인간의 타락의 형벌에 자연이 동참하며, 가인의 타락 사건에도 땅이 저주받는다. 홍수에도 마찬가지며, 율법과 안식일을 지키지 않는 인간의 형벌에 자연이 함께 벌에 처해진다. 그러므로 바울은 로마서 8장에서 "피조물이 허무한데 굴복"하고 있으며 "썩어짐의 종 노릇"하고 있고, "이제까지 함께 탄식하며 함께 고통을 겪고 있는 것을 우리가 알고 있느니라"고 말하고 있다. 그러므로 인간의 타락에 함께 고통당하며 또한 해방을 기다리는 피조물은 인간과 함께 하나님의 구속의 드라마의 동반자이다. 자연 피조물은 하나님의 회복과 계약의 대상이다. 그러므로 창조가 자연의 창조라면 새창조 역시 자연의 새창조가 되어야 한다. 자연 없는 창조를 상상할 수 없듯이 자연 없는 새 창조를 우리는 결코 상상할 수 없다.

그러면 창조는 무엇을 목표로 하고 있는가? 자연과 인간의 창조 자체를 목적으로 하고 있는가? 아니면 자신을 넘어 그 무엇인가를 향하고 있는가? 전통적으로 창조는 6일의 창조로 생각하여 왔다. 그래서 창조는 더 이상 열려져 있는 개념이 아니라 그 자체로 완결되어 완성되어 있는 체계로 생각하였다. 이것은 미래를 향하여 열려져 있지 않은 창조에 대한 개념이다. 창조를 단순히 공간적 개념으로만 파악하는 것이지 시간적 개념으로 파악하지 않는 것이다. 이것은 최근의 물리학적 자연 혹은 우주관에 어울리지 않는 개념이다. 자연은 죽은 물질 체계요, 정적, 폐쇄적 시스템으로 보는 기계적 자연관과는 달리, 현대의 유기적 자연관은 자연을 살아 있는 유기체요, 역동적인 개방체계로 이해한다. 기독교 신학에 있어서 창조로서의 자연은 이미 개방체계의 개념을 함축하고 있다.[17] 태초의 창조는 "시간의 창조"이며, 시간의 창조는 곧 "변화의 창조"이며 변화와 흐름을 포함한다.[18] 창조가 처음부터 시간 개방적이라면 그것은 결코 폐쇄체계가 될 수 없다.[19] 창조로서의 자연은 미래를 향하여 열려져 있다. [20] 그러므로 "창조는 종말론적 개념이다"[21]라고 말할 수 있을 것이다. 태초의 창조 이후 하나님은 우주 밖에 계시면서 자연 법칙을 통하여 이 세계가 움직이도록 내버려두시는 그런 하나님이 아니다. 하나님은 자기의 영을 끊임없이 만물 속에 부으시며 자신의 영을 통하여 지속적으로 자연을 역동적으로 만들며 늘 만물을 새롭게 하신다.[22] 이것을 우리는 계속적인 창조라고 부른다.[23]

지금까지 말한 세계의 개방체계, 계속적 창조 등과 같은 생각은 자연스럽게 창조의 목표와 완성에 대한 생각으로 이어지게 된다. 과연 창조의 목표는 무엇일까? 바르트는 놀랍게도 창조를 단순히 하나님의 창조행위로만 보지 않고 하나님의 계약과 연결시켰다. 창조의 목적은 "인간과 맺은 하나님의 계약의 역사를 가능하게 하는 것"[24]이다. 달리 말하면, 창조는 예수 그리스도를 통한 구속의 역사의 시작이라는 것이다. 이러한 해석도 가능할 것이다. 그러나 필자는 몰트만의 생각이 좀 더 타당

17 J. Moltmann, *Wissenschaft und Weisheit*, 김균진 옮김, 『과학과 지혜』(서울: 대한기독교서회, 2003), 67. 개방체계에 대한 신학적 수용에 관하여, G. Altner, *Die Überlebenskrise in der Gegenwart. Ansätze zum Dialog mit der Natur in Naturwissenschaft und Theologie* (Darmstadt: Wissenschaftliche Buchgesellschaf, 1987), 86-152; J. Moltmann, *Gott in der Schöpfung* (München: Chr. Kaiser, 1985), 209ff; J. Moltmann, "Schöpfung als offenes System," in *Zukunft der Schöpfung* (München: Kaiser, 1977), 123-139; C. Link, "Schöpfungstheologie angesichts der Herausforderungen des 20. Jahrhunderts," in *Schöpfung*, HST 7/2 (Gütersloh: Gütersloher Verlagshaus G. Mohn, 1991), 439-454.

18 J. Moltmann, *Gott in der Schöpfung*, 249.

19 J. Moltmann, 『과학과 지혜』, 64.

20 위의 책, 64.

21 위의 책, 64.

22 위의 책, 72f.

23 J. Moltmann, *Gott in der Schöpfung*, 248.

24 *KD*, III/1, 63.

성이 있다고 생각된다. 창조의 완성은 인간이 아니라 안식일이듯[25], 창조는 새 창조에 상응하기 때문이다. 그에 의하면, 창조의 종국과 목표는 "역사적 계약을 통하여 약속되고 보증되는, 오고 있는 영광의 나라"[26]다. "계약의 역사는 …… 은총계약을 단계적으로 세운 다음에 영광의 나라의 미래로 전진하기"[27] 때문이다. 달리 말하자면 창조의 목적과 목표는 하나님의 영광의 완성인 새 창조이며 하나님 나라다. 이것을 몰트만은 다음과 같이 정리한다. "인간과 맺은 하나님의 계약의 역사와 더불어 모든 피조물들과 맺은 태초의 창조계약도 하나님의 현재적인 영광 안에서의 새 창조의 완성으로 인도된다."[28] 바르트의 표현을 수정하여 표현한다면 창조는 새 창조의 외적 근거이며 새 창조는 창조의 내적 근거이다. 따라서 우주적 종말론, "종말론적 창조론으로부터 하나의 우주적 희망이 생성된다."[29]

25 J. Moltmann, *Gott in der Schöpfung*, 19.

26 J. Moltmann, *In der Geschichte der dreieinigen Gottes*, 이신건 옮김, 『삼위일체와 하나님의 역사』(서울: 대한기독교서회, 1998), 257.

27 위의 책, 258.

28 위의 책, 258.

29 위의 책, 261.

Ⅲ. 종말론적 희망의 약속 하의 자연

— 하나님의 창조로서의 자연은 하나님의 종말론적인 약속 하에 있으며 그 약속은 곧 자연의 희망이다. 그 희망의 약속은 결정적으로 예수 그리스도의 부활에 근거한다 —

성경은 약속으로 이루어져 있는 책이라 할 만큼 약속에 대하여 많은 언급을 하고 있다. 성서의 하나님은 약속의 하나님이시오, 또 그것을 성취하시는 하나님이시다. 예를 들어 아브라함에게 한 약속은 애굽에서, 시내산에서, 가나안 땅의 획득에서 각각 성취되었다.[30] 이외에도 성경은 많은 약속과 성취로 이뤄져 있다. 무엇보다도 성경에서 증언하고 있는 약속 중에서 결정적 약속의 사건은 바로 예수 그리스도의 부활 사건일 것이다.[31] 그리스도의 부활 사건을 하나님의 약속과 성취의 관점에서 해석한 신학자는 몰트만이다. 그에 의하면, "하나님은 죽은 자들을 일으키시고 없는 자를 있게 하시는 능력을 가지고 계신다. 바로 그래서 그분의 약속은 성취될 수 있다. 그분은 그리스도를 죽음으로부터 일으키셨다. 바로 그래서 그분의 약속은 확실히 성취된다."[32] 이처럼 그리스도의 부활은 이미 일어난 하나님의 약속의 성취이지만, 그것은 다시 인간을 향한 부활의 징표요 약속을 갖는다. 이것을 몰트만은 다음과 같이 표현한다. "그리스도는 부활하였고, 죽음을 벗어났다. 하지만 그를 믿는 사람들은 아직 죽음을 벗어나지 못하였으며, 오직 희망을 통해서만 이 땅에서 부

30 G. von Rad, *Theologie des Alten Testaments* Bd. 1, 허혁 옮김, 『구약성서신학 1』(왜관: 분도출판사, 1976), 142f.

31 J. Moltmann, *Theologie der Hoffnung*, 24f, 214ff

32 위의 책, 163.

활의 생명에 참여할 수 있게 된다. 그들에게 부활은 희망 가운데서, 그리고 약속으로 현존한다."[33] 몰트만은 부활을 하나님의 새 창조의 행위의 차원으로 확장한다. "그리스도의 부활을 단지 하나님의 종말론적인 역사 행위로만 이해하는 것으로는 족하지 않다. 그것은 또한 세계의 새창조의 첫 행위로도 파악되어야 한다. 그리스도의 부활은 단지 하나의 역사적 사건만이 아니고, 동방교회의 부활적 예배와 우리의 옛 부활절 노래가 항상 가르쳐 주었듯이 하나의 우주적 사건이기도 하다. 그리스도의 부활의 이러한 우주적 차원은 새로이 이해되어야 마땅하다."[34] 그러므로 그리스도의 부활 사건은 만물의 희망이다. 부활이 없다면 현재의 고난과 슬픔은 극복되지 않고, 결국 절망과 허무와 죽음을 초래하게 될 것이다. 그래서 바울은 이렇게 고백한다. "그리스도께서 다시 살아나신 일이 없으면 너희의 믿음도 헛되고 너희가 여전히 죄 가운데 있을 것이요. 또한 그리스도 안에서 잠자는 자도 망하였으리니 만일 그리스도 안에서 우리가 바라는 것이 다만 이 세상의 삶뿐이면 모든 사람 가운데 우리가 더욱 불쌍한 자이리라" 고전 15:17-19.

부활 사건에서 알 수 있듯이, 하나님의 약속은 곧 희망이다. 그것은 약속을 반드시 지키시는 하나님의 신실함 때문이다.[35] 기독교의 하나님은 인간뿐만 아니라 자연 피조물을 향해서도 신실하신 분이시다. 또한 하나님이 신실하시고 참되시며 반드시 약속을 지키시는 하나님이라는 것을 확신하는 신앙 때문이다. 역으로, 하나님에 대한 신앙은 하나님으로 인한 희망을 만들어내기 때문이다.[36] 그러므로 하나님에 대한 신뢰와

33 위의 책, 179.

34 J. Moltmann, *Wer ist Christus für uns heute?*, 이신건 옮김, 『오늘 우리에게 그리스도는 누구신가?』(서울: 대한기독교서회 1997), 106.

35 J. Moltmann, *Theologie der Hoffnung*, 136.

신앙은 자연의 현재적 고통의 극복과 썩어짐의 종노릇으로부터의 해방을 기대하게 한다. 따라서 자연에 대한 하나님의 약속은 자연의 희망이며 궁극적 종말 속에서 자연의 소원과 해방의 희망이 이루어질 것이다. 이것은 무엇을 의미하는가? 약속은 현재나 현실의 반대를 약속한다.[37] 이미 소유하고 있거나 누리고 있는 것을 약속하지 않는다. 성서에서도 땅의 약속, 번성의 약속, 메시야 약속 등이 수없이 등장하지만 이것은 그것을 누리지 못하는 이스라엘의 현 상황을 반영하며 이것은 미래를 희망 속에 기다리게 하는 역할을 감당한다.[38] 이스라엘에게 땅의 성취가 이루어졌을 때 그들에게는 또 다른 약속이 주어졌다.[39] 이 미래지향적이고, 약속에 가득 차 있으며 희망이 넘치는 자연에 대한 성서적 사상, 창조의 미래적 완성의 약속으로 자연을 바라보는 것 즉, 종말론적인 관점에서 자연을 보는 것은 자연 가치를 인정하는 것이 될 것이며 이것은 매우 중요한 생태학적 사고가 될 것이다.[40]

약속의 관점에서 창조를 바라본 사상가는 바르트이다. 그는 창조론에서 창조와 계약의 관계를 설명하고 있다. 특히 이 부분에서 바르트는 엄청난 분량의 창세기 1, 2장 주석을 통해 그의 탁월한 시도를 보여주고 있다. 그는 창조를 "계약의 외적 근거", 계약을 "창조의 내적 근거"[41]로 파악하였다. 창조와 계약의 관계를 규정한 칼 바르트의 말을 또 들어보자: "성서적 증언에 따르면 창조의 의도와 그 의미는 인간과 맺으시는

36 위의 책, 27.

37 위의 책, 25.

38 위의 책, 116f.

39 위의 책, 120

40 J. F. Haught, "Ecology and Eschatology", in *And God Saw That It Was Good: Catholic Theology and the Environment*, eds. D. Christiansen and W. Grazer (Washington D.C: United States Catholic Conference, 1996), 52.

41 *KD* III/1, 262.

하나님의 계약의 역사를 가능케 하는 것이다. 이 계약의 역사는 예수 그리스도 안에서 그 시작과 중심과 끝을 갖는다. 이 계약의 역사는, 마치 창조 자체가 바로 이 역사의 시작이듯이, 창조의 목표이다."[42] 그의 탁월한 시도에도 불구하고 여기서 지적하고자 하는 것은 그가 창조의 의미를 인간과만 맺으시는 하나님의 은혜의 계약으로 축소시키고 있다는 점이다. 그에 의하면 하나님의 계약의 파트너는 인간일 뿐이다. 몰트만은 이를 잘 지적하고 있다. "바르트는 계약을 인간, 오로지 인간에게만 관련시킨다. 그래서 마치 인간이 아닌 세계가 오로지 인간만을 위하여 창조되기나 한 것처럼 그의 창조론은 인간중심적인 특징을 갖는다. 마치 그리스도가 오로지 인간만을 위하여 왔고, 오로지 인간의 화해자와 주님이기만 한 것처럼, 예수 그리스도는 하나님이 인간과 맺은 계약의 시작, 중심과 마지막이다. 인간이 아닌 세계의 창조는 계약의 외적 근거라고 설명된다."[43] 따라서 바르트에게 물을 수밖에 없는 질문은 왜 하나님의 약속의 역사에 인간만 존재하며 자연은 빠져 있는가, 왜 자연은 계약의 은총의 대상이 될 수 없는가, 왜 그리스도 안에서 그리스도를 위하여 자연을 창조하신 하나님께서 자연을 예수 그리스도가 중심이 되는 은혜의 계약으로부터는 제외시켰는가 하는 것이다. 만일 그가 노아 계약이나 성서에 나타난 자연을 향한 하나님의 약속과 사랑을 조금만 주의하였더라도 그의 계약 개념은 그렇게 인간 중심적으로 전개되지 않았을 것이다.

자연에 대한 종말론적 새 창조의 약속이 이사야의 비전속에 분명히 선언되어 있다. "보라 내가 새 하늘과 새 땅을 창조하나니 이전 것은 기억되거나 마음에 생각나지 아니할 것이라. 너희는 나의 창조하는 것을

42 *KD* III/1, 44. Leitsatz 참조.
43 J. Moltmann, 『삼위일체와 하나님의 역사』, 257.

인하여 영원히 기뻐하며 즐거워할지니라. …… 이리와 어린 양이 함께 먹을 것이며 사자가 소처럼 짚을 먹을 것이며 뱀은 흙으로 식물을 삼을 것이니 나의 성산에서는 해함도 없겠고 상함도 없으리라. 여호와의 말이니라"사 65:17, 25. 이미 언급했듯이 자연을 향한 희망의 약속은 무엇보다도 노아 계약 속에도 잘 드러나 있다. "하나님이 가라사대 내가 나와 너희와 및 너희와 함께하는 모든 생물 사이에 영세까지 세는 언약의 증거는 이것이라 내가 내 무지개를 구름 속에 두었나니 이것이 나의 세상과의 언약의 증거니라. …… 무지개가 구름사이에 있으리니 내가 보고 나 하나님과 땅의 무릇 혈기 있는 모든 생물 사이에 된 영원한 언약을 기억하리라"창 9:12, 13, 16. 호세아도 역시 피조물과 하나님의 종말론적 약속을 언급하고 있다. "그 날에는 내가 그들을 위하여 들짐승과 공중의 새와 땅의 곤충과 더불어 언약을 맺으며 또 이 땅에서 활과 칼을 꺾어 전쟁을 없이 하고 그들로 평안히 눕게 하리라. 내가 네게 장가들어 영원히 살되 공의와 정의와 은총과 긍휼히 여김으로 네게 장가들며 진실함으로 네게 장가들리니 네가 여호와를 알리라호 2:18-20. 이에 따르면 모든 생물은 결국 하나님의 약속 하에 살아간다. 이 하나님의 약속은 피조물들이 궁극적 새창조에까지 이를 수 있다는 그 안에 종말론적 성격을 내포하고 있다. 하나님의 이 생태학적 계약은 결국 자연의 종말론적 희망의 근거가 된다.

IV. 새 창조로서의 창조의 완성

— 만물의 완성은 원상태로의 회복이나 복귀가 아니라 새로운 창조이다 —

신학의 역사를 보면 창조의 완성을 원상태로의 회복으로 생각하는 경향들이 있었다. 그들은 하나님의 최초의 창조는 아름답고 완전한 것이며 하나님 보시기에 선한 것이므로 이 세계의 종말적 끝은 결국 원창조의 상태로 되돌아가는 것이라고 생각하였다.[44] 최초의 인간 역시 의와 거룩을 소유한 완전한 상태의 인간이었다.[45] 그러나 타락한 이후의 인간은 낙원을 잃어버렸고 끝없는 에덴을 갈망하게 되었다. 그들에게 있어서 궁극적 구원은 완전한 원상태인 에덴으로 돌아가는 것이었다.[46] 인간뿐 아니라 모든 피조물도 마찬가지다. 그들의 처음과 끝은 서로 상응한다.[47] 왜냐하면 만물의 종말은 곧 원상태로의 회복이기 때문이다. 이러한 만물의 원상태로의 회복을 주장한 학자가 에리우게나Johannes Scotus Eriugena [48]다. 그에게 있어서 만물은 시작과 끝이 서로 상응하는 거대한 순환의 과정을 갖는다. 모든 것이 하나님으로부터 나와서 하나님으로 돌아간다. 하나님은 모든 피조물의 시작과 근원일 뿐만 아니라 목표이자 마지막이기 때문

44 J. Moltmann, *Das Kommen Gottes*, 김균진 옮김, 『오시는 하나님』(서울: 대한기독교서회, 1997), 448.

45 위의 책, 448.

46 위의 책, 448-449.

47 위의 책, 450.

48 에리우게나의 만물의 원상태로의 회복에 관하여 다음 문헌을 참조. S. Gersh, "The Structure of the Return in Eriugena's Periphyseon," in *Begriff und Metapher. Sprachform des Denkens bei Eriugena*, ed. W. Beierwaltes (Heidelberg: Carl Winter Universitätsverlag, 1990), 108-125; U. Rudnick, *Das System des Johannes Scottus Eriugena. Eine theologisch-philosophische Studie zu seinem Werk* (Frankfurt a. M./New York: P. Lang, 1990), 290ff.

이다.[49] 그는 이러한 거대한 시간의 순환의 과정을 밀물과 썰물의 순환, 별과 천체의 회전, 식물의 성장 사멸 등과 같은 자연현상을 통해 유비적으로 발견하였다.[50] 그러나 그가 순환을 자연현상에서 발견하였음에도 불구하고 만물의 나옴과 돌아감이 자연현상처럼 지속적이고 반복적인 순환과정으로는 이해하지 않았다.[51]

토마스 아퀴나스 역시 원상태로의 회복, 처음과 끝의 동일성의 사고를 가지고 있었다. 만물이 하나님께로부터 나와서 타락의 과정을 거쳐 다시 원상태인 하나님께로 돌아간다고 하는 그의 생각은 아마도 아퀴나스의 중심사상 중의 하나라고 해도 과언이 아닐 것이다.[52] 위 디오니시우스Pseudo-Dionysius나 에리우게나처럼 그 역시 근원과 목표, 시작과 마지막의 동일성을 주장하였다. 하나님은 만물의 시작과 끝이며, 근원인 동시에 목표이다. 만물이 하나님으로부터 나와서 하나님께로 돌아가며, 이 운동은 처음과 끝, 근원과 목표가 서로 상응하는 순환circulatio이다.[53] 몰트만의 말대로, 에리우게나와 아퀴나스의 "전체로서의 세계 시간은 순환의 형태

49 P II, 2 (527A): "Est enim principium omnium quae a se condita sunt et finis omnium quae eum appetunt ut in eo aeternaliter immutabiliterque quiescant."

50 Johannes Scotus Eriugena, *De divisione naturae*, V, 3 (866 C): "omnibus patefactum est, coelestem astrigeramque sphaeram semper volubilem ad eundem locorum situm in viginti quator horarum spatio redire; lunam ad eandem locum signiferi paulo plus quam viginti septem dierum et octo horaum intervallo recurrere … nulla corporea creatura est, vitali motu vegetata, quae non ad principium motus sui revertatur. Finis einm totius motus est principium sui."

51 P II, 2 (527A): 'Nam postquam in eam reversura sunt omnia, nil ulterius ab ea per generationen loco et tempore generibus et formis procedet quoniam in ea omnia quieta erunt et unum inuiduum atque immutabile manebunt."

52 F. O'Rourke, *Pseudo-Dionysius and the Metaphysics of Aquinas* (Leiden/New York/Kln: E.J. Bril 1992), 234-241; M. Seckler, *Das Heil in der Geschichte. Geschichtstheologisches Denken bei Thomas von Aquin* (München: Kösel-Verlag, 1964), 49ff; J. A. Aertsen, "Natur, Mensch und der Kreislauf der Dinge bei Thomas von Aquin," in *Mensch und Natur im Mittelalter*, Miscellanea Medaevalia 21/1, eds. A. Zimmermann and A. Speer (Berlin/New York: W. de Gruyter, 1991), 143-160; M-D. Chenu, "Der Plan der Summa," in *Thomas von Aquin I*, ed. K. Bernath (Darmstadt: Wissenschaftliche Buchgesellschaft, 1978), 173-195; W. J. Hankey, "Aquinas' First Principle. Being or Unity?," *Dionysius* 4 (1980), 133-172.

를 가진다. 끝이 시작에 상응하며, 시작이 끝 안에서 다시 돌아온다면, 세계 시간은 하나의 거대한 균형 잡힌 형태를 가지게 된다. 따라서 끝에 일어나는 것은, 시작의 회복에 불과하다."[54]

과연 만물의 종말이 원상태로의 회복인가? 창조의 완성은 타락 이전의 창조 상태로 돌아가는 것을 의미하는가? 태초의 아름다운 파라다이스를 회복하는 것이 만물의 완성인가? 그들의 주장대로 모든 것이 원상태로 되돌아간다고 가정해보자. 그것은 말 그대로 완전함으로의 회복이 아니라 태초의 상태로의 회복이다. 태초의 상태는 어떤 곳인가? 그곳은 아름다운 곳이며 타락 이전의 동산이다. 타락의 가능성이 여전히 존재하는 곳이다. 원상태는 설사 죄가 없다하더라도 피조적 조건적 시간으로의 회복이며, "시작의 회복"이다.[55] 그렇다면 논리적으로 "기독교의 구원의 드라마의 순환은 영원히 반복될 수밖에 없을 것이다."[56] 궁극적 완성이란 원상태로의 회복이 아니라 완전한 새 창조이다. 다시 죽음과 타락의 가능성으로의 회복이 아니라, 타락과 죽음 뿐 아니라 그 가능성마저 극복된 영원한 새 창조이다. 모든 것을 새롭게 하시는 하나님의 새 창조이며, 영원한 시간과 공간을 갖는, 하나님의 영원성에 참여하는 사건이다. 요약하자면, 창조의 최종은 원상태의 회복이 아니라 새 창조이다.[57]

53 Thomas von Aquinas, *De veritate*, 20, 4: "cum deus sit principium omnium rerum et finis."; *Th I*, 90, q. 3 ad. 2: 'Finis rerum respondet principio. Deus enim est principium et finis rerum. Ergo et exitus rerum a principio respondet reductioni rerum in finem."; In *I Sent.*, 4,2,2: 'Respondeo dicendum, quod in exitu creaturarum a primo principio attenditur quaedam circulatio vel regiratio, eo quod omnia revertuntur sicut in finem in id a quo sicut principio prodierunt. Et ideo oportet ut per eadem quibus est exitus a principio, et reditus in finem attendatur."

54 J. Moltmann, 『오시는 하나님』, 450.

55 위의 책, 450.

56 위의 책, 450.

57 J. Moltmann, "Schöpfung als offenes System," in *Zukunft der Schöpfung* (München: Kaiser, 1977).

새 창조는 새롭게 된 세계 즉, 새 하늘과 새 땅이다.[58] 그렇다면 도대체 새 창조란 무엇이며 어떤 상태인가?

V. 세계의 변형으로서 새 창조

— 새 창조의 과정은 세계의 폐기annihilatio mundi가 아니라 세계의 변형transformatio mundi이며 이것을 피조물의 완성이라 부른다 —

세계의 마지막 상태는 어떤 상태가 될 것인가? 폐기인가, 변형인가? 이 질문은 현 세계의 지속성에 대한 물음이다. 이전의 세계가 완전히 폐기되고 새로운 세계가 나타날 것인가, 아니면 이전 세계가 어떤 형태로든 남아 있을 것인가의 문제다. 이에 대해 두 가지 답이 있다. 하나는 폐기론이고 다른 하나는 변형론이다. 우선 세계의 폐기론부터 살펴보자. 세계의 폐기란 최후의 심판을 통하여 이 세계가 완전히 불타 없어질 것을 말하는 이론이다.[59] 루터교 정통주의자들 사이에서 주로 주장되던 이론이다. 이미 고대 영지주의 사고 속에서도 이런 주장이 나타나고 있지만 루터교 정통주의자인 요한 게르하르트J. Gerhard가 본격적으로 발전시키고 체계화시킨 이론이라고 할 수 있다. 그에 따르면 세계의 최종적 운명은 변형이나 갱신이 아닌 완전한 폐기다.[60] 단순히 비본질적인 것만이

58 J. Moltmann, 『오시는 하나님』, 453.

59 K. Stock, *annihilatio mundi: Johann Gerhards Eschatologie der Welt* (München: C. Kaiser, 1971); J. Moltmann, 『오시는 하나님』, 458ff.

아닌 이 세계의 본질 및 본체가 폐기된다. 구체적으로 말해서 천사와 인간을 제외한 모든 것, 즉 하늘과 땅과 바다와 그 안에 있는 모든 피조물들이 불타 없어져 무로 돌아간다.[61] 이런 이론은 대체로 근본주의자들의 종말론에 종종 나타난다. 그들은, 자연을 포함한 이 사악한 세계가 천년왕국 이전이든 이후든 완전히 파괴되어 없어질 것이라는 묵시적 환상을 가지고 있다.[62]

폐기론자들이 말 그대로의 "자연의 종말," 즉 세계의 폐기를 주장하는 이유는 하나님 나라에서는 더 이상 자연이 존재할 필요가 없기 때문이다. 전통적으로 자연은 하나님을 인식할 수 있는 매개였으며 하나님 나라의 비유와 상징으로 이해되었다.[63] 성경에서도 자연 피조물들과 자연 사건이 하나님 나라의 비유로 등장하고 있다. 비유는 일치할 수 없는 두 실재를 연결시켜준다. 하나님 나라 비유에서는 인간의 경험 세계와 신적인 것 사이를 매개시켜주고 있다.[64] 다시 말해서 비유는 피안적이고도, 미래적인 하나님의 나라와 현세적이고도 현재적인 세계를 상호 연관시키고 있다. 그리하여 하나님의 나라는 이 현실 세계를 밝혀주고 이 자연 사건들은 하나님의 나라를 경험 세계 속으로 들어오게 한다.[65] 그런데 폐기론자들에 의하면 자연의 이런 매개적, 비유적 역할은 종말 이전까지

60 J. Moltmann, 『오시는 하나님』, 459.

61 J. Gerhard, *loci theologici*, xxix, 107: "consummatio seculi sive destructio mundi est dei actio, qua per ignem coelum, terram, mare et omnes creaturas, quae in eis sunt, solis angelis et hominibus exceptis, in nihilum rediget. …"; J. Moltmann, 『오시는 하나님』, 459.

62 H. Lindsey, *The Late Great Planet Earth* (NY: Bantam Books, 1983). 이들이 근거로 삼는 성경은 벧후 3:7ff이다.

63 H. Weder, "Metapher und Gleichnis. Bemerkungen zur Reichweite des Bildes in religiöser Sprache," *ZThK* 90 (1993), 382-408; C. Link, *Die Welt als Gleichnis. Studien zum Problem der natürlichen Theologie* (München: C. Kaiser, 1976); K. Barth, *KD*, IV/3, 126-175: J. Moltmann, 『창조 안에 계신 하나님』, 81ff.

64 P. Evdokimov, "Die Natur," *Kerygma und Dogma* 11 (1965), 1-20, 6.

65 H. Weder, "Metapher und Gleichnis," 401f.

다. 궁극적으로 하나님 나라가 이루어졌을 때 비유로서의 자연의 기능은 정지된다. “행복한 천사들과 하나님의 형상인 신실한 사람들이 ‘얼굴과 얼굴로’ 보는 하나님에 대한 행복한 직관 속에서 나타날 것이며, 피조물적인 중재와, 그리고 비유들과 상들을 통하여 하나님을 감각적으로 인지하는 것을 더 이상 필요로 하지 않을 것”[66]이기 때문이다. 쉽게 말하면, 하나님 나라에서는 인간들이 자연을 매개로 하여 하나님이나 하나님 나라를 인식하는 것이 아니라 직접적으로 얼굴과 얼굴을 맞대고 그를 직관할 것이기 때문이다.[67]

그들이 세계의 폐기를 주장하는 또 하나의 이유는 새 창조 이후의 하나님 나라에서는 더 이상 인간의 환경으로서의 하늘과 땅이 더 이상 필요하지 않기 때문이다.[68] 인간은 기본적으로 자연이라는 환경에 의존해 살아간다. 자연환경이 없다면 인간은 한시도 살아갈 수 없다. 그런데 현재와는 달리 창조의 완성의 순간에는 인간의 환경으로서 자연이 필요 없다는 것이다. 그래서 폐기론자들은 자연이 종국적으로 폐기될 수밖에 없다고 주장한다. 인간은 생존을 위하여 더 이상 자연에 의존할 필요가 없기 때문에, 자연은 폐기된다는 것이다 그 이유는 바로 최후에는 하나님 자신이 인간의 환경이 되며, 그들은 완전히 하나님 안에 있어서 하나님만으로 영원히 살아갈 수 있기 때문이다.[69] 새 예루살렘에는 성전이나 어떤 건축물이 없으며, 거룩한 도시의 거주자들에게는 해나 달이 필요 없듯이 하나님 나라에는 자연이 필요 없다고 생각할 수 있을 것이다.[70]

66 J. Moltmann, 『오시는 하나님』, 459.

67 J. Gerhard: “in vita aeterna beati Deum videbunt a facie ad faciem, ergo non opus habebunt creaturarum magisterio.”

68 J. Moltmann, 『오시는 하나님』, 459.

69 위의 책, 460.

70 K. Stock, *annihilatio mundi*, 123.

폐기론이 과연 성서적이고 신학적인가? 몇 가지 문제점을 지적하고자 한다. 만일 하나님이 모든 물질적인 것을 폐기하신다면 인간 육체의 부활도 더 이상 존재하지 않을 것이다. 인간의 육체는 본래 흙으로부터 온 물질적인 것이다. 그러므로 물질적인 것을 하나님께서 폐기하실 때 인간의 육체 역시 하나님에 의하여 폐기되어버릴 것이기 때문이다. 이와 함께 피조물의 폐기론은 결국 피조물의 희망 폐기론이 되어버린다. 그러나 성경은 피조물의 희망을 말한다롬 8:22-28. 인간이 하나님의 새 창조를 기다리며 영원한 안식을 기다리듯이 자연도 하나님의 자녀들이 나타나 썩어짐과 한탄의 속박으로부터 해방되어 새 창조의 기쁨을 맛보기를 기대하고 있다. 부활을 말하는 서신에도 물질과 자연의 전적 폐기가 아님을 유추해 볼 수 있는 내용이 나온다. “보라 내가 너희에게 비밀을 말하노니 우리가 다 잠잘 것이 아니요 마지막 나팔에 순식간에 홀연히 다 변화되리니 나팔 소리가 나매 죽은 자들이 썩지 아니할 것으로 다시 살아나고 우리도 변화되리라 이 썩을 것이 반드시 썩지 아니할 것을 입겠고 이 죽을 것이 죽지 아니함을 입으리로다 이 썩을 것이 썩지 아니함을 입고 이 죽을 것이 죽지 아니함을 입을 때에는 사망을 삼키고 이기리라고 기록된 말씀이 이루어지리라.”고전 15:51-54. 부활에 참여하는 것을 바울은 변화로 인식하고 있다. 마지막 순간에는 육을 폐기하는 것이 아니라 그 육체가 변한다는 것이다. 또 하나는 썩을 것과 죽을 것으로 표현된 물질인 육체가 폐기된다고 말하지 않고 썩지 않을 것으로, 죽지 않을 것으로 변화된다는 것이다. 이로 유추해 볼 때 마지막 순간에 자연이 폐기된다고 보는 것은 무리한 해석일 것이다.

그리고 이 세계의 철저한 파기는 결국 하나님의 창조의 목적에 심각한 손상을 주게 될 것이다. 하나님은 창조 시에 자연 만물을 바라보시면서 보시기에 좋았더라고 자신의 작품에 만족스러워하셨다. 신약은 하나님의 창조를 예수 그리스도를 통하여, 또 그를 위하여 창조되었다고 선언한다. "만물이 그로 말미암아 지은 바 되었으니 지은 것이 하나도 그가 없이는 된 것이 없느니라"요 1:3. "만물이 그에게서 창조되되 하늘과 땅에서 보이는 것들과 보이지 않는 것들과 혹은 왕권들이나 주권들이나 통치자들이나 권세들이나 만물이 다 그로 말미암고 그를 위하여 창조되었고 또한 그가 만물보다 먼저 계시고 만물이 그 안에 함께 섰느니라"골 1:16-17. 창조의 목적은 즉 예수 그리스도이지 인간이 아니다. 모든 생물을 다시는 물로 멸망시키지 않겠다고 하나님이 약속하셨다. 그런데 이처럼 하나님의 목적에 적합하게 창조되었고, 또 그의 아들이신 예수 그리스도를 위하여 창조된 피조물들을 왜 마지막에 그는 폐기하시는가? 역으로 하나님은 왜 폐기될 세계를 창조하셨는가? 뿐만 아니다. 만일 이 세계의 완전한 파괴가 그 목표라면, 다시 말해서 새 하늘과 새 땅이 현재의 시간과 공간과의 절대적 단절과 완전한 대체를 의미한다면, 하나님의 섭리, 물질세계 속으로 들어오신 그리스도의 성육신, 피조물에 대한 하나님의 사랑과 신실성 등 모든 것에 문제가 생길 수밖에 없을 것이다. 하나님은 없어질 세계를 왜 그토록 사랑하시고 돌보시고 기르셨는가? 도대체 하나님이신 예수 그리스도가 왜 물질세계로 들어오셔서 창조의 세계를 긍정하시고 세계를 위해 죽으셨는가? 신실하신 하나님께서 피조물을 향해 선언하신 자신의 약속을 왜 지키시지 않는가? 폐기론자들은 이 질문들에 분명히 답을 해야 할 것이다.

이미 성경에 나타난 새 하늘과 새 땅의 비전을 보면 거기에 분명히 자연 피조물들이 등장한다. 뿐만 아니라 하나님의 새 창조의 나라에서는 자연 피조물과 인간이 함께 샬롬을 누리며 살아가는 새 창조 공동체의 모습이 등장한다. 새 창조에는 인간만 아니라 자연도 포함되어 있음을 말하고 있다. 하나님 나라에서 인간의 환경이 하나님인 것은 사실이다.

그렇다고 자연이 필요 없다고 말할 수 있는가? 자연은 반드시 인간의 환경이어야 의미가 있는 것인가? 자연은 인간에게만 의미가 있는 것이고 하나님을 위한 의미는 없는가? 폐기론자들의 사고 속에는 자연은 철저히 인간을 위해 존재할 때 의미가 있다는 사고가 전제되어 있다. 그러나 현재든 최종적이든 자연은 인간을 위해서만 존재하는 피조물이 아니다. 자연이 인간의 생존을 위해 봉사하는 것은 사실이지만, 신학적으로 볼 때 그것이 자연의 궁극적 목적이나 의미는 아니다. 인간이 하나님의 영광을 위해 존재하듯, 모든 피조물들도 하나님 찬양을 위해, 하나님의 영광을 위해 존재한다. 하나님의 피조물로서 하나님 나라에 참여하여 영원토록 하나님을 즐거워하고 찬양하기 위해 존재하는 것이다.

그러면 성서에서 말하는 새 하늘과 새 땅이란 무엇인가? 새 하늘과 새 땅이 현재의 하늘과 땅과 어떤 연속성이 있는가? 전적 폐기설을 주장하는 사람들에게 새 하늘과 새 땅은 이전과는 아무 관계가 없는 그야말로 새로운 하나님의 재창조이며 무로부터의 새 창조creatio nova ex nihilo다. 언젠가는 완전히 파괴되어 없어질 존재이기 때문이다. 그러나 변형론을 주장하는 사람들은 새 하늘과 새 땅이 분명히 현재의 모습은 아니나 현재의 하늘과 땅과 관계가 있을 것이며 새롭게 변화되어 하나님의 영광에 참여할 것임을 말한다. 죄와 저주 아래 있는 피조물이 그리스도의 부활의 능력으로 새롭게 변형되어 죄와 사멸하게 하는 것과 시, 공 제약성으로부터 해방되어 하나님의 완전에 참여하게 될 것이다. 이사야 65장의 새 하늘과 새 땅은 이전 세계의 폐기, 하나님의 완전한 재창조를 의미한다기보다 새로운 질서의 창조다.[71] "보라 내가 새 하늘과 새 땅을 창조하

71 John D. Watts, *Isaiah 34-66*, Word Biblical Commentary 25, 강철성 옮김, 『WBC 성경주석: 이사야 34-66』(서울: 솔로몬, 2002), 554.

나니 이전 것은 기억되거나 마음에 생각나지 아니할 것이라 너희는 내가 창조하는 것으로 말미암아 영원히 기뻐하며 즐거워할지니라 보라 내가 예루살렘을 즐거운 성으로 창조하며 그 백성을 기쁨으로 삼고 내가 예루살렘을 즐거워하며 나의 백성을 기뻐하리니 우는 소리와 부르짖는 소리가 그 가운데에서 다시는 들리지 아니할 것이며 거기는 날 수가 많지 못하여 죽는 어린이와 수한이 차지 못한 노인이 다시는 없을 것이라 곧 백 세에 죽는 자를 젊은이라 하겠고 백 세가 못 되어 죽는 자는 저주 받은 자이리라" 사 65:17-20. 이 본문의 의도는 이전의 슬픔과 아픔과 생명의 단축과 같은 부정적인 것과 왜곡된 것들이 지나가고 기쁨과 즐거움만이 존재하게 된다는 것이다. 이것은 요한계시록의 새 하늘과 새 땅과도 의도 상 잘 상응하는 본문이다 계 21:1-4. 거기에도 슬픔과 사망과 애통과 아픔이 결코 존재하지 않는다.

물론 하나님은 모든 것을 철저히 파괴하시어 아무것도 없는 가운데서 완전히 새로운 우주를 창조하실 수 있다. 그러나 하나님은 그렇게 하지 않으신다. 그는 창조주 하나님이시며 상처받은 현재의 피조물도 사랑하시며 돌보시며 양육하시는 분이시기 때문이다. 그러면 세계의 폐기처럼 보이는 다음 구절을 어떻게 해결할 것인가 하는 문제가 남는다. "이제 하늘과 땅은 그 동일한 말씀으로 불사르기 위하여 보호하신바 …… 그러나 주의 날이 도둑 같이 오리니 그 날에는 하늘이 큰 소리로 떠나가고 물질이 뜨거운 불에 풀어지고 땅과 그 중에 있는 모든 일이 드러나리로다. …… 그 날에 하늘이 불에 타서 풀어지고 물질이 뜨거운 불에 녹아지려니와 우리는 그의 약속대로 의가 있는 곳인 새 하늘과 새 땅을 바라보도다." 벧후 3:7, 10, 12-13. 여기서 세계가 불타 없어질 것이라는 것은 세계의 죄악된, 타락하고 불완전한 모습의 제거이지[72] 하나님의 창조로서의 세계 자체를 폐기하는 것이 아니다. 칼빈은 이것을 정화의 과정으로 이해한다.[73] 즉 다름 아닌 "하늘과 땅이 불로써 정결하게 되어 그리스도의 나라에 합당하게 되는 것"[74]을 의미한다. 후크마A. Hoekema는 이 구절이 세계의 "총체적 소멸이 아니라 갱신"[75]을 의도하고 있다고 주장하며 그 이유를 다음과 같이 열거한다. 첫째는 이 본문이 새로움을 가리키는 헬라어로 "시간이나 기원 면에서 새로움을 뜻하는" 네오스라는 단어를 사용하지 않고, "성질이나 특성 면에서 새로움을 뜻하는" 카이노스라는 단어를 사용하고 있고[76], 둘째는 바울이 로마서 8장에서 완전히 다른 세계가 아닌 현재의 창조세계의 해방과 희망을 말하고 있으며[77], 셋째, 부활의 몸을 통해 유추해볼 때, "새 땅이 현재의 땅과 완전히 달라지는 것이 아니라 현재의 땅이 놀랍도록 새롭게 될 것으로 예상" 할 수 있으며[78], 넷째, 하나님이 현재의 우주를 소멸해야 한다면 그것은 곧 사탄의 승리를 의미하기[79] 때문이다.

창조의 변형transformatio은 교회의 전통적인 사상이었다. 이미 이레네우스에게서 그 사상이 발견된다. 그에 따르면 창조의 본질이나 본체 그 어떤 것도 파괴되지 않을 것이며 다만 세계의 모습만이 사라질 것이다.[80] 개혁교회는 17세기 루터파 정통주의와는 달리 창조세계에 대한 하나님의 영속적인 신실성에 근거하여 세계의 폐기가 아니라 세계의 변형이라

72 A. Hoekema, *The Bible and the Future*, 이용중 옮김, 『개혁주의 종말론』(서울: 부흥과개혁사, 2012), 394.

73 존칼빈성경주석출판위원회 역편, 『칼빈 신약성경주석 10』(서울: 성서교재간행사, 1980), 525.

74 위의 책, 525.

75 A. Hoekema, 『개혁주의 종말론』, 389.

76 위의 책, 389.

77 위의 책, 390.

78 위의 책, 390.

79 위의 책, 390.

80 Irenaeus, *Against the Heresies* 5.36.1: "non enim substantia neque materia conditionis exterminabitur … sed figura transit mundi huius, hoc est, in quibus transgressio facta est."

는 사상을 견지하고 있다.[81] 그들에 의하면 새 창조는 "세계 자체를 파괴하는 것이 아니라, 구세계를 신세계로, 멸망하지 않는 새로운 하늘과 새로운 땅으로 변화시키는 것"[82]이다. 개혁교회신학자인 아메시우스도 "세계의 요소들은 제거되지 않고 변화된다. 우리가 다른 하늘이나 다른 땅이 아니라 새 하늘과 새 땅을 기대하기 때문"[83]이라고 주장한다. 현대개혁신학자인 몰트만 역시 유사한 노선에 있다. 그에 의하면 "변형은 하나님의 창조로서의 세계의 정체성을 전제한다. 만일 그렇지 않다면 창조 대신에 어떤 전혀 다른 것이나 무가 등장할 수밖에 없을 것이기 때문이다."[84] 달리 말해, 새 창조, 즉 새 하늘과 새 땅은 "전혀 다른 것이 하늘과 땅의 자리를 대신"한다는 말이 아니다.[85] "새 창조는 옛 창조를 전제하며 모든 사물의 새 창조를 나타낸다."[86] 이 변형은 왜곡된 모습인 "죄와 죽음에 대해서 뿐만 아니라시간적 창조," 즉 "피조물의 현존의 실체적 조건"들도 변화할 수밖에 없는 피조물의 "근본적인 변형"이다.[87] 이것의 유추 중의 하나는 바로 예수 그리스도의 부활체이다. 그는 부활 이전의 몸과 어떠한 연속성을 가지고 있으면서도 새로운 변형된 몸을 가지고 있었다. 변형은 세계의 왜곡된 모습과 왜곡을 가능케 하는 가능성이 폐기됨을 의미할 뿐만 아니라 시간과 공간도 변화되는 것을 의미한다. 그리고 변화산에서의 예수의 변용에서도 그 유비를 찾아볼 수 있다.[88]

81 H. Heppe, *Reformierte Dogmatik*, 이정석 옮김, 『개혁파정통교의학』(고양: 크리스찬다이제스트, 2007), 995f.

82 위의 책, 995.

83 위의 책, 995.

84 J. Moltmann, 『오시는 하나님』, 464

85 위의 책, 454.

86 위의 책, 454.

87 위의 책, 465.

88 위의 책, 467.

피조물의 폐기와 변형론이 주는 생태학적 의미를 생각해보자. 현재의 이 자연의 의미와 가치는, 종말적 새 창조시 현재의 보이는 이 세계와 새로운 자연의 연속성의 여부에 달려 있다. 만일 이 세계가 더 이상 존재하지 않는다면 이 세계의 의미가 축소될 것이고 어떤 형태로든 이 세계가 존속된다면 그 반대가 될 것이다. 폐기는 어떤 이유로든 하나님 자신은 이 자연이 더 이상 존재케 할 필요성을 느끼지 못하였음을 의미한다. 그것이 설사 인간에게 여전히 의미 있는 것이라 하더라도 최종적인 상태 속에서 하나님께는 의미 없는 존재로 받아들여질 수밖에 없다. 세계의 폐기는 결국 오늘날의 환경파괴에 아무런 대안이 되지 못할 것이다. 그러나 부활의 능력과 하나님의 신실성에 근거한 세계의 변형론은 결국 현재의 자연의 구원과 해방을 보장하는 것이므로 자연이 바로 하나님께 의미 있는 존재임을 드러내주는 이론이라고 할 것이다. 생태학적이란 자연의 신학적 의미를 캐는 것이며 생태학적 종말론이란 자연의 종말론적 의미이며, 성경의 정신에 위배되지 않는 한, 자연의 가치와 의미가 존중되는 방향으로 결정되어야 한다.

VI. 피조물의 하나님의 영광에의 참여에 대한 희망

— 현재 자연의 언어는 애가이지만 하나님의 영광의 아름다움에 참여할 것을 희망하고 있다. 이것은 궁극적으로 자연 스스로의 힘이 아닌 하나님의 새 창조의 능력으로 가능하게 된다. 그리하여 피조물들은 하나님의 영광, 곧 영원한 아름다움에 참여하게 될 것이다 —

자연은 아름답게 창조되었다. 성경은 하나님이 창조된 모든 것을 보시고 아름다웠다고 선언한다. 태초의 자연은 풍성하고 다양한 유기적 피조물이다. 칼빈에 의하면 자연은 "극도로 풍부하고 극도로 다양하고 극도로 아름답게"[89] 창조되었다. 그는 세계를 "가장 아름다운 극장"[90]이라고 표현한다. 그러므로 그는 하나님을 "어떤 것도 외관상 이 이상 더 아름다운 것으로 상상할 수 없는 하늘의 무수한 성군星群을 놀라운 질서에 따라 배치, 배열하시고 서로 어울리게 하신 그 예술가"[91]로 표현할 정도다. 자연의 아름다움은 바로 하나님의 가시적 영광을 드러낸다.[92] 칼빈에 의하면 이 세계는 "하나님의 영광의 섬광이 빛나지 않는 곳은 하나도 없는 곳"[93]이다. 그러나 자연이 아름답다고 할 때, 자연이 단순히 장엄하고 일상적 표현대로 아름답기 때문에 아름답다고 성경은 말하지 않는다.

89 *Inst.* I, 14, 20.

90 *Inst.* I, 14, 20.

91 *Inst.* I, 14, 21.

92 D. Butler, "God's Visible Glory: The Beauty of Nature in the Thought of John Calvin and Jonathan Edwards," *Evangelical Review of Theology* 15 (1991), 111-126. Ernesto Cardenal 역시 Ernesto Cardenal, *Das Buch von der Liebe* (Wuppertal: Peter Hammer Verlag, 1971), 26에서 자연을 하나님의 아름다움의 반영이며 광채라고 부른다.

93 *Inst.* I, 5,1

그들의 아름다움은 하나님의 아름다움에 근거한다. 하나님이 아름답기 때문에 하나님의 미를 반영한 그의 피조물들을 아름답다고 말할 수 있는 것이다. 이 선언은 하나님 자신의 완전한 행위에 대해 하나님 자신의 미적 희열과 만족을 포함하고 있다. 이 세계의 아름다움은 결국 하나님의 미적 의지의 반영이다.

필자가 관심 갖는 것은 일상적으로 아름답다고 간주하는 그런 아름다움이 아니다. 아름다움의 중요한 개념 중의 하나는 바로 찬양, 기쁨, 희열이다. 신학적 미학에서는 이러한 모든 개념들을 총칭하여 아름다움이라 부른다. 나아가서 신학적 미학의 가장 중요한 개념은 바로 "하나님의 영광"이다.[94] 바르트는 하나님의 영광의 개념을 기쁨과 연결하여 다음과 같이 정의한다. "신의 영광은 그에게 내재해 있는, 그런 것으로서 그로부터 광채를 발하는 영광, 그의 부에서 흘러넘치는 영광, 그것의 넘침에서 만족하지 않고 자기 자신을 전달하는 그의 신성의 기쁨이다."[95] 몰트만에 의하면 하나님의 영광은 "하나님의 광채의 드러냄이고, 그의 아름다움이며, 그의 사랑스러움이다. 인간 편에서 그에 상응하는 응답은 놀라움, 경외, 찬양, 그러므로 감사와 기쁨과 희열이 미적인 것으로 표현되어지는 저 자유인 것이다. 그리고 하나님의 사랑이 그에 상응한다. 그리고 이것은 도덕적으로 이웃 사랑 속에서만 표현되는 것이 아니라, 심미적으로 하나님 앞에서의 축제적 놀이에서도 표현되어지기도 한다."[96] 참된 하나님의 영광은 "하나님의 충만함과 영원한 기쁨의 잔치"[97]라고

94 *KD*, II/1, 683ff; J. Moltmann, 『오시는 하나님』, 567.

95 *KD* II/1, 691.

96 J. Moltmann, *Die ersten Freigelassenen der Schöpfung. Versuche über die Freude an der Freiheit und das Wohlgefallen am Spiel* (München: C. Kaiser, 1972), 44.

97 J. Moltmann, 『오시는 하나님』, 544, 568.

몰트만은 정리한다. 역으로 피조물들에게 있어서 새 창조는 바로 이 하나님의 영광, 즉 영원한 기쁨의 잔치에 참여하는 것이며, 하나님을 영화롭게 하며 그를 영원토록 즐거워하는 것이다. 즉 피조물들이 "하나님을 영광스럽게 한다는 것은 하나님의 현존과 자신의 현존을 기뻐하고 감사와 찬양과 삶의 기쁨과 즐거움 속에서 이 기쁨을 표현하는 것을 뜻한다."[98]

그런데 오늘날의 세계가 과연 하나님 보시기에 아름다운 세계인가? 그들은 기쁨과 희열의 노래를 부르고 있는가? 그들은 하나님의 신성의 기쁨에 온전히 참여하고 있는가? 오히려 그들의 미학적 언어는 찬양이 아니라 슬픔의 노래가 아닌가? 성경의 증언에 의하면 그들은 지금 슬픔의 애가를 부르고 있다. 아름다움, 즉 기쁨과 행복과 감사의 왜곡된 모습에 사로잡혀 있다. 피조물 자신에 대한 피조물의 언어는 탄식과 슬픔이다. 현재의 자연의 상태는 억압과 저주와 죽음의 세력에 사로잡혀 있다. 인간의 폭력 하에 있는 자연의 상태는 썩어짐의 종노릇이며, 그들의 외침은 기쁨과 샬롬의 노래가 아니라 바로 탄식이다. 이사야 24장은 땅의 황폐화와 피조물의 슬픔을 말한다. "여호와께서 땅을 공허하게 하시며 황무하게 하시며 뒤집어 엎으시고 … 땅이 슬퍼하고 쇠잔할 것이며 … 새 포도즙이 슬퍼하고 포도나무가 쇠잔하며…" 예레미야 역시 황폐화로 인하여 땅들이 슬퍼할 것이라는 것을 생생하게 묘사하고 있다. 요엘서는 "땅의 슬픔뿐만 아니라 생축의 탄식"을 묘사하고 있다. 로마서 8장 19-22절은 좀 더 구체적으로 고통 중에 있는 자연의 언어를 말하고 있다. 이것들은 무엇을 말하는가? 그들은 종말론적 하나님의 영광에 아직 참여하지 못하였으며 그들의 영원한 아름다움이 회복되지 못하였음

98 J. Moltmann, 『오시는 하나님』, 544.

을 의미한다. 다른 한편으로 이것은 탄식과 고통 중에 있는 피조물, 허무한데 굴복하고 썩어짐의 종노릇을 하고 있는 피조물들이 영원한 아름다움의 회복과 영원한 하나님의 영광의 잔치에 참여할 것을 기다리고 있음을 의미한다.

그들의 하나님의 영광에의 온전한 참여는 언제 가능할 것인가? 하나님의 아름다움에 상응하는 그들의 아름다움의 회복은 언제 가능할 것인가? 그들은 언제 기쁨의 찬양으로 하나님의 아름다움을 완전하게 그리고 영원히 노래할 것인가? 진정으로 하나님을 영화롭게 하며 그를 영원토록 즐거워하는 피조물의 목표가 성취될 것인가? 그것은 오직 하나님의 새 창조를 통하여서만 가능할 것이다. 허무와 죽음과 타락의 그림자를 걷어내시는 그날에 하나님의 새 창조의 능력으로 그들은 아름다움을 영원히 회복할 것이고, 하나님의 아름다움에 참여하며 하나님의 영광을 직접적으로 지각하게 될 것이다. 성경은 이를 잘 증언하고 있다. 하나님의 영광은 자연의 "미래 희망의 내용"[99]임을 잘 묘사하고 있다. 몇몇 구절을 인용해 본다. "그 때에 이리가 어린 양과 함께 살며 표범이 어린 염소와 함께 누우며 송아지와 어린 사자와 살진 짐승이 함께 있어 어린 아이에게 끌리며 암소와 곰이 함께 먹으며 그것들의 새끼가 함께 엎드리며 사자가 소처럼 풀을 먹을 것이며 젖 먹는 아이가 독사의 구멍에서 장난하며 젖 뗀 어린 아이가 독사의 굴에 손을 넣을 것이라 내 거룩한 산 모든 곳에서 해 됨도 없고 상함도 없을 것이니 이는 물이 바다를 덮음 같이 여호와를 아는 지식이 세상에 충만할 것임이니라 그 날에 이새의 뿌리에서 한 싹이 나서 만민의 기치로 설 것이요 열방이 그에게로 돌아오

99 M. Zeindler, *Gott und das Schöne. Studien zur Theologie der Schönheit* (Göttingen: Vandenhoeck & Ruprecht, 1993), 226.

리니 그가 거한 곳이 영화로우리라"사 11:6-10. "외치는 자의 소리여 이르되 너희는 광야에서 여호와의 길을 예비하라 사막에서 우리 하나님의 대로를 평탄하게 하라 골짜기마다 돋우어지며 산마다, 언덕마다 낮아지며 고르지 아니한 곳이 평탄하게 되며 험한 곳이 평지가 될 것이요 여호와의 영광이 나타나고 모든 육체가 그것을 함께 보리라 이는 여호와의 입이 말씀하셨느니라라"사 40:3-5. "광야와 메마른 땅이 기뻐하며 사막이 백합화같이 피어 즐거워하며 무성하게 피어 기쁜 노래로 즐거워하며 레바논의 영광과 갈멜과 사론의 아름다움을 얻을 것이라. 그것들이 여호와의 영광 곧 우리 하나님의 아름다움을 보리로다"사 35:1-2. 이미 이 구절들에서 분명히 말하고자 하는 것은 자연은 궁극적으로 하나님의 영광, 곧 하나님의 아름다움을 직접적으로 지각하며 그것에 직접적으로 참여한다는 점이다. 이것은 억압과 타락으로부터의 궁극적 구원, 궁극적 해방을 통하여 온다. 창조의 허무함에서 해방되어야 한다.

Ⅶ. 우주적-생태학적 종말론의 과제

— 생태학적 종말론은 생태적 실천과 선교와 교회를 요구한다 —

지금까지 기독교 종말론은 생태학적 종말론이어야 하며 자연의 희망론이어야 한다는 것을 말하고자 하였다. 이미 보았듯이 창조는 새창조를 지향한다. 역사만이 아니라 자연 역시 하나님 나라를 향하여 가는 도상에 있으며 하나님의 우주적 종말론적 드라마의 부분이다. 현재의 피조물들은 단순히 희랍적 의미의 자연이 아니라 하나님의 창조이며 하나님 나라에 대한 유비적 성격을 가지고 있으며 새 창조의 약속 하에 있는 희망적 존재들이다. 하나님의 새 창조는 결코 현 창조의 폐기가 아니라 변형이며 결국 그들은 하나님의 아름다움과 영광에 참여하며 영원한 안식을 누릴 것이다. 그곳에서 그들은 하나님의 아름다움을 찬양하며 자신들을 아름답게 회복하신 하나님의 새 창조의 능력에 감사와 찬양을 올릴 것이다. 그들에게는 더 이상의 슬픔과 고통과 죽음이 없을 것이며 영원한 희열만이 그들을 감싸 안을 것이다. 이 모든 것의 근거는 바로 예수 그리스도의 부활이다. "부활절의 기쁨 속에서 그들이 경험하는 삶의 변용은 전 우주의 변용의 작은 시작일 뿐이다. 부활하신 그리스도는 죽은 자들을 깨우고 그들에게 영원한 생명을 전하기 위하여 그들에게 올 뿐만 아니라 모든 것을 그의 미래 속으로 이끌어 들이며, 그리하여 모든 것이 새롭게 되고 하나님의 영원한 기쁨의 잔치에 참여하게 한다."[100]

생태학적 종말론이 주는 의미에 대하여 다음 두 가지를 우선 지적할 수 있을 것이다. 첫째로, 예수 그리스도를 통하여 선취된 새 창조에 참여하는 자는 이 땅에서 새하늘과 새땅을 실현해 나아가고자 해야 한다. 새 하늘과 새 땅은 단순히 안트로포토피아anthropo-topia를 만드는 것에 끝나지 않는다. 이 땅에 에코토피아eco-topia를 만들어 가야한다. 그것이 하나님의 환경선교에 동참하는 일이 될 것이다. 종말론이 결코 이 세계로부터의 도피가 아니듯, 생태학적 종말론은 자연으로부터의 도피나 자연에 대한 무관심이 아니라 자연을 더 이상 파괴치 않도록 하는 환경 선교의 중요한 부분이다. 왜냐하면 하나님 나라는 인간과 자연의 조화와 공생과 샬롬을 누리는 나라이기 때문이다. 둘째로, 그럼에도 불구하고

100 J. Moltmann, 『오시는 하나님』, 570.

종말론적 관점에서 자연을 본다는 것은 인간의 능력이나 노력으로 이 땅에 에코토피아가 이뤄질 수 있다고 생각해서는 안 된다는 것을 의미한다. 그 나라는 어디까지나 예수 그리스도의 부활의 능력, 하나님의 갱신과 새 창조의 능력, 성령 하나님의 새 생명의 능력에 의하여 이뤄지기 때문이다. 과학적 진보의 희망, 인간을 통한 유토피아의 건설의 희망 — 이것은 모두 실패로 돌아갔지만 여전히 인간은 인간이 건설하는 유토피아를 꿈꾸고 있다 — 에 대항하는Hope against Hope, 롬 4:18 종말론적, 삼위일체 중심적 희망을 가져야 한다. 나아가서 생태학적 종말론은 생태학적 교회론을 요구한다. 교회는 이 땅에 존재하는 하나님 나라의 건설의 도구이며 새 하늘과 새 땅을 기다리며 살아가는 종말론적 희망의 공동체이다. 교회는 새 창조의 약속과 도상에 있는 자연의 종말론적 의미를 새로이 깨달아 자연과 함께 이 땅에서 살아가는 생태학적 선교 공동체가 되어야 할 것이다.

참고문헌

김균진. 『기독교조직신학 V』. 서울: 연세대학교출판부, 1999.

________. 『죽음의 신학』. 서울: 대한기독교서회, 2003.

김도훈. "'죽음 안에서의 부활설'의 성서적 근거에 대한 비판적 고찰." 『교회와 신학』 77 (2012), 101-36.

________. "만유구원론의 비판적 고찰. 만유구원론의 출발점과 성경적 근거에 대한 비판." 『장신논단』 30 (2007), 173-200.

________. "만유구원론에 대한 비판적 고찰: 몰트만의 '만물의 회복'에 대한 이론을 중심으로." 『한국조직신학논총』 22 (2008). 69-105.

________. 『생태신학과 생태영성』. 서울: 장로회신학대학교, 2009.

김명용. "몰트만의 만유구원론과 구원론의 새로운 지평." 『장신논단』 16 (2000), 269-97.

________. "몰트만의 종말론: 믿음 없이 죽은 자들에게도 희망이 있는가?" 『몰트만과 그의 신학. 희망과 희망 사이』, 『조직신학논총』 12 (2005), 247-77.

________. "부활의 시기와 죽은 자의 중간기에 대한 연구." 『장신논단』 13 (1997), 136-61.

________. "영혼불멸과 죽은 자의 부활." 『기독교사상』 33-7 (1989), 98-112,

김상훈 옮김. "보편구원론과 복음주의 신학: 역사 신학적 관점." 『성경과 신학』 39 (2006), 318-50.

김영선. "영혼불멸과 부활을 통해서 본 죽음이해." 『한국개혁신학』 11 (2002), 219-54

김영한. "몰트만의 보편화해론에 대한 비판적 고찰." 『조직신학연구』 1 (2002), 119-35.

김윤태. "현대 보편구원론"(Modern Universalism). 『조직신학연구』 4 (2004), 163-90.

박승찬. “인격을 이루는 원리로서의 몸.” 『가톨릭 신학과 사상』 73 (2014), 197-248.

성종현. 『신약성서의 중심주제들』. 서울: 장로회신학대학교출판부, 1998.

이재경. “부활, 분리된 영혼 그리고 동일성 문제-토마스 아퀴나스의 경우.” 『철학연구』 98 (2012), 73-100.

이형기 편저. 『세계개혁교회의 신앙고백서』. 서울: 대한예수교장로회총회출판국, 1991.

이형기. 『역사속의 종말론』. 서울: 대한기독교서회, 2004.

최윤배. 『깔뱅신학입문』. 서울: 장로회신학대학교출판부, 2012.

최태영. “‘죽음 안에서의 부활’ 개념에 대한 고찰.” 『신학과 목회』 21 (1997), 57-89.

_______. “몰트만의 만유구원론에 대한 통전적 이해.” 한국조직신학회 편. 『지구적 위기와 신학적 책임』. 제3회전국조직신학자대회 자료집 (2008), 38-55.

_______. “죽은 자의 부활에 관한 몇 가지 오해.” 『신학사상』 135 (2006 겨울), 99-122.

Aertsen, J. A. “Natur, Mensch und der Kreislauf der Dinge bei Thomas von Aquin.” In *Mensch und Natur im Mittelalter*, Miscellanea Medaevalia 21-1, Edited by A. Zimmermann and A. Speer, 143-160. Berlin/New York: Walter de Gruyer, 1991.

Altner, G. *Die Überlebenskrise in der Gegenwart. Ansätze zum Dialog mit der Natur in Naturwissenschaft und Theologie*. Darmstadt: Wissenschaftliche Buchgesellschaf, 1987.

Aune, D. E. WBC, 52B: Revelation 6-16. 김철 옮김. 『WBC주석: 요한계시록 52중』. 서울: 솔로몬, 2004.

Baker, M. C. *The Soul Hypothesis: Investigations into the Existence of the Soul*. Edited by S. Goetz. New York: Continuum, 2011.

Balz, H. “αιωνιος.” In *Exegetical Dictionary of the New Testament* 1. Edited by H. Balz and G. Schneider, 46ff. Grand Rapids: William B. Eerdmans, 1990.

Barth, K. *Kirchliche Dogmatik*. III/1, III/2, IV/3. Zürich: Evangelischer Verlag.

Bauckham, R. *The Theology of Moltmann*. 김도훈, 김정형 공역. 『몰트만의 신학』. 서울: 크리스천헤럴드, 2008.

Bavinck, H. *Gereformeerde Dogmatiek*. 박태현 옮김. 『개혁교의학』. 서울: 부흥과개혁사, 2011.

Beale, G. K. *The Book of Revelation*. Grand Rapids: William B. Eerdmans, 1999.

Beasley-Murray, G. R. *John 1-21*. Word Biblical Commentary 36. 이덕신 옮김. 『WBC 성경주석: 요한복음』. 서울: 솔로몬, 2001.

Beauregard, M., O'Leary, D. *A Spiritual Brain: A Neuroscientist's Case for the Existence of the Soul.* 김영희 옮김. 『신은 뇌 속에 갇히지 않는다』. 파주: 21세기북스, 2010.

Bell R. *Love Wins. A Book About Heaven, Hell, and the Fate of Every Person Who Ever Lived.* New York: HarperOne, 2011.

Berner, U. and M. Heesch. "Unsterblichkeit I, II." *TRE* 34, 381-92. Edited by G. Mueller. Berlin: Walter de Gruyter, 2002.

Boehme, G. "Was ist Natur? Charaktere der Natur aus der modernen Naturwissenschaft." In *Natürlich Natur*, 56-76. Frankfurt a. Main: Suhrkamp, 1992.

Bovon, F. *Das Evangelium nach Lukas* (Lk 15,1-19,27). Evangelish-Katholischer Kommentar zum Neuen Testament III/4. Neukirchner-Vluyin: Neukirchener Verlag, 2001.

_______. *Das Evangelium nach Lukas* (Lk 19, 28-24,53). Evangelish-Katholischer Kommentar zum Neuen Testament III/4. Neukirchen-Vluyn/Düsseldorf: Neukirchener, 2009.

Boxall, I. *The Revelation of Saint John.* London/New York: Hendrickson, 2006.

Butler, D. "God's Visible Glory: The Beauty of Nature in the Thought of John Calvin and Jonathan Edwards." *Evangelical Review of Theology* 15 (1991), 111-26.

Calvin, J. *Institutio.* 김종흡 외 3인 옮김. 『기독교강요 (중)』. 서울: 생명의말씀사, 1988.

_______. 『칼빈 신약성경주석 10』. 서울: 성서교재간행사, 1980.

Chan F., Sprinkle P. *Erasing Hell.* 이상준 옮김. 『지옥은 없다?』. 서울: 두란노, 2011.

Chenu, M-D. "Der Plan der Summa." In *Thomas von Aquin* I, 173-195. Edited by K. Bernath. Darmstadt: Wissenschaftliche Buchgesellschaft, 1978.

Cooper, J. W. *Body, Soul, and Everlasting: Biblical Anthropology and Monism-Dualism Debate.* Grand Rapids: Eerdmans, 1989.

Crockett, W., ed. *Four Views on Hell.* Grand Rapids: Zondervan, 1996.

Cullmann, O. *Immortality of the Soul or Resurrection of the Dead.* 전경연 편역. 『영혼불멸과 죽은 자의 부활』. 서울: 대한기독교서회, 1985.

Daley, B. *Eschatologie in der Schrift und Patristik, Handbuch der Dogmentgeschichte* IV, 7a. Freiburg/Basel/Wien: Herder, 1986.

Dunn, J. D. *The Theology of Paul the Apostle.* 박문재 옮김. 『바울의 신학』. 고양: 크리스찬다이제스트, 2003.

Ernesto Cardenal. *Das Buch von der Liebe.* Wuppertal: Peter Hammer Verlag, 1971.

Evans, C. A. *Mark 8:27-16:20*. Word Biblical Commentary 34B. 김철 옮김. 『WBC 성경주석 34하: 마가복음 8:27-16:20』. 서울: 솔로몬, 2001.

Evdokimov, P. "Die Natur." *Kerygma und Dogma* 11 (1965), 1-20.

Fudge, E. W. *The Fire that Consumes: The Biblical Case for Conditional Immortality*. Milton Keynes: Paternoster Press, 1994.

Garland, D. E. *2 Corinthians*. New American Commentary 29. Nashville, Tenn.: Broadman & Holman, 1999.

Gersh, S. "The Structure of the Return in Eriugena's Periphyseon." In *Begriff und Metapher: Sprachform des Denkens bei Eriugena*, 108-125. Edited by W. Beierwaltes. Heidelberg 1990.

Gnilka, J. *Das Evangelium nach Markus*. 한국신학연구소번역실. 『마르코복음(II)』. 국제성서주석 II. 서울: 한국신학연구소, 1986.

_______. *Theologie des Neuen des Testaments*. Frieiburg/Basel/Wien: Herder, 1994.

Green, J. B. *The Gospel of Luke*. NICNT. Grand Rapids: William B. Eerdmans, 1997.

Green, J. *Body, Soul, and Human Life: The Nature of Humanity in the Bible*. Grand Rapids: Baker Academic, 2008.

Green, J., and L. Palmer. *In Search of the Soul, Four View of the Mind-Body Problem*. 윤석인 옮김. 『몸과 마음 어떤 관계인가?』. 서울: 부흥과개혁사, 2011

Green, M. "Evangelism Through the Local Church." In *Eschatology in Bible and Theology: Evangelical Essays at the Dawn of a New Millenium*. Edited by K. Brower and M. Elliot. Downers Grove: IVP, 1997.

Grenz, S. *The Theology for the Community of God*. 신옥수 옮김. 『조직신학』. 고양: 크리스찬다이제스트, 2003.

Greshake, G., Kremer, J. *Resurrectio Mortuorum. Zum theologischen Verständnis der leiblichen Auferstehung*. Darmstadt: Wissenschaftliche Buchgesellschaft, 1992.

Greshake, G., Lohfink, G. *Naherwartung, Auferstehung, Unsterblichkeit: Untersuchungen zur christlichen Eschatologie*. Freiburg/Basel/Wien: Herder, 1978.

Hagner, D. *Matthew 14-28*. Word Biblical Commentary 33B. 채천석 옮김. 『WBC 성경주석 마태복음 하: 마태복음 14-28』. 서울: 솔로몬, 2006.

Hankey, W. J. "Aquinas' First Principle. Being or Unity?" *Dionysius* 4 (1980), 133-72.

Hick J. *Death and Eternal Life*. New York: Collins, 1976.

Hoekema, A. A. *The Bible and the Future*. 류호준 옮김. 『개혁주의 종말론』. 서울: 기독교문서선교회, 1986,

Janowski, J. C. *Allerlösung: Annäherungen an eine entdualisierte Eschatologie, Neukirchener Beiträge zur Systematische Theologie*, Bd. 23/1, 23/2. Neukirchen-Vluyen: Neukirchener, 2000.

Jeremias, J. "γεεννα." In *Theological Dictionary of the New Testament* 1. Edited by G. Kittel, 658. Grand Rapids: Wm B. Eerdmans 1964.

Just A. A, Jr. *Luke 9:51-24:53*. St. Louis: Concordia Publishing, 1997.

_______. *Luke: Ancient Christian Commentary on Scripture New Testament IV*. 이현주 옮김. 『루카복음서. 교부들의 성경주해 신약성경 IV』. 왜관: 분도출판사, 2011.

Klink, W. H. "Ecology and Eschatology: Science and Theological Modeling." *Zygon 29-4* (1994), 529-45.

Krimmer, H. *Zweiter Korintherbrief*. Neuhausen-Stuttgart: Hanssler, 1987.

Kümmel, W. G. *Die Theologie des Neuen Testaments nach seinen Hauptzeugen Jesus-Paulus-Johannes*. 박창건 옮김. 『신약성서신학』. 서울: 성광문화사, 1989.

Liedke, G. *Im Bauch des Fisches, Ökologische Theologie*. Stuttgart/Berlin: Kreuz-Verlag, 1984.

Lindemann, A. *Paulus and die korinthische Eschatologie. Zu These von einer Entwicklung im paulinischen Denken*. 김충연 외 4인 옮김. 『바울신학의 이해』. 서울: 대한기독교서회, 2009.

Lindsey, H. *The Late Great Planet Earth*. New York: Bantam Books, 1983.

Link, C. "*Schöpfungstheologie angesichts der Herausforderungen des 20. Jahrhunderts.*" In *Schöpfung*, HST 7/2, 439-454. Gütersloh: Gütersloher Verlagshaus G. Mohn, 1991.

_______. *Welt als Gleichnis. Studien zum Problem der natürlichen Theologie*. München: C. Kaier, 1976.

Lucas, E. C. "Sceince, Wisdom, Eschatology and the Cosmic Christ." In *Eschatology in Bible and Theology*, 279-97. Edited by K. E. Brower and M. W. Elliot. Downers Grove: IVP, 1997.

Ludlow, M. *Universal Salvation. Eschatology in the Thought of Gregory of Nyssa and Karl Rahner*. Oxford: Oxford University Press, 2000.

Luz U. *Das Evangelium nach Matthäus (Mt 18-25)*. Evangelisch-Katholischer Kommentar Zum Neuen Testament Bd I/3. Benziger/Neukirchener: Neukirchener Verlag, 1997.

_______. *Das Evangelium nach Matthäus (Mt 8-17)*. Evangelisch-Katholischer Kommentar Zum Neuen Testament Bd I/2. Neukirchener-Vluyn: Neukirchener Verlag, 2008.

Marshall, I. H. *The Gospel of Luke: A Commentary on the Greek Text*. 한국신학연구소번역실 옮김. 『루가복음(II)』. 서울: 한국신학연구소, 1984.

Martin, R. *2 Corinthians*. Word Biblical Commentary 40. 김철 옮김. 『WBC 성경주석 40: 고린도후서』. 서울: 도서출판 솔로몬, 2007.

Matera, F. J. *II Corinthians: A Commentary*. Lousville/London: Westminster John Knox Press, 2003.

Migliore, D. *Faith Seeking Understanding, An Introduction to Christian Theology*. 장경철 옮김. 『기독교조직신학개론』. 서울: 한국장로교출판사, 1994.

Moltmann, J. *Das Kommen Gottes: Christliche Eschatologie*. 김균진 옮김. 『오시는 하나님』. 서울: 대한기독교서회, 1997.

_______. *Der Weg Jesu Christi*. 김균진 옮김. 『예수 그리스도의 길』. 서울: 대한기독교서회, 1990.

_______. *Die ersten Freigelassenen der Schöpfung. Versuche über die Freude an der Freiheit und das Wohlgefallen am Spiel*. München: C. Kaiser, 1972.

_______. *Gott in der Schöpfung*. 김균진 옮김. 『창조 안에 계신 하나님』. 서울: 한국신학연구소, 1986.

_______. *In der Geschichte der dreieinigen Gottes*. 이신건 옮김. 『삼위일체와 하나님의 역사』. 서울: 대한기독교서회, 1998.

_______. "Schöpfung als offenes System." In *Zukunft der Schöpfung*, 123-39. München: C. Kaiser, 1977.

Mühling, M. *Grundinformation Eschatologie. Systematische Theologie aus der Perspektive der Hoffnung*. Göttingen: Vandenhoeck&Ruprecht, 2007.

Nichols, T. *Death and Afterlife: A Theological Introduction*. Grand Rapids: Brazos Press, 2010.

Nolland, J. *Luke 18:35-24:53*. Word Biblical Commentary 35C. 김경진 옮김. 『누가복음 하, WBC 성경주석』. 서울: 솔로몬, 2005.

Origenes. "De Principiis Libri IV: Origenes Vier Bücher von den Prinzipien." In *Texte zur Forschung* Bd. 24. Edited by H. Görgemanns and H. Karpp. Darmstadt: Wissenschaftliche Buchgesellschaft, 1976.

O'Rourke, F. *Pseudo-Dionysius and the Metaphysics of Aquinas*. Leiden/New York: Kln, 1992.

Osei-Bonsu, J. "Does 2 Cor. 5.1-10 Teach the Reception of the Resurrection Body at the Moment of Death." *JSNT* 28 (1986), 81-101.

Pannenberg, W. "Heilsgeschehen und Geschichte." In *Grundfragen systematischer Theologie*. Edited by W. Pannenberg. Göttingen: Vandenhoeck & Ruprecht, 1967.

Paterson, R. A. *Hell on Trial. The Case for Eternal Punishment*. Phillipsburg: P&R Publishing, 1995.

Pöhlmann, H. G. *Abriss der Dogmatik*. 이신건 옮김. 『교의학』. 서울: 한국신학연구소, 1989.

Quistorp, H. *Calvin's Doctrine of Last Things*. 이희숙 옮김. 『칼빈의 종말론』. 서울: 성광문화사, 1986.

Rad, G. von. *Theologie des Alten Testaments* Bd. 1. 허혁 옮김. 『구약정경개론』. 서울: 분도출판사, 1976.

Ratzinger, J. *Eschatologie: Tod und ewiges Leben*. Regensburg: Friedrich Pustet Verlag, 1977.

________. *Eschatology: Death and Eternal life*. Washington, D.C.: Catholic Univ. of America Press, 1988.

Reymond, R. Paul. *Missionary Theologian. A Survey of his Missionary Labours and Theology*. 원광연 옮김. 『바울의 생애와 신학』. 고양: 크리스챤 다이제스트, 2003.

Rudnick, U. *Das System des Johannes Scotus Eriugena. Eine thelogisch-philosophische Studie zu seinem Werk*. Frankfurt a. M.: Peter Lang, 1990.

Schmaus, M., et al. *Handbuch der Dogmengeschichte*. Band IV, 7. Freiburg/Basel/Wien: Herder, 1986.

Schmeller, T. *Der zweite Brief an die Korinther*. Evangelisch-Katholischer Kommentar zum Neuen Testament Bd. VIII/1 2Kor 1, 1-7, 4. Neukirchen-er-Vluyn: Neukirchener Verlag, 2010,

Schnelle, U. *Das Evangelium nach Johannes. Theologischer Handkommentar zum Neuen Testament* 4. Leipzig: Evang. Verlag, 1998.

Schwarz H. *Eschatology*. Grand Rapids: Eerdmans, 2000.

Schweizer E. *Das Evangelium nach Matthäus*. 한국신학연구소 옮김. 『마태오복음』. 서울: 한국신학연구소, 1982.

Seckler, M. *Das Heil in der Geschichte. Geschichtstheologisches Denken bei Thomas von Aquin*. München: Kösel, 1964.

Stegman, T. D. SJ. *Second Corinthians*. Grand Rapids: Baker Academic, 2009.

Stemberger, G. "Seele III." *TRE* 30. Berlin: Walter de Gruyter, 1999.

Stock, K. *Annihilatio Mundi. Johann Gerhards Eschatologie der Welt*. München: C. Kaiser, 1971.

Strecker, G. *Theologie des Neuen Testaments*. Berlin/New York: Walter De Gruyter, 1996,

Stuhlmacher, P. *Der Brief an die Römer*. NTD 6. 장흥길 옮김. 『로마서 주석』. 서울: 장로회신학대학교출판부, 2002.

Tanner, K. "Die Renaissance des Schöpfungsglaubens." In *Natur=Schöpfung: Theologische Annäherungen und Fragen*, 40–55. Edited by W. Schoberth, et al. München: Evang. Presseverb. für Bayern, 1991.

Thomas Aquinas, "육체가 소멸되었을 때 인간 영혼도 소멸되는가?" 박승찬 옮김. 『인간연구』 21 (2011), 193-210.

Thomson, C. *Anatomy of the Soul*. Illinois: Tyndale House Publishers, 2010.

Van Landingham C. *Judgment & Justification in early Judaism and the Apostle Paul*. Peabody, Massachusetts: Hendrickson Publishers, 2006.

Vogel, M. *Commentatio mortis. 2 Kor 5, 1-10. auf dem Hintergrund antiker ars moriendi*. Göttingen: Vandenhoeck & Ruprecht, 2006.

Watts, John D. *Isaiah 34-66*. Word Biblical Commentary 25. 강철성 옮김. 『이사야 (하) 34-66』. 서울: 솔로몬, 2002.

Weder, H. "Metapher und Gleichnis. Bemerkungen zur Reichweite des Bildes in religiöser Sprache." *ZThK* 90 (1993), 382-408.

Welker, M. and J. Polkinghorne, eds. *The End of the World and the Ends of God: Science and Theology on Eschatology*. Harrisburg, Pa.: Trinity Press International, 2000.

Wiefel, W. *Das Evangelium nach Matthäus, Theologischer Handkommentar zum Neuen Testament* Bd 1. Leipzig: Evangelsiche Verlagsanstalt, 1998.

Wilckens, U. *Der Brief an die Römer (Röm 1-5)*. EKK VI"/1. Benziger: Neukirchener, 1978.

Wittmer, M. E. *Christ Alone. An Evangelical Response to Rob Bell's Love Wins*. Grand Rapids: Edenridge Press, 2011.

Wolff, C. *Der zweite Brief des Paulus and Korinther*. Theologischer Handkommentar zum Neuen Testament Bd. VIII. Berlin: Evangelische Verlagsanstalt, 1989.

Wright, N. T. *Surprised by Hope*. 양혜원 옮김. 『마침내 드러난 하나님 나라』. 서울: IVP, 2009.

_______. *The Resurrection of the Son of God*. 박문재 옮김. 『하나님의 아들의 부활』. 서울: 크리스챤다이제스트, 2005.

Zeindler, M. *Gott und das Schöne. Studien zur Theologie der Schönheit*. Göttingen: Vandenhoeck & Ruprecht, 1993.